POSTCARD

大学为囊括大典、包罗众家之学府，
无论何种学派，苟其持之有故，言之成理者，
兼容并包，听其自由发展。

兼容并蓄长者风　蔡元培

【中国近代文化名人传记丛书】

JIAN RONG BING XU
ZHANG ZHE FENG

兼容并蓄长者风

蔡元培

齊魯書社

目　录

第一章 求学时代

第一节 1868年的笔飞弄：故乡与家世

1868 年 1 月 11 日深夜，浙江绍兴山阴县城小巷笔飞弄。

一个男婴降生在一幢坐北朝南的民宅里。

这个男婴的父亲叫蔡宝煜，字曜山，又名光普，婴儿的母亲姓周，像那个时代的很多女性一样，后人不知她的确切名字，大家后来尊称她为周太夫人。与之相对的是，这个婴儿日后却大名鼎鼎，他就是蔡元培。

每个人都是沧海中的一粟，每个人都是时间长河中的一朵浪花，大名鼎鼎的蔡元培亦不例外。因此，在尚未讲述他的人生故事之前，我们不妨先大致了解一下他出生的这个时间点——1868 年。

在波澜壮阔的近代中国历史上，1868 年相比而言已经是一个比较平静的年份了。鸦片战争早已在 28 年前发生，《中英南京条约》在 1842 年签订，距此已有 26 年；爆发于 1851 年的太平天国运动失败于 1864 年，距此已经 4 年；第二次鸦片战争发生于 1856 年至 1860 年，也

绍兴蔡元培故居（吴从祥/摄）

已经结束 8 年了；往后，中日甲午海战（1894 年）还要 26 年才发生；康有为、梁启超等人发起的维新变法运动则要等 30 年才发生；而 1905 年科举制度被废除还要等 37 年才发生，1911 年的辛亥革命则更要等 43 年，1919 年的五四运动则要等 51 年……

粗粗看去，这些影响中国历史的重大事件似乎与一个出生于笔飞弄的男婴没多大关系，但是，蔡元培日后的成长及其所取得的成就，无一不与这个大时代的坐标紧密相关。

简单地说，蔡元培出生的年代是一个新旧转型的时代。在镇压了太平天国运动之后，大清朝虽然迎来了“同治中兴”，但在中国延续了两千多年的帝制已经是穷途末路了，所谓的“中兴”不过是最后的一次回光返照；鸦片战争的失败及随后一系列不平等条约的签订，意味着西方的坚船利炮已然敲开了中国封闭的国门，西学随之传入。虽然张之洞提出的口号是“中学为体，西学为用”，但是很明显，西方和西学对中国的影响正在日益加深。中国人走出国门，向西方学习的道路已然不可遏制；与此相应，教育上使用了一千三百年的科举制度也快走到了尽头，蔡元培赶上了科举制度的尾巴，并取得翰林的头衔，但此后，这位清朝的翰林就会发动新的教育革命，在废除科举之后探索中国现代教育的新方向。

一次大的社会转型开始了，许多新的问题会摆在国人面前。赶上这个重大的社会转型期，蔡元培与时代发生了强烈的互动，他的生命经历和人生体验也因此异常丰富。他从一个普通男婴成长为一位大教育家，他对中国社会的影响与父辈迥异。在一个新旧交替的年代，蔡元培的奋斗、成长、困惑、探索乃至辉煌与失落，不仅是他那个时代一份重要的精神样本，而且更是后人久久注目、仰望、思考以及企图超越的一个标杆。

蔡元培不是平面的，而是立体的。他是幼年丧父的孝子，他是勤奋好学的少年，他是科举路上过关斩将的佼佼者，他是清廷翰林，他是革命党，他是学者，他是教育家，他是最著名的北大校长，他是众多文人心中的忠厚长者……

在一个动荡不安、风云变幻的时代里，蔡元培以他的汗水和体温为中国文化尤其是中国教育注入了新的活力与生机。最终，蔡元培从绍兴笔飞弄的老宅走进了中国历史，他超越了个人而成为一尊精神雕塑。

这，是蔡元培的人生答卷，亦是他在历史坐标中的人格造型。

这一切的起点，就是开头的那一行文字：1868 年 1 月 11 日深夜，浙江绍兴山阴县城小巷笔飞弄。

谈完时间坐标，我们不妨再谈谈地理人文。绍兴，山阴，笔飞弄，蔡家，这些机缘组合在一起，正应了中国人常说的那个成语——“人杰地灵”。

绍兴无疑是风光秀丽之地，素有“东方威尼斯”之称。连绵苍茫的会稽山与密布的河网让历代的文人雅士赞叹不已，晋人以“千岩竞秀，万壑争流”来描述绍兴自然风光之美，十分恰当。

风光秀美之外，绍兴还是文化繁荣、名人辈出之地。早在大禹治水之时，绍兴的苗山就被称为会稽山。春秋战国时，绍兴是越国的都城。吴越争霸是春秋末期著名的一段故事。在被吴王夫差打败之后，越王勾践立志复仇，卧薪尝胆，以艰苦的方式磨炼身心，经过“十年生聚，十年教训”，最后终于打败吴国，完成复国大业。到了汉代，著名的隐士严光、思想家王充、孝女曹娥等也都出自绍兴；魏晋时期，绍兴更是成了文人荟萃之地。大书法家王羲之、大文学家谢灵运都曾在绍兴生活。王羲之的传世名作《兰亭集序》记述的就是名士在“会稽山阴之兰亭”曲水流觞的雅集之会。

更有意思的是，王羲之当年在绍兴的住所离蔡元培降生的宅子仅咫尺之遥。相传，王羲之曾住在绍兴蕺山脚下的戒珠寺，他在那里养鹅写字，写字到尽兴时，笔墨飞舞，毛笔飞到一条巷子里，这条巷子后来就被命名为“笔飞弄”。可见，早在东晋时期，“笔飞弄”就饱沾文气，蔡元培后来也出生在这里，这大概就是冥冥中的一种呼应吧。

王羲之之后，唐朝的大诗人贺知章，宋朝的大诗人陆游，明朝的书画家徐渭、文学家张岱，清朝历史学家章学诚、书画家赵之谦、任伯年等也都与绍兴结缘甚深——或出生于此，或生活于此。总之，绍兴这座古城绝对配得上“人杰地灵”这个词。

文化名城之外，绍兴还是一座重要的商业之都，其工商业繁荣的历史源远流长。春秋战国时期，绍兴的冶金业就非常有名，当时，绍兴的铸剑技术和铸造铜镜的工艺远近闻名。晋代开始，绍兴的造纸技术领先全国，有“越纸滑如苔”之美誉。隋唐之后，绍兴的丝绸、酿酒、茶叶等均负有盛名，堪称物产丰饶之地。到了近代，绍兴亦因水陆便利而成为有名的贸易之都，绍兴黄酒不仅销往全国各地，还远销日本、南洋等地，有“越酒行天下”之说。

人杰地灵的绍兴是蔡元培的出生和成长之地，这片土地对他的影响是潜移默化的，也是至关重要的。1938 年，蔡元培 70 岁，此时，他早已功成名就。为纪念两年前去世的文学家鲁迅，蔡元培为即将出版的《鲁迅全集》作序。文章开头他便自豪地谈起了他们共同的故乡绍兴，他说:“‘行山阴道上，千岩竞秀，万壑争流，令人应接不暇。’有这种环境，所以历代著名的文学家、美术家，其中如王逸少（即王羲之，笔者注）的书，陆放翁（陆游）的诗，尤为永久流行的作品。最近时期，为旧文学殿军的，有李越缦先生，为新文学开山的，有周豫才先生，即鲁迅先生。”[1] 这段话是因鲁迅而发，其实对他本人不也同样适用吗？

蔡元培先生对绍兴故乡有着深厚的感情。1903 年，已成为文化名人的蔡元培为旅居上海的绍兴人作演讲，演讲之中，他盛赞绍兴：“绍兴之农勤而耐久，一府之中，几无隙地，而浙西江南垦荒之民，绍兴人辄占其一部，南至闽粤，西抵川藏，皆有绍兴人之足迹。酿造之法，冠绝全国焉，是为实业界之势力。自汉以来，儒林、文苑有诸传，无不有绍兴人者，而王阳明氏之道学，及今尚为海外哲学之一派，黄梨洲氏且得东方卢骚（即卢梭，笔者注）之目焉，是为学术界之势力。数百年来，以吏治国，而吾绍兴人能利用之曰幕友，曰胥吏，此二者在近日既为国人所唾骂为亡国之媒，然其时民权未昌，宪法未立，所谓神圣不可犯者，吏而已矣，因而利用之，是亦天演体合之通例焉，是为政事界之势力。”[2] 看看，蔡元培热爱故乡，不但盛赞绍兴农民之勤劳、文化学术之繁荣、工商业之兴盛，就连受人诟病的绍兴师爷，他也觉得“是亦天演体合之通例焉，是为政事界之势力”。有人统计，蔡元培自出生到 1894 年赴京做官，在绍兴生活了近 27 年，此后，他又多次回乡休假，假期加在一起有 3 年的时间，总计蔡元培的一生在绍兴生活了整整 30 年，占他整个生命的十分之四。可见，绍兴在蔡元培生命中的重要分量。

最后再来看看蔡元培的家世。蔡元培的祖先于明朝隆庆、万历年间自诸暨迁至绍兴。他们初以“造林售薪为业”，后蔡家祖先遭同行嫉妒，被砍伤，此后蔡家便不再“造林售薪”，退出了木材经营行业，转而贩卖丝绸。蔡元培的祖父蔡廷桢转而做典当生意，他“以行事公正著”，经营有方，生意日益兴隆，遂在绍兴山阴县城笔飞弄买了一幢宅子，“做成小康之家”。蔡廷桢共有七个儿子，长子就是蔡宝煜，即蔡元培的父亲。

蔡元培的父亲是一家钱庄的经理，虽是商人，但他身上并无铜臭。他待人宽厚，慷慨大度。朋友有急，他必设法周济；借出钱款之后，他还常常不忍索还。他当了一辈子钱庄老板，去世时家中却毫无积蓄。此时蔡元培只有 11 岁，他上面有一个哥哥，下面还有两个弟弟，三个妹妹。蔡元培的母亲带着一帮孩子生活，其艰辛可想而知。念及于此，一些亲友提议捐款救济蔡元培一家，但遭到周太夫人的婉拒——她是个贤惠能干的女子，不肯接受别人的施舍。

蔡元培父亲生前借给别人的钱，多无欠条。父亲去世后，生前借贷的人却都主动前来还债，说“不能在良心上亏负了蔡先生”。从这些细节中，我们不难看出，蔡元培的父母均是宽厚仁爱之人。蔡元培后来自己称，他性格上的宽厚得自父亲，而不苟取、不妄言，则“得诸母教”。

蔡元培的母亲周太夫人很值得一说。她虽无多少文化，但非常坚韧，丈夫去世后，她典当首饰、衣服，省吃俭用，完全靠着刻苦勤劳将孩子抚养成人。她对子女管教甚严，经常勉励子女“自立”，“不依赖”。蔡元培的自述中专门有一篇文章《我的母亲》，其中说：“我母亲素有胃疾，到这一年（即 1885 年），痛得很剧。医生总说是肝气，服药亦未见效。我记得少时听长辈说：我祖母曾大病一次，七叔父秘密封臂肉一片，和药以进，祖母服之而愈相传可延寿十二年云云。我想母亲病得不得了，我要试一试这个法子，于是把左臂上的肉割了一小片，放在药罐里面。母亲的药，本来是我煎的，所以没有别的人知道。后来左臂用力与右臂不平均，给我大哥看出，全家人都知道了。大家都希望我母亲可以延年，但是下一年，我母亲竟去世了。当弥留时，我三弟元坚又割臂肉一片，和药以进，终于无效。我家还有一种迷信，说封臂事必须给服药人知道，若不知道，灵魂见阎王时，阎王问是否吃过人肉，一定说没有吃过，那就算犯了欺诳的罪。所以我母亲弥留时，我四叔母特地把三弟割臂之事告知，不管我母亲是否尚能听懂。”[3]

蔡元培的母亲于 1886 年正月二十二日去世，享年 50 岁。蔡元培说：“我所受的母教比父教为多，因我父亲去世时，我年纪还小。”他还说：“我母亲最慎于言语，将见一亲友，必先揣度彼将怎么说，我将怎么对。别后，又追想他是这样说，我是这样对，我错了没有。且时时择我们所能了解的，讲给我们听，为了让我们养成慎言的习惯。我母亲为我们理发时，与我们共饭时，常指出我们的缺点，督促我们的用工。我们若有错误，我母亲从不怒骂，但说明理由，令我们改过。若屡诫不改，我母亲就于清晨我们未起时，掀开被头，用一束竹筱打股臀等处，历数各种过失，待我们服罪认改而后已。选用竹筱，因为着肤虽痛，而不至于伤骨，又不打头面上，恐有痕迹，为见者所笑。我母亲的仁慈而恳切，影响于我们的品性甚大。”[4] 从蔡元培的自述中，我们不惟能得见其母的“仁慈而恳切”，亦能看出蔡元培对母亲的一片深情。

行笔至此，我突然想到，新文化运动的几位发动者，均为幼年丧父者。鲁迅自不必说，他为父亲治病，“奔走于药铺与当铺之间”的经历妇孺皆知，蔡元培 11 岁丧父，胡适 3 岁丧父，李大钊是遗腹子，压根没有见到自己的父亲。陈独秀也是自幼丧父，自称“没有父亲的孩子”，且天性叛逆。这几位幼年丧父者相聚一处，发动了新文化运动，这看似偶然，实则于冥冥中有一定的规律。幼年丧父，让他们较早地体会到了世态炎凉，促使他们思想早熟，此其一；其二，幼年缺乏父爱，迫使他们养成了坚韧顽强、不依赖他人的精神气质。这一气质放大到文化层面，就使他们更敢于突破条条框框的束缚，勇于凭自己的奋斗担起改造新文化、开创新局面的思想重担。当然，这只是我个人的一点浅见，在此不做过多探讨、阐述，有心者留意便是。

第二节　私塾岁月

11 岁父亲去世的时候，蔡元培正在读家塾。父亲病故之后，蔡家迅速“从小康堕入困顿”，已经无力再聘家塾先生了。所以，蔡元培读了 5 年的家塾不得不就此中止。为了继续读书，在这一年的下半年，蔡元培寄居姨母家，随后转入李申甫先生的私塾。与此前的家塾相比，李申甫先生的私塾就是自设馆了。由家塾转到自设馆，由拜师周先生到拜师李申甫，蔡元培的读书“待遇”也因父亲去世而受到了极大的影响——以前是先生到自己家来教，现在则不得不自己到先生的私塾去上学了。为了让今人弄清家塾和自设馆的区别，我们在此不妨将私塾教育的相关情况做一下介绍。

与今天的小学生接受义务教育不同，古人教育子女，都是要读私塾的。所谓私塾，顾名思义，就是普及基础教育的学堂并不是由国家办的，而是由各种民间力量来办的。早在周朝，私塾就已经出现。春秋末期，有感于“官学”（周朝的官方学校）极度衰落的现实，孔子在民间创办私学，广收门徒，有“弟子三千，贤者七十二”之说，取得了极佳的教育效果，孔子也由此成了中国历史上最伟大的教育家。可以说，孔子就是中国历史上最有名的私塾先生。此后，私塾这种教育方式一直沿用到清朝，在中国历史上存在了两千多年。

客观地说，作为一种普及教育，私塾在传承文化和培养人才等方面都曾起到过不可替代的积极作用。但是，到了近代，私塾暴露出了教学内容过窄的弊端。私塾教育仅限于儒家经典，不开设数学、物理及其他自然科学课程，这种情况显然无法适应现代社会的发展状况。正因如此，私塾才最终退出了历史舞台。

在漫长的历史进程中，私塾有好多种形式，以产权划分，有义塾、族塾、家塾和自设馆四种形式。义塾也称义学，多由发善心的地主、富商及高官捐款兴建，其目的就是为了让贫寒之家的子弟亦能接受最基本的教育。宋代大文豪范仲淹就曾在家乡苏州捐资创办义学，效果极佳。清代乞丐武训靠乞讨所得创办义学，其精神更是感人。新中国成立之后，还拍了一部电影《武训传》，讲的就是义丐武训行乞办学之事，武训由大名鼎鼎的演员赵丹扮演。所谓族塾则是依靠家族力量创办的学堂，这样的私塾往往设在家族宗祠之内，招生对象也仅限于家族内的子弟，不招收外姓儿童。家塾最高级，它是富家大户聘请名师宿儒到自己家中教授子女。自设馆则像现在的特长班，它是由私塾先生自己出资创建学堂，然后对外招生，学生不拘贫贱，亦不管姓氏，只要交学费就可上学。因此，自设馆也是各种私塾形式中最常见的一种。私塾先生一般为老秀才，所用教材一般为“三百千千”，即《三字经》、《百家姓》、《千字文》、《千家诗》，完成这些之后，继之“四书五经”，之后再学作八股文。

私塾的教学时间也是因人而异，有“短学”与“长学”之分，“短学”一般是一至三个月，家长送孩子读“短学”，志不在考取功名，只希望孩子日后能识些字、能记账、能写对联即可。而“长学”则要用七八年乃至更长的时间系统学习，以考取功名。

蔡元培所上的私塾显然是“长学”。1872 年，在蔡元培虚岁 6 岁（周岁仅 4 岁多）时，父亲便聘请一位姓周的先生到家设塾授教。由此我们可以看出两点，其一，蔡元培最先接受的是家塾教育，说明蔡家家境当时很殷实；其二，用家塾的方式来培养弟子，说明父母很重视教育，对蔡元培寄予厚望。

像那个年代的很多私塾先生一样，周先生教蔡元培采用的也是“死记硬背”的方法。先教识字、习字，然后做对子。读书，则从《三字经》、《百家姓》读起，一直读完“四书五经”。从家塾转到自设馆之后，李申甫先生采用的也是“死记硬背”的方法。只不过，李申甫先生比周先生更严厉，且这时读书的进度比以前加快了许多，每天都学新课。上课时，李先生先朗读，然后让学生跟着读，几遍之后，让学生自己读，直到能背诵下来为止。若上课时背不下来，晚上就要自己回家温习。第二天上新课之前，李先生就检查学生背诵的情况。若学生背诵不下来，则要被打手心。李申甫先生规定，第一次不能背诵，用戒尺打手心十下，若第二次仍不能背诵，就要打二十下，以此类推。

聪慧的蔡元培有时也不能避免被打手心的体罚。有一次，他背诵《易经》屡犯错误，结果被打手心几百下。对于私塾先生体罚学生的情况，蔡元培先生在其自述中有明确记述：“因父亲见背，无力再聘塾师，我就在我家对门李申甫先生所设的私塾读书了。李先生的教授法，每日上新书一课，先朗读一遍，令学生循声照读，然后让学生回自己位置上复读，到能背诵为止，余时温习已读各书。在上课之前，把读过的书统统送到先生的桌上，背先生而立，先生在每本上撮一句，令学生背诵下去，如不能诵或有错误，就责手心十下退去，俟别的学生上课后再轮到，再背诵，如又不能诵或错误，就责手心二十下。每次倍加。我记得有一次背诵《易经》，屡次错误，被责手心几百下。其他同学当然也有这种状况。”[5]

到1879年，蔡元培终于背完了所有需要背诵的课本，开始学作八股文了。对于作八股文的感受，蔡元培曾写过一篇《学作八股文》，其中说：“我一八七九年始试作制艺，就是俗称八股文的。那时候试作制艺的办法，先做破题，止两句，是把题目的大意说一说。破题做得合格了，乃试作承题，约四五句。承题作得合格了，乃试作起讲，大约十余句。起讲做得合格了，乃作全篇。全篇的作法，是起讲后，先作领题，其后分作六比或八比，每两比都是相对的。最后作一结论。由简而繁，确是一种学文的方法。但起讲、承题、破题，都是全篇的雏形。那时候作承题时仍有破题，作起讲时仍有破题、承题，作全篇时仍有破题、承题、起讲，实在是重床叠架了。”[6] 蔡元培后来中了进士，并且还做了翰林，算是旧式教育的既得利益者，可是，他从心底里并不认同老式的科举考试制度。

后来，成为教育家的蔡元培批评旧式教育，说：“吾国之旧教育以养成科名仕宦之材为目的。科名仕宦，必经考试，考试必有诗文，欲作诗文，必不可不识古字，读古书，记古代琐事。于是，先之以《千字文》、《神童诗》、《龙文鞭影》、《幼学须知》等书；进之以四书、五经；又次则学为八股文，五言八韵诗。其他若自然规律，社会状况，虽然儿童所急欲了解者，均不得阑入教科，以其于应试无关也。是教者预定一目的，而强受教者以就之，故不问其性质之动静，资禀之锐钝，而教之止有一法，能者奖之，不能者罚之，如吾人之处置无机物然，石之凸者平之，铁之脆者煅之；如花匠编松柏为鹤鹿焉；如技者教狗马以舞蹈焉；如凶汉之割折幼童，而使为奇形怪状焉。追想及之，令人不寒而栗。”[7] 蔡元培一向以性格温和、忠厚宽容著称，但他这段批评旧式教育的文字却充满感情，可见确有切肤之痛。

私塾教育虽然是不好，但若能在这个过程中遇到一位好老师，那也着实是一件幸事。这种好事还恰恰就被蔡元培赶上了。在李申甫先生的私塾读了两年之后，蔡元培于 1880 年转到了王懋修先生的私塾。王懋修先生虽然只中过秀才，但却是一个学识渊博之人，在绍兴一带很有名气。因教学效果较佳，王懋修先生的门下有三十多人，其中好多人还是远道而来的，需要住宿在私塾所备之宿舍，由此可见王懋修先生在当地的名气之大。

但蔡元培并不需要住宿。王懋修的私塾馆设在绍兴探花桥，距蔡元培家仅有半里之遥。蔡元培和三弟早上一块去上私塾，晚上回家，午饭在私塾吃，每月往私塾送米若干。

王懋修先生在教学内容上与其他私塾一样，但其思想活跃，教学有耐心，因此深受学子欢迎。在蔡元培十年的私塾生涯中，王懋修先生也是对他影响最大的一位先生。

为了让学生能很好地学好“经书”，作好八股文，王懋修先生对学生的管理同样严格。除了经书之外，其他书籍一律不许学生看。有一回，蔡元培从同学处借到一本《三国演义》，刚看没几页，王先生发现后就说：“看不得，陈寿的《三国志》你们现在尚且看不得，何况演义里边所叙的事，真伪参半，还是不看为妙。”还有一次，蔡元培看《战国策》，王先生发现也跟他说，秀才考试的作文，用语均为“经书”，若将《战国策》的文句用进去，必为考官所不取。

王懋修先生教蔡元培作八股文极有耐心，发现有写得不对的地方，他并不在卷子上改写了事，而是耐心地给蔡元培讲解，指出问题所在，然后让蔡元培自己回去改写。

学业之外，王懋修先生对蔡元培更重要的影响恐怕还是在思想上。据蔡元培回忆，王懋修先生虽然禁止学生看闲书，但他自己读书却很杂，书法碑帖、史书乃至《西厢记》这类在当时看来所谓的“淫书”都在他的阅读之列。更重要的是，王懋修先生谙熟宋明理学，曾给蔡元培等人讲述宋儒朱熹和陆九渊两派的异同。同时，他对明清之际的反清志士刘宗周、吕留良、曾静等人十分推崇。

刘宗周是著名思想家黄宗羲的老师，他为人正直，为明末大宦官魏忠贤所排挤。回到绍兴老家之后，他在蕺山脚下创办了蕺山书院，收徒讲学，被人誉为“蕺山先生”。后来，清兵攻陷浙江，想拉拢刘宗周，但刘宗周拒不做清朝的官，绝食23天而死，气节十分感人。王懋修先生对先贤十分敬仰，把自己的书房取名为“仰蕺山房”。

吕留良是明末清初的著名学者，明朝灭亡后，他散尽家财，从事反清复明之业。事情失败之后，他誓死不做清朝的官员，先是回家收徒讲学，后来为躲避清朝的一再征召，干脆出家为僧。康熙二十二年（1683），吕留良因病与世长辞，终年55岁。临终前数日，仍勉力补辑《朱子近思录》及《知言集》，作《祈死诗》六篇，子侄弟子劝其休息，吕留良答：“一息尚存，不敢不勉。”临终时仍勉励门人“细心努力为学”，告诫后人一定要恪守“孝友大义”。忽然又说：“我此时鼻息间气，有出无入矣。”门人呼“先生”，留良答曰：“人皆如此！”声音半涩而字字清楚。随后令众人退出，自己从容而卧，展伸其足，叉手安寝而逝。

吕留良去世后，其弟子及曾静等人推崇吕留良的学说和气节，广为传播。后来，曾静策动川陕总督岳钟琪反叛雍正，结果被告发下狱。曾静案发后，牵连出了吕留良。结果，早已去世的吕留良亦被“剖棺戮尸”，吕留良的作品也遭到了清廷的查抄、焚毁。吕留良的子孙或被杀，或被流放边疆，惨遭厄运。吕留良曾静案由此成为清雍正朝影响巨大的一次文字狱。

王懋修先生推崇刘宗周、吕留良和曾静，从这三位反清志士的故事中，我们可以大致判断王先生对少年蔡元培思想的重要影响。其一，崇尚气节，恪守民族大义；其二，重道义，肯担当。关键时刻，为人格操守计，宁可采用“不合作”的方式退隐，也不与恶人同流合污。蔡元培在王懋修先生的私塾读书的四年，正处于少年向青年的过渡阶段，王懋修先生可谓是他的思想启蒙老师，王懋修先生和蔼、博学、循循善诱的严师风范以及他所讲的反清复明志士的感人事迹，潜移默化之中深刻地影响了蔡元培日后的精神气质和道德风貌。

对于在王懋修先生私塾四年的学习生活，蔡元培曾在自述中说："我自十四岁至十七岁，受教四年，虽注重制艺，而所得常识亦复不少。"[8]值得一提的是，在王懋修先生的私塾，蔡元培还收获了同学之间的友谊——有一个叫薛朗轩的同学成了蔡元培最要好的朋友。蔡元培回忆："薛君长我两岁，住大路，他每晚回家，必经过笔飞弄口，所以我们每日回家必同行，路上无所不谈，到笔飞弄口始告别。"[9]

还是在跟随王懋修先生学习期间，蔡元培养成了早睡早起的好习惯。原来，为写好八股文，蔡元培常常于晚间回家后于灯下构思，母亲也经常陪着他。可是，有一次很晚也没有写完，蔡元培的母亲觉得此时人已经太疲倦，思路不会好，就叫蔡元培先睡觉，第二天黎明早点叫他起来再构思。结果，第二天蔡元培思路清晰，"竟一挥而就"。蔡元培说，经此之后，"我终身觉得熬夜不如起早，这就是被母亲养成的"[10]。

在王懋修先生处读书四年之后，蔡元培于 1883 年考中秀才。考官对他考卷的评语是："笔轻而灵，意曲而达"，"论尤警当，与众不同。诗亦有动目句"，"简洁名贵，滴滴归原"。[11] 考中秀才之后，就可进入官立学校享受公费教育了，于是，蔡元培的私塾生涯也就结束了。

从 1872 年聘请周先生到家中设塾授教，到 1883 年考中秀才，蔡元培整整接受了十年的私塾教育。这十年的时间里，蔡元培不仅系统地学习了儒家经典，学会了作八股文，而且还对旧式教育的利弊有了切身的体会。更重要的是，他还在少年思想形成期遇到了名师王懋修先生，并深受影响。这一切，都为蔡元培日后成为教育家打下了扎实的基础——包括在学问上和思想道德上。

蔡元培是中国新式教育的开创者，可是我们一定不要忘了，蔡元培本人却是受过完整旧式教育的人——读私塾，做秀才，中举人，考进士，做翰林，封建时代读书人所能得到的学衔他是一个也没落下。处在新旧交织的转型时代，蔡元培一方面受过系统的旧式教育，另一方面又接受了欧风美雨的西方文化影响。这两方面互相碰撞、融会，才使得蔡元培成为中国现代教育的宗师性人物。不深入传统经典，就不能汲取中国古人的思想智慧，不接受欧风美雨的熏染，就不了解世界的潮流。对一名优秀的中国人来说，这两者不可或缺。纵观民国时期的诸多文化大师，胡适、鲁迅、陈寅恪、钱锺书……他们虽是新派人物，但几乎都读过私塾，都背过“四书五经”。先贤云：“与古为新”，此言甚是。不全面系统地学习传统经典，我们就无法确认自己的文化血脉和人格根基，所求之“新”，也必是浮光掠影，不得其要。若再往前推一两代，完全处于旧式教育体制之下的士子，则因眼界封闭而拘泥于雕章琢句之中，无法担负起文化人“为天地立心，为生民请命，为往圣继绝学，为万世开太平”的崇高使命。

第三节　科举之路

一、塾师插曲

中国的科举制度自公元 605 年隋朝确立，到公元 1905 年清朝废除，整整实行了 1300 年。这项人才选拔机制，创建之初的主要用意是打破门第界限、扩大统治基础。它用公平、公正的考试方式选拔人才，比汉代的“举孝廉”和魏晋时期的“九品中正制”都要先进。“举孝廉”和“九品中正制”都是推荐制，时间长了，就会因推荐者的私心而走样儿。高官之间彼此照应，你推荐我儿子，我提拔你女婿，如此一来，选拔人才就不是凭本事，而是凭背景，“拼爹”。人才选拔一旦成了“拼爹”游戏，其公正性也就荡然无存了，最后搞得“说你行，你就行，不行也行；说你不行，你就不行，行也不行”。

人才选拔机制不公正，进入官场的人也就一代不如一代。官场长期为不学无术之人所把持，国家怎么能治理得好？正是鉴于魏晋南北朝时期门阀制度的极大弊端，隋唐时期才建立、完善了科举制度，用考试代替推荐，以拼知识和学问来替代“拼爹”，这显然是一大进步。

但是，一项制度，即便再好，运行时间长了，也会产生种种弊端。科举制度也是如此，它从隋唐沿用到宋代，再从宋代发展到明清两代，慢慢的，也由一项公平选拔人才的好制度转变成了钳制人们思想、束缚考生个性的坏制度。这其中的原因非常复杂，有限的篇幅内不能一一细说。简而言之，到了明代，中国科举制度已经定型了，以后的清朝，在考试方面基本沿用明朝的那一套。明清的科举制度和唐宋时期的最大差别之一就在于考试“层级”的增多。在唐宋，考生由民间呈报地方政府，再由地方政府呈报中央，经中央组织考试，考中便是进士及第。因此，唐宋时期的科举考试，最主要的其实就一次（宋代王安石变法后增加了殿试）。

到了明朝，因报考的人数多了，就分好几级来考。正式考试之前，先参加府县考，考中者为秀才，考中秀才才可享受国家的教育津贴；第一级是省试，又叫乡试，考试地点就在各省的贡院，考中者为举人，考中举人即有做官资格；第二级是会试，即各省举人汇集中央，“进京赶考”，考中者始为进士。第三级为殿试，为分三甲，一甲三名赐进士及第，通称状元、榜眼、探花。

在明清两朝，有很多读书人一辈子还考不上一个举人，反倒是越学越傻了，最后只能成为穷酸迂腐的“儒生”。对于这种摧残人才的科举制度，吴敬梓的《儒林外史》一书给予了辛辣的批判和嘲讽。这本书形象地刻画了一大群热衷于考取功名的“迂儒”，他们出仕则为贪官污吏，居乡则为土豪劣绅。他们以科举为升官发财的敲门砖，一旦获取了功名，就作威作福，横征暴敛；如果不能考取功名，他们也会凭着贡生、秀才的特权，通过同学或师生关系，勾结官府，鱼肉百姓。

与吴敬梓笔下的那些儒生相比，蔡元培的科举之路无疑要顺利得多。蔡元培 17 岁中秀才，27 岁就已经当上了翰林，这在那个年代近乎奇迹。即便放在今天，一个人 27 岁就读完了博士后，成了院士，那也算是一件很光宗耀祖的事。不过，蔡元培的科举之路上也还是有些小插曲小挫折的。

1883 年，蔡元培考中了秀才，这意味着他取得了去省城参加乡试的资格，同时，他也可以自己创办私塾做教书先生了。家境富足的子弟在考中秀才之后一般都会继续考举人、考进士，家境贫寒的子弟，则会一面找个工作赚钱养家，一面复习功课，以半工半读的方式走科举之路。考中秀才的蔡元培选择的就是后者，原因是，父亲去世之后，家境迅速堕入困顿，母亲此时又患有胃病，年仅 17 岁的蔡元培不得不先赚钱养家。于是，本可进入官立学校继续读书深造的蔡元培此时拿起了教鞭，做了私塾先生。

从1884年到1885年的两年时间里，蔡元培先后被绍兴姚家和单家聘请，做私塾先生。两年的私塾师生涯，是蔡元培从事教育工作的开始，虽然所教内容仍为旧式的国文、八股文等，但这两年的教学实践也算是为他日后的教育活动积累了最初的经验。

做私塾师期间，蔡元培一面靠教书所得报酬贴补家用，一面借阅六叔蔡铭恩的藏书。在蔡元培的求学道路上，六叔蔡铭恩对其帮助很大。在蔡元培的父辈中，三叔习武，外出闯荡，不知所往，亦不知所终。其余五个叔叔，四位经商，只有六叔铭恩是个读书人。蔡元培自十余岁起，读书作文，均得到六叔诸多指点。蔡元培家贫无力购书，所读不少书籍均为六叔家的藏书。蔡元培后来回忆时说："孑民十余岁，即翻阅《史记》、《汉书》、《困学纪闻》、《文史通义》、《说文通训定声》诸书，皆得叔父之指导焉。"[12]

自己做了私塾先生，读书再不受王懋修先生的限制了。于是，蔡元培广泛阅读，六叔家里的藏书几乎被他读遍。这两年间，蔡元培除了读《仪礼》、《周礼》、《春秋公羊传》、《春秋穀梁传》、《大戴礼记》等经书外，蔡元培还读了不少有关考据和辞章类的书籍，如《章氏遗书》、《日知录》、《湖海诗传》、《国朝骈体正宗》、《绝妙好词笺》等。

二、"铸学斋"里的伴读岁月

经过广泛阅读，蔡元培的文章水平又有进步，受到了当地较有名望的田春农先生的赏识。田春农认为蔡元培是可造之材，就将其推荐给了藏书甚富的同乡徐友兰。于是，徐家便聘请蔡元培去家中为儿子徐维则做伴读，同时帮助校书。于是，蔡元培就在1886年又受聘于徐家。

徐友兰，号叔蕃，官至户部郎中，亦在上海经营实业。他是当时浙东地区著名的藏书家，家有藏书四万余卷，藏书楼名为"徐氏铸学斋"。此楼坐落在绍兴城水澄巷，与蔡元培所住笔飞弄仅有一里之遥。

被徐家延聘之后，蔡元培充分利用"铸学斋"丰富的藏书，得以博览群书，学业大进。博览群书之外，蔡元培还在徐家结识了当地的文化名流，如持论严正的王佐先生、善为八股文的朱士黻先生以及能文能武的魏或先生。

从1886年到1889年，蔡元培在徐家“铸学斋”整整待了四年。晚年，蔡元培回忆这段读书生活，说：“我到徐氏（家）后，不但有读书之乐，亦且有求友之便。”[13] 这四年是蔡元培学业上的一个重要阶段，一方面，广泛阅读使其学术视野得以开阔，另一方面，他的治学风格也在这期间逐渐形成。他自己说：“孑民之治经，偏于故训及大义。其治史，则偏于儒林、文苑诸传、艺文志及其他关系文化、风俗之记载，不能为战史、经济史及地理、官制之考据。”[14] 这种治学倾向之形成，亦起源于徐家“铸学斋”的四年读书生涯。

不过，完全凭兴趣自由读书也有一定的负面影响，那便是，读书全凭兴趣，缺乏系统训练，容易“泛而不精”。在1935年，蔡元培曾撰文《我的读书经验》，系统总结自己读书的得失，他说：“我自十余岁起就开始读书，读到现在，将满六十年了，中间除了大病或者其他特别的原因外，几乎没有一日不读点书的。然而我没有什么成就，这是读书不得法的缘故。……我的不得法，第一是不能专心。我初读书的时候，读的都是旧书……然而以一物不知为耻，种种都读，并且算学书也读，医学书也读，都没有读通。所以曾经想编一部《说文声系义证》，又想编一本《公羊春秋大义》，都没有成书。……到了四十岁以后，我开始学德文，后来又学法文，我都没有好好做那记生字、练文法的苦工，而就是生吞活剥地看书，所以至今不能写一篇合格的文章，做一回短期的演说。在德国进大学听讲以后，哲学史、文学史、文明史、心理学、美学、美术史、民族学统统去听，那时候，这几类的参考书，也就乱读起来了。后来虽勉自收缩，以美学与美术史为主，辅以民族学。然而这几类的书终不能割爱，所以想译一本美学，想编一部比较民族学，也都没有成书。我的不得法，第二是不能勤动笔。我的读书，本来抱一种利己主义，就是书中的短处，我不大去搜寻它，我只注意于我所认为有用的或可爱的材料。这本来不算坏。但是我的坏处，就是我虽读的时候注意于这几点，但往往为速读起见，无暇把这几点摘抄出来，或在书上做一点特别的记号。”“我因为从来懒得动笔，所以没有什么成就。”[15] 我们可以从这篇文章得出如下判断：其一，蔡元培先生非常谦虚，一直自称“没什么成就”，这种品格极其可贵；其二，蔡元培自少年时期起就酷爱读书，且阅读兴趣广泛；其三，蔡元培自己所检讨的读书泛而不精、懒得动笔等缺点，恐怕也是事实。日后，蔡元培成为学术界的一位通才而非专门的学问家，似与这段自由读书的经历有关。否则，若蔡元培能收缩自己的读书、治学范围，凭着他的聪明和勤奋，成为像陈寅恪、赵元任那样的专门学问家当不是难事。

读书治学，最稳妥的方法是先“一门深入，长时薰修”，然后再博览群书，触类旁通。有人说，与其泛泛地读十本书，不若用同样的时间将一本书读透，读通，道理就在于此。当然，什么样的书需要精读，深读，什么样的书需要泛读、浅读，这里面的学问非常之大，绝非三言两语可以说清。要明确此事，需要名师指点，亦需要个人的悟性，甚至还需要良好阅读习惯之养成和优秀读书方法之配合。

三、从中举到点翰林

光绪十五年（公元 1889 年），这一年蔡元培运气极佳。3 月，他与王昭女士结婚，王昭是绍兴城内一家钱庄出纳王荣庭的次女。到了这年秋天，他参加乡试，考中举人。

在此之前，蔡元培曾两次参加乡试，都失败了。第一次是 1885 年，当时他与六叔一起离开绍兴城，前往杭州参加乡试。乡试分三场进行，第一场考四书文（以“四书”中的内容为题）三篇，五言八韵诗一首，第二场考五经文（以“五经”内容为题）五篇，第三场考策问五题。蔡元培的三场考卷其实都做得很好，第一场阅卷老师给出的评语是“首艺安章宅句，不落恒蹊；次跟定章旨，语无泛设”，且文笔“充畅”；第二场的评语是“一律清顺”、“引证宏博”；第三场的评语是“词意整饬”。可惜的是这一年浙江参加乡试者多达 10600 人，竞争极其激烈，因此这次蔡元培没有考中；1888 年，蔡元培第二次前往杭州参加乡试，仍未考中。

两次科场失利并没有挫伤蔡元培的锐气，他在 1889 年继续去杭州参加乡试。这次乡试是光绪皇帝的亲政恩科（即因光绪亲政而特意增加的一次乡试），结果，在这次乡试中，浙江省中举者共有 155 人，蔡元培名列第 23 名。与蔡元培一起考中举人的还有他的好友徐维则、王佐等，张元济、汪康年、胡道南等人也在这次会试中考中举人，他们因此与蔡元培成了同科举子，日后互相照应。

按照清朝惯例，恩科乡试的第二年会举行恩科会试。于是，蔡元培接着在 1890 年春天进京赶考。这次进京赶考，他与好友徐维则一路同行，他们先到杭州，然后赴上海，住在徐家在上海开设的客栈。他们在上海逗留、游览几日，然后乘招商局轮船北上天津，再从天津换乘河船到通州，再从通州坐马车到北京，一路走来，光交通工具就换了好几种。

不过，这番劳顿没有白费。蔡元培在这次会试中考中贡士。这次会试告捷，蔡元培得到两位老师的大力提携，一位是王颂蔚，一位是孙毓汶。王颂蔚是清朝道光年间进士，是当时名儒，在这一年的会试中，他看到蔡元培的会试卷，觉得“首场不类八股文，奇之”，“及二三场卷，则渊博无比，乃并三场存之，且为延誉”。[16] 孙毓汶是这次会试的座师（即主考官），当时有人针对蔡元培试卷中“耳也者心之铎，躬之督也”的说法提出异议，问说：“躬督有来头吗？”孙毓汶说：“这何必有来头？”于是蔡元培顺利通过会试，成了贡士。

清朝科举规定，会试考中贡后，还要经过殿试，合格之后才能成为进士。贡生若因丁忧（父母去世回家守孝）或别的原因不能参加殿试者，可以告假，以后再补考。于是，蔡元培考中贡生后就主动要求留待下一科殿试再考，没有参加当年的殿试就离京回家了。

蔡元培为什么不参加当年的殿试呢？蔡元培在其自述中说：“因殿试朝考的名次均以字为标准，我自量写得不好，留俟下科殿试，乃偕徐君出京。”[17] 也就是说，清朝的殿试注重书法，若书法不好者很难被选中，蔡元培自量书法不佳，所以主动请求等下科殿试再考。蔡元培的这个说法亦得到同乡、当年的监察御史李慈铭的印证，李在这一年四月十三

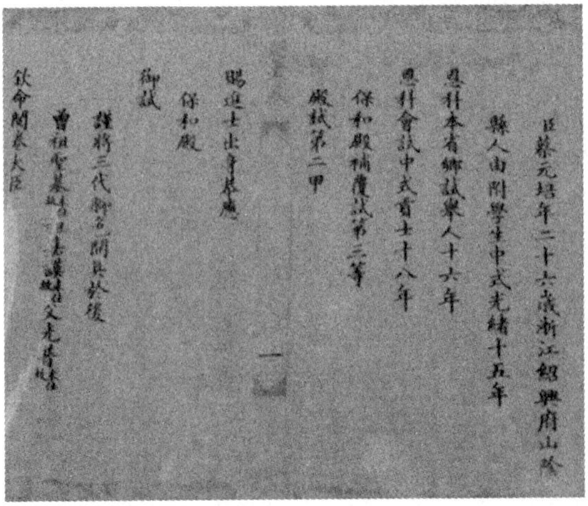

蔡元培殿试朝考卷（吴从祥/摄）

日的《郇学斋日记》中记载："蔡进士来，沈进士（即沈宝琛）来，两生皆年少未习楷书，故不待复试而归。"[18]

两年后，1892年春，蔡元培赴京参加殿试，顺利通过，获二甲第34名的好成绩。根据清朝科举规定，补行殿试者，例不得入一甲。因此，蔡元培名列二甲，已经是最佳之列了。这次，蔡元培中进士，其试卷获得阅卷大臣、工部左侍郎汪鸣銮的赏识。针对蔡元培的试卷书法，曾有人提出他的书法不是馆阁体，不合殿试惯例，汪鸣銮则说："他是学黄山谷（即黄庭坚）的。""于是大家都在卷子后面圈了一个圈，就放在二甲了。朝考后充庶吉士。"[19] 说到蔡元培的书法，不妨插段小插曲。明清两代的翰林，学问如何尚在其次，书法极佳确属定论——几乎每一位翰林都堪称书法家。但是，蔡元培却是其中的异数，他虽为清朝翰林，但就书法而论，他确实要逊色不少。对此，钱玄同曾问过蔡元培："蔡先生，前清考翰林，都要字写得极好才能考中。先生的字写得这样蹩脚，怎么也能够考上翰林?"蔡元培笑嘻嘻地回答："我也不知道，大概因为那时候正风行黄山谷字体的缘故吧。"[20] 黄庭坚是北宋的大书法家，宋代书法有著名的"苏、黄、米、蔡""宋四家"之说，"苏"指的是苏轼，"黄"指的就是黄庭坚，"米"指的是米芾，"蔡"是指蔡襄。这四位是宋朝一流的书法家，不过，朱熹曾经对苏轼和黄庭坚的字有微词，他说，苏黄两人的书法本身极好，但有流弊。原因就是，这两个人才华横溢，所以可以写出这样的字，若后人跟在他们后面学习，往往学不好。有意思的是，后人学书法，临摹名家字帖，学习苏、黄成功的人确实很少。

值得一说的是，在当时众多青年进士中，蔡元培深得上层士大夫的赏识。当时，光绪的老师翁同龢担任这次会试的主考官，新中进士按惯例去拜访主考官。翁同龢在这年五月十七日的日记中记载："新庶常来见者十余人，内蔡元培乃庚寅贡生，年少通经，文极古藻，隽材也。绍兴人，号鹤青，向在绍兴徐氏校刊各书。"[21] 翁同龢日记向来惜墨如金，对拜访自己的门生，一般仅记"新庶常来者八九人"、"新门人两人来见"，或者是"刘生、屠生来"，很少像记蔡元培这样着重加按语的，可见翁同龢对蔡元培之赏识。

按照清制，选为庶吉士还要在庶常馆学习两三年，称为散馆，然后再经过一次散馆考试，优等者授翰林院编修，其余则授各地知县及其他官职不等。但在庶常馆学习，老师并不教学，只是挂名而已，庶吉士的活动也悉听尊便，不一定非得逗留在京城。因此，蔡元培被选为庶吉士之后，并没有留在京城，而是在这一年的 10 月即离京回家了。

在老家绍兴逗留一段时间之后，蔡元培于第二年 6 月外出访师问友。他从绍兴到宁波，再到上海，然后坐船周游南京、镇江、扬州、靖江等地，最后一直到了广东。在这些地方，他以进士身份与各地文化名流诗文酬唱，游览风光。在广州，他第一次听到士人议论康有为及其《新学伪经考》，蔡元培也很留意，特搜集到相关书籍，以备研读。

由于有进士头衔，蔡元培此番出游便可卖字求钱。因此，经过近一年的游历，蔡元培几乎走遍了自 1842 年以来与海外通商的各口岸城市，这让他大开眼界。

1894 年春，蔡元培结束游历，回到绍兴老家，随即赴京应散馆考试。考试成绩优秀，蔡元培由庶吉士而授翰林院编修。至此，蔡元培在虚岁 27 岁时抵达了科举之路的最高峰，这在当时人看来可谓年少得志，平步青云。这不仅是他个人的成功，亦是家族的荣耀，绍兴城笔飞弄的蔡家门上随即被挂上了红底金字的“翰林第”匾额。翰林的功名在科举时代是读书人的至高荣誉，“点翰林”之后，不仅很容易晋升高官，而且一般来说都可飞黄腾达。自清朝中叶以来，殿阁大学士、总督、巡抚、军机大臣等高官，大多是翰林出身。按照常人思维，取得翰林功名的蔡元培，日后成为清朝的高官那是顺理成章之事。可是，他们哪能料到，这位清朝翰林后来非但没有做清廷的高官，反倒成了革命党，跟着孙中山一起干起了旨在推翻清廷的辛亥革命。

从清朝的翰林到革命党中的重要一员，蔡元培如此重大的人生转变是如何发生的呢？原来，在蔡元培入仕翰林院期间，中国近代史上发生了两件大事：中日甲午海战和戊戌变法。这两件大事给蔡元培以极大的思想震动，思想的改变又导致了他人生道路的彻底改变。

第四节　入仕翰林院

就在蔡元培被授翰林院编修那一年，中日甲午战争爆发了。

中日甲午战争自 1894 年 7 月爆发，至次年 4 月中日《马关条约》签订结束，交战期间虽历时七八个月，但胜负结果早已经决定。

日本明治维新以后，资本主义经济迅速发展，国力日渐强盛。日本统治集团认为，只有通过军事侵略，开拓殖民地，掠夺资源，才能为经济扩张开辟道路。于是，日本就把地大物博、软弱落后的中国作为它的主要侵略对象，并把朝鲜作为进攻中国的跳板。

反观中国，自鸦片战争以来，大清朝的国势就一直积贫积弱，屡次受到西方列强的侵略。镇压了太平天国运动之后，大清朝虽说迎来了“同治中兴”，也开启了洋务运动，但其学习西方，只注重坚船利炮，不能整体推进，因此收效甚微。大清朝政治腐败依旧，朝野上下，苟且因循依旧，国势不振依旧。

甲午战争爆发之前，日本做了充分的准备，先把大批军队开到朝鲜，占领了仁川和汉城，到 1894 年 6 月底，日本派到朝鲜的兵力已达 1 万人左右。随后，日军攻入朝鲜王宫，劫掳国王李熙，另立全宏集傀儡政权。

朝鲜原是中国藩属，现被日本扶持的傀儡政权控制，清廷当然不接受，于是派陆军进驻平壤，以支持李熙政权。不过此时已失先机，朝鲜各战略要点已经被日军控制。日军以汉城为根据地向平壤围攻。清兵和李熙残部抵抗不住，清朝陆军被迫从朝鲜平壤撤退。陆地之战，清朝这边先失一阵。

随后，战事发展到海上。1894 年 9 月 12 日，丁汝昌率北洋水师舰队从威海出发，护送轮船运载的陆军。17 日，北洋水师护送的运兵船卸载完毕。随后，北洋水师舰队与日本海军联合舰队相遇于黄海大东沟海域，两军发生激战，结果，北洋水师损失了 5 艘战舰，其他各舰也都受了重创，只好退守旅顺，随后又退守威海卫。黄海的制海权由此全部掌握在日本人之手。

1895 年 1 月 20 日，日军在荣成湾登陆，从后路攻击北洋水师的最后基地——威海卫。同时，日方海军联合舰队也从正面进攻。丁汝昌率残部死守威海卫，最后战败自尽。至此，中国战败，随后，被迫签订中日《马关条约》，割地赔款。《马关条约》签订之后，各帝国主义列强竞相在中国划分势力范围，掀起了一股瓜分中国的狂潮。

甲午战败赔款，标志着李鸿章等人主导的洋务运动彻底失败。大清帝国竟被日本这个小小的岛国战败，此事对国人震动很大。一些仁人志士认识到，依靠洋务运动并不能达到富国强兵的目的。要使中国强大，必须更深入地学习西方，实行更深刻的变革。

1895 年，康有为正在北京参加会试。得知清廷与日本签订了《马关条约》的消息后，他非常激愤，与弟子梁启超等人联合各省在京参加会试的举人联名上书，提出了“拒和、迁都、变法”的主张，这就是历史上著名的“公车上书”。这次上书虽未能上达光绪皇帝，但在当时的爱国人士尤其是知识分子中间产生了重要影响，成了维新变法的发轫点。随后，康有为、梁启超等人登上历史舞台，掀起了维新变法运动，他们试图推行政治体制改革，使中国走上君主立宪的道路。

中日甲午海战爆发之时，蔡元培刚授官翰林院编修不久。身处京城，他对民族危机和清廷腐败亦深有感受。1894 年 7 月 15 日，在清廷正式宣战前 15 天，蔡元培从上海《新闻报》上读到了清军已在朝鲜与日军交战的消息，但北京城内还是一派歌舞升平的气象。对此，蔡元培深表忧虑，他在日记中写道：“日人已发哀美敦战书，订期于昨日十二下钟开仗，据此，则中日已构兵矣。此间杳不得消息，未知若何！”[22]

1894 年 10 月 7 日，蔡元培以翰林院编修的身份列名奏请朝廷，切勿向日本求和，割地赔款，而应“密连英、德以御倭人”。但最终，清廷战败赔款，丧权辱国。此事对蔡元培触动极大，得知清廷要割地求和之后，他悲愤万分，写道：“上决与倭议和，和约十事，其大者，割台湾，割奉天辽阳以东，遵海而南至旅，给兵费二万万，定七年毕给。倭人驻兵威海，岁给兵费五十万。俟二巨万毕给，乃退兵，皆允之矣。日蹙百里，且伏祸机。韩、魏于秦，宋于金，不知如是之甚也。”“圣上谦抑，博访廷议，而疆臣跋扈，政府阘茸，外内狼狈，虚疑恫惕，以成炀灶之计，聚铁铸错，一至于此，可为痛哭流涕长太息者也。”[23]

中国甲午战争失败之后，扼腕痛惜之余，一些有先进思想的中国人掀起了民族救亡运动，“学西学”成了当时士人寻求救国之路的一项新思潮。在这种大的时局面前，蔡元培也对西学产生了浓厚的兴趣。

从1894年授官翰林院编修到1898年离京南下，蔡元培在京城翰林院整整任职四年。这期间，他潜心读书，广泛涉猎。1897年，他在寓所自书一联：“都无作官意，惟有读书声。”[24] 蔡元培此时所读之书绝大多部分都是“西学”。改良派的著作、介绍西方国家历史和现状的书籍以及近代一些自然科学的著作均在蔡元培的阅读之列。郑观应的《盛世危言》、马建忠的《适可斋记言》、宋育仁的《泰西各国采风记》、梁启超的《西学书目表》等，这些思想启蒙著作让蔡元培的思想打开了一扇新的窗户。比如，他赞赏郑观应的《盛世危言》，说：“以西制为质，而集古籍及近世利病发挥之，时之言变法者，条目略具异。”[25] 对马建忠的《适可斋记言》，他评价说：“其人于西学极深，论铁道，论海军，论外交，皆提纲挈领，批郤导窾，异乎沾沾然芥拾陈言、毛举细故以自鸣者。”[26] 针对宋育仁的《泰西各国采风记》，蔡元培说：“记事有条理，文亦渊雅。其宗旨，以西政善者，皆暗含中国古制，遂欲以古制补其未备，以附于一变主道之谊，真通人之论。”[27]

在众多维新思想家中，对蔡元培影响最大的是严复。严复翻译的赫胥黎的名著《天演论》是当时很有名的一部著作，蔡元培很认真地阅读了此书，并在手稿中对此书的内容进行了概括，认为这部书“大意谓物莫不始于物竞，而存于天择，而人则能以保群之术争胜天行”[27]。两个月后，蔡元培又重读此书导言及部分内容，认为西方的自由主义，即人各自由，而以他人之自由为界，正与中国古代的“恕”（“己所不欲，勿施于人”）同义。

书籍之外，蔡元培还广泛阅读当时国内出版的各种报刊。宣传维新变法的《时务报》、《国闻报》、《湘学报》、《经世报》、《知新报》、《万国公报》、《农学报》等都在他的阅读之列。为了便于订阅这些报刊，蔡元培在1898年与朋友籍忠宣、张检、陆勤伯等八人成立了求实书屋，共同订阅报刊，相互传阅，并约定每十日集会一次，座谈时事，交流心得。此外，蔡元培还在1897年冬开始学习日语。他与朋友王书衡商议，成立东文书馆，学习日文。之所以选择学习日文，一是因为西文书籍价格昂贵，二是因为英、法、德等西文难学，而对中国人来说，学习日文较易。他们还认为，西文重要著作，一般日文均有翻译，只要学会日文，便可博览西学书籍。

1898年8月，蔡元培入住北京江宁会馆，与王书衡、唐文治、刘葆良、王绍堪、许文勋等人一起，聘请同乡、外务部左丞陶大钧教授日文。后陶大钧去天津，与日本人交涉有关租界事宜，荐由日本人野口茂温代课。蔡元培边学边译，先后试译了《万国地志》、《万国宪法》等著作，待译到《俄土战史》时，便觉有“文从字顺之乐”。

蔡元培在这一时期对西学表现出极大的学习热情，标志着他开始了从旧式士大夫向新型知识分子的转变。

在蔡元培苦读西学之际，康有为、梁启超等人发起的维新变法运动也开展得日渐深入。不过，有意思的是，蔡元培对维新变法运动并不热心。

蔡元培与梁启超属同科举人，对梁启超在《时务报》上发表的《变法通议》一文非常欣赏，他评价此文说：“能撷经史偏旁之义，左其新说。近时言新学者，莫能抗颜行也。其强记博辨，实足睥睨一切。”[29] 他对梁启超在介绍西学方面所作的贡献也很赞赏。但是，蔡元培认为，在中国这样一个积弊甚深的大国，想仅靠几道御旨从事改革，把全部积弊都扭转过来，那是不可能的。因此，他感觉维新变法不足以救中国。另外，康有为、梁启超等人主持变法之时是“炙手可热”的人物，当时拜访康门者摩肩接踵，蔡元培不是趋炎附势之人，因此“耻相依附”。对于此事，蔡元培在自述中有文《冷眼观变法》，其中说：“是时，康、梁新用事，拜康门者踵相接。孑民与梁卓如君有己丑同年关系，而于戊戌六君子中，尤佩服谭复生君（即谭嗣同）。然是时梁、谭皆在炙手可热之时，耻相依附，不往纳交。直到民国七年，为对德宣战问题，在外交后援会演说，始与梁卓如君相识。然八月间，康党失败，而孑民即于九月间请假离京，乡人因以康党疑之，亦不与辩也。孑民是时持论，谓康党所以失败，由于不先培养革新人才，而欲以少数人弋取政权，排斥顽旧，不能不情见势绌。此后北京政府，无可希望。故抛弃京职，而愿委身教育云。”[30] 从这段文字中可知，蔡元培虽未参与维新变法，但目睹维新变法经过及失败后，蔡元培得出两个判断：其一，“北京政府，无可希望”，即清朝已经腐朽到了极点，指望其自身变好已是不可能的了；其二，只有从培养人才入手，启迪民智，中国才能最终走上自强之路。正是鉴于这两点认识，蔡元培才抛弃了清朝翰林院编修的职务，离京南下，走上了教育救国之路。

/ 注释 /

[1] 高平叔编：《蔡元培全集》第七卷，中华书局 1984 年版，第 214 页。

[2] 高平叔编：《蔡元培全集》第一卷，中华书局 1984 年版，第 170 页。

[3] 蔡元培：《蔡元培自述》，北方文艺出版社 2012 年版，第 6 页。

[4] 蔡元培：《蔡元培自述》，北方文艺出版社 2012 年版，第 7 页。

[5] 蔡元培：《蔡元培自述》，北方文艺出版社 2012 年版，第 10 页。

[6] 蔡元培：《蔡元培自述》，北方文艺出版社 2012 年版，第 11 页。

[7] 高平叔编：《蔡元培全集》第三卷，中华书局 1984 年版，第 319 页。

[8] 蔡元培：《蔡元培自述》，北方文艺出版社 2012 年版，第 13 页。

[9] 蔡元培：《蔡元培自述》，北方文艺出版社 2012 年版，第 13 页。

[10]《蔡元培自述》，北方文艺出版社 2012 年版，第 13 页。

[11] 高平叔撰著：《蔡元培年谱长编》上册，人民教育出版社 1996 年版，第 29 页。

[12] 中国蔡元培研究会编：《蔡元培全集》第 3 卷，浙江教育出版社 1998 年版，第 658 页。

[13] 中国蔡元培研究会编：《蔡元培全集》第 17 卷，浙江教育出版社 1998 年版，第 428 页。

[14] 中国蔡元培研究会编：《蔡元培全集》第 3 卷，浙江教育出版社 1998 年版，第 659 页。

[15] 高平叔编：《蔡元培全集》第七卷，中华书局 1984 年版，第 276 页。

[16] 蔡建国编:《蔡元培先生纪念集》，中华书局 1984 年版，第 93 页。

[17] 蔡元培：《蔡元培自述》，北方文艺出版社 2012 年版，第 23 页。

[18] 高平叔撰著：《蔡元培年谱长编》上册，人民教育出版社 1996 年版，第 49 页。

[19] 蔡元培：《蔡元培自述》，北方文艺出版社 2012 年版，第 25 页。

[20] 陈平原、郑勇编：《追忆蔡元培》，毛子水《对蔡先生的一些回忆》，生

活·读书·新知三联书店2009年版，第37页。

[21] 王世儒编:《蔡元培先生年谱》上册，北京大学出版社1998年版，第20页。

[22] 高平叔撰著:《蔡元培年谱长编》上册，人民教育出版社1996年版，第65页。

[23] 高平叔撰著:《蔡元培年谱长编》上册，人民教育出版社1996年版，第77页。

[24] 王世儒撰著:《蔡元培先生年谱》上册，北京大学出版社1998年版，第31页。

[25] 高平叔撰著:《蔡元培年谱长编》上册，人民教育出版社1996年，第83页。

[26] 高平叔撰著:《蔡元培年谱长编》上册，人民教育出版社1996年版，第109页。

[27] 高平叔撰著:《蔡元培年谱长编》上册，人民教育出版社1996年版，第110页。

[28] 高平叔撰著:《蔡元培年谱长编》上册，人民教育出版社1996年版，第140页。

[29] 高平叔撰著:《蔡元培年谱长编》上册，人民教育出版社1996年版，第98页。

[30] 蔡元培:《蔡元培自述》，北方文艺出版社2012年版，第29页。

第二章 革命岁月

第一节 绍兴中西学堂：新式教育第一站

自洋务运动时期起，中国就出现了新式学堂。到了维新变法时期，新式教育得到了迅猛发展，各式新学堂如雨后春笋般出现。这些新式学堂，奠定了中国近代教育的基础。在新式学堂里，学生除了学习传统的国文和儒家经典著作外，还要学习算学、地理、物理、外文等课程，内容远比旧式私塾丰富。

在浙江，新式学堂也在维新变法期间得到了蓬勃发展，有人统计，仅1896年至1898年间，浙江各地就有二十多所新式学堂创建，其中著名的有瑞安学计馆、瑞安方言馆、温州蚕学馆、绍郡（绍兴）中西学堂、浙江求是书院、浙江武备学堂、杭州蚕学馆、温州中西时务学堂、诸暨毓秀学堂等等。

其中，绍郡（绍兴）中西学堂就是蔡元培从事新式教育的第一站。绍兴中西学堂创办于1897年，是浙江省第一所中西学堂，创办人为绍兴名士徐树兰。徐树兰是徐友兰的哥哥，徐维则的伯父，而蔡元培曾是徐维则的伴读，

1898年冬，任职中西学堂（吴从祥/摄）

并曾在徐友兰的藏书楼“铸学斋”校书。由于这层关系，蔡元培在1898年回到绍兴不久，就被徐树兰聘为绍兴中西学堂的总理（即校长）。

绍兴中西学堂是仿照天津中西学堂而建的二等学堂，学校规模并不大，正课生40人，附课生（附课生不享受助学补贴，类似于现在的自费生）20人，所学课程为国文、算学、外文等，学期为五年。在蔡元培之前，徐树兰先后聘请何琪、何寿章、章成达三人担任监董（校长）职务，主持学校的日常工作。

1898年10月底，蔡元培辞掉翰林院编修职务回到绍兴。不久，章成达辞去了绍兴中西学堂监董一职。于是，有着翰林功名又在绍兴地区很有名望的蔡元培就成了徐树兰青睐的对象。在1898年12月，徐树兰和绍兴知府熊起磻正式聘请蔡元培主持校务，名称也由监董改为总理。

此时的蔡元培正抱有教育救国的理想，他欣然接受邀请，走马上任，由此迈出了他从事新式教育的第一步。

绍兴中西学堂以古贡院山会豫仓为校舍，校舍前面有一条清澈的小河，小河对面是葱绿苍翠的龙山，环境十分宜人。

担任绍兴中西学堂总理之时，蔡元培正是意气风发的而立之年，他一上任就展示出了大胆改革的新式教育家风范。在接办学校的第六天，他就把要聘请的新教员名单报知府熊起磻批示，这些人分别是：马用锡（湄莼）任经学、史学、词学教员，薛炳（阆仙）为经学、词学教员，马絅章（水臣）、冯学书（仲贤）为词学教员，赏乃勋（星槎）、褚闰生为蒙学教员，蓝寅（筠生）、俞埔（伯音）、陈凤锵（子仪）为英文教员，戴儒珍（铭甫）为法文教员，杜炜孙（亚泉）为算学、物理教员，寿辅清（孝天）为算学教员。这些人都是当时绍兴“极一时之选”的人物。此外，为提高学堂的教学质量，蔡元培还不惜重金聘请外籍教员，如学堂先后聘请日人中川外雄、藤乡担任日文和体操教员。

主抓教师队伍建设之外，蔡元培所做的第二件事就是想方设法购置图书和教学仪器设备。接办学堂不久，他便在校内设立名曰“养新书藏”的图书馆，并亲自制定借书条例 15 条，规定除本校师生借阅外，校外凡助银 10 元以上者，允许 1 人借书，50 元以上者，允许 4 人借书。这样，一方面可利用社会力量增加学校的藏书，另一方面亦可使学校藏书惠及社会。

在教学方法上，蔡元培力行因材施教的原则。根据学生国学程度的高低，绍兴中西学堂将书生分为三斋，第一斋为蒙学斋，第二斋为词学斋，第三斋为理学斋。蔡元培到任后，许可学生根据自己算学、外语的程度，到不同的级别去听课。比如，有的学生根据其国学程度被列在第三斋，但外国语可到第二斋就读，算学或可到第一斋学习。这样，不仅学生有了更大的学习自主权，学堂也能更好地“因材施教”。

在管理方面，蔡元培对学生严格要求，学堂规定学生每天早晨 5 点起床、盥洗，6 点吃早饭，上午 7 点上课，12 点吃午饭；下午 2 点上课，6 点体操，7 点晚饭，8 点上自习课，晚上 9 点就寝。

在蔡元培的严格管理下，当时在绍兴中西学堂就读的学生，不少在后来文教界有所表现。如后来曾任北大校长的蒋梦麟就是绍兴中西学堂第一斋的学生。对于当时的学生生活，他在回忆中写道：“中西学堂教的不但是我的旧学，而且有西洋学科。这在中国教育史上还是一种新尝试。虽然先生解释得很粗浅，我总算开始接触西方知识了。在这以前，我对西洋的认识只限于进口的洋货……”“我在中西学堂里首先学到的一件不可思议的事是地圆学说。我一向以为地球是平的。后来先生又告诉我，闪电是阴电和阳电撞击的结果，并不是电神的镜子里发出来的闪光；雷的成因也相同，并非雷神击鼓所生，这简直使我目瞪口呆。从基本物理学我又学到雨是怎样形成的，巨龙在云端张口喷水成雨的概念就只好放弃了。了解燃烧的原理以后，我更放弃了火神的观念。过去为我们所崇拜的神佛，就像是烈日射下的雪人，一个接一个融化。这是我了解一点科学的开端，也是我思想中怪力乱神信仰的结束。我在乡村里曾养成研究自然的习惯，我喜欢观察，喜欢说理，虽然有时自己根本不知道其中的深意。这种习惯在中西学堂里得到继续发展的机会。”[1]

此外，从绍兴中西学堂走出的名人还有马禩光、许寿裳、寿昌田、蒋梦兰、蒋梦桃等。

在绍兴中西学堂任职期间，蔡元培私人生活中发生了一件大事，那就是他的妻子王昭在1900年6月去世了。蔡元培和王昭在1889年结婚，在婚礼之前两人并没见过面。结婚之初，蔡元培有大男子主义思想，要求王昭在所有事情上都无条件服从他，因此，两人最初关系并不好，经常发生口角。

后来，王昭为蔡元培陆续生下了两个儿子，两人的关系也慢慢改善了。王昭是旧式妇女，在蔡元培面前，总要称他为“老爷”。为此，蔡元培在到北京做翰林时曾跟她说：“你以后可不要再叫什么‘老爷’，也不要再称什么‘奴家’了，听了多别扭呀？”而王昭却温顺地说：“唉，奴家都叫惯了，总是改不过来呢。”

1900年，接受了西方新思想的蔡元培开始重新思考女权的定义，他写出了《夫妻公约》，重新调整与妻子王昭的关系，这对结婚十多年的夫妻逐步互相理解，修复感情的裂痕。蔡元培与王昭维持了一段幸福的婚姻，蔡元培还告诉好友：“伉俪之爱，视新婚有加焉。”

可惜的是，好景不长，王昭跟随蔡元培从北京回到绍兴后不久就经常低烧不退，每日午饭后倦极喜睡，口渴，饮水后却又呕吐。

一天，蔡元培正在浙江嘉兴商办会馆、义塾之时，得到王昭夫人病重的口信，匆忙赶回绍兴，请医生诊治。煎了药，王昭夫人仅能喝两三口药汤而已，多喝便呕吐，仍整天嗜睡。1900年6月5日，蔡元培再派三弟去请医生，他自己在房门外不时看看夫人是否醒来。傍晚时分，医生尚未请来，王昭就去世了。

王昭病逝时年仅35岁。蔡元培忍着悲痛，为她写了祭文，其中说：“君澹于世荣，自归余，余侥幸入科第，君不以为喜。及官京师，阒然不趋事权要。戊戌九月，决然相与携两儿出都。孑孓道路，辛苦备尝，君不以为怨。”[2]王昭生前曾问：“人死后之幽灵当居何处？”蔡元培在挽联中写道：“早知君病入膏肓，当屏绝万缘，常相厮守。已矣，如宾十年，意忘情乃尔耶；尝与我争持礼俗，问浑圜大地，安置幽冥？嗟乎，有子二人，真灵魂所宅耳。”

夫人王昭去世时，33岁的蔡元培已经是江浙一带的文化名流了。丧偶之后，来他家里提亲的人踏破了门槛。蔡元培面对纷至沓来的媒人，磨浓墨、铺素笺，挥毫写下了一张征婚启事贴在书房的墙壁上。他提出了五个条件：第一是不缠足的女性；第二是识字的；第三是男子不得娶妾、不能娶姨太太；第四，如果丈夫先死，妻子可以改嫁；第五，意见不合，可以离婚。消息传开来，媒人们顿时一个个退避三舍。

也许是姻缘天定，蔡元培在杭州筹划办学时，有一天在朋友家看到一幅工笔画，线条秀丽，题字极有功底。他一打听，作者是江西名士黄尔轩的女儿黄世振，又名仲玉。黄仲玉出身书香门第，不但没有缠足，而且识字又精通书画、孝敬父母，完全符合蔡元培的择偶标准，于是他请朋友从中撮合。1902 年元旦，蔡元培在杭州举办了他一生中的第二次婚礼。这次婚礼中西合璧。蔡元培用红幛缀成“孔子”二字，代替悬挂三星画轴的传统，宾朋以开演说会的形式代替闹洞房。

在演说会上，蔡元培向各位来宾阐述了取消闹洞房的道理，指出：“夫妇之道，极正大，极重要，无可引以为羞涩，更无可援引以为谐谑之理”[3]，而民间之所以有闹洞房的风俗，乃是后人将最初女子出嫁时母亲、舅姑、族戚教导之言，流传讹变，演化为闹洞房的陋俗。另据说，在演说会上，“浙东三杰”之一的宋恕对另一位来宾泛谈男女平等的言论不以为然，提出异议，戏言说：“倘若黄夫人的学行高出于蔡先生，则蔡先生当以师礼待黄夫人，何止平等呢？反之，若黄夫人的学行不及蔡先生，则蔡先生当以弟子视之，又何从平等呢？”蔡元培则含笑回答说：“就学行言，固然有先后之分，就人格言，总是平等的。”蔡元培的这一解释，准确地把握了近代男女平等思想的含义。为体现夫妇平等，蔡元培在婚后写给夫人的信中都以兄弟相称，从不写“蔡夫人”。当然，这些都是后话了。

绍兴中西学堂终究只是蔡元培一生教育事业的一个小站而已，他在学堂总理的位置上仅干两年就辞职了。

蔡元培辞职的原因是很复杂的。其一，当时的中国社会处于新旧转型之际，绍兴中西学堂内部也有新派与旧派的斗争。蔡元培本身就是个新派人物，此外，新派教员还有马用锡、杜亚泉、胡道南等人，他们受西方思想影响，笃信进化论，或在校内宣传民权、女权思想，反对尊君卑民、重男轻女，或主张革新政治，改良社会，他们的言行引起校内一些旧派教员的忌恨。旧派教员于是向官方及徐树兰打小报告，说蔡元培言论过激，用人有误，试图将蔡元培排挤出中西学堂。

其二，蔡元培上任后大胆改革，引进了一些教师，尤其是高薪聘请外籍教授、购买先进的教育仪器等，都增加了学堂的开支。绍兴中西学堂规模并不大，经费也不宽裕。因此就引起了一些人的议论，说蔡元培花钱大手大脚，不善管理等等。这些事于有意无意之间致使蔡元培与徐树兰之间的关系出现了裂痕。

其三，最直接的引爆点，就是经元善通电反对废立光绪帝事件。经元善（1840 — 1903），浙江上虞五驿乡（今驿亭镇）驿亭人，其父亲经纬是上海富商，因接济军饷功，清廷授主事加员外郎衔。经元善继承父业经营钱庄，从事慈善事业，曾组织、领导江浙沪绅商赈灾，持续十余年，募款数百万，受清廷嘉奖十余次。后经元善又参与洋务运动，创办洋务企业。，

戊戌变法失败之后，经元善在 1900 年获悉慈禧欲逼光绪帝退位而立溥儁为储，于是，他以候补知府衔联合蔡元培、黄炎培等 1231 名绅商和维新人士发出反对“已亥建储”通电，要求慈禧太后收回成命。这个事件当时在全国引起巨大反响，经元善也由此得罪了慈禧太后。他遭到清廷通缉，家财被抄，经元善本人也被迫离开上海，逃往澳门避难。

蔡元培本来不是维新人士，但他也反对慈禧太后要废除光绪皇帝之举，也在经元善牵头的通电上列名。当经元善被清廷追查、避走澳门之时，旧派人士趁机发难，在通电中列名的蔡元培以及他所就职的绍兴中西学堂均面临着巨大的政治压力。徐树兰为了保护学堂及自我保护起见，要求蔡元培恭录庚子年（1900）正月二十一日清廷的“正人心”上谕，悬挂在学堂礼堂。这道上谕是慈禧太后以皇帝的名义发出的对维新人士的斥责和警告，上谕中说同情和支持变法者均为“援引匪人，心怀叵测”，随后警告士人“自当以名教纲常为己任，以端学术而正人心”。

对于徐树兰要求自己恭录上谕的要求，蔡元培断然拒绝。从辞职翰林院编修那一刻起，蔡元培就不在对清廷寄予希望了，不仅如此，他还从心底里同情谭嗣同等维新人士。在这种情况下，让他违背良心恭录清廷斥责维新人士的上谕，蔡元培是不能容忍的。于是，他复信徐树兰，毫无顾忌地指出，所嘱恭录上谕“皆黎邱之鬼所为”，“岂有取顽固者之言而崇奉

之之理”，表示自己宁愿辞职，也不做违心之事，“虽迫之以白刃而不从”。这样一来，等于将双方的思想分歧彻底公开化了。在信中，蔡元培还就“畏祸”、“避祸”问题阐述了自己大义凛然、不惧生死的态度——

若曰将为之以避祸也，则元培固不畏祸。元培近得炼心之要，时无古今，地无中西，凡所见闻，返之吾益己益世之心而安，则虽阻之以白刃而必行；返之吾心而不安，则虽迫之以白刃而不从。盖元培所慕者，独谭嗣同耳。若康、梁则首事而逃，经元善则电奏而逃，则固所唾弃不屑者也，况其无康、经之难而屑屑求免也乎？且夫避祸者，所以求生也。充求生之量，必极之富贵利达。元培而欲求富贵利达也，固将进京考差，日奔走于彼顽固者之门，亦复何求不得，而顾恋恋此青毡乎？

传曰：死生亦大矣。元培为此，岂真畏生而乐死哉，乃所以求生也。孔子曰：无求生以害仁，有杀身以成仁，此善求生者也。严复译西儒之旨曰，群己并重，则舍己为群，此善为己者也。何则？大厦将倾，非一木所不能支，固已。虽然，此一木者，固与彼众木同在大厦之下者也。一木支之而众木我助与，大厦或可以不倾，而一木与众木咸可以不折也。……元培固愿为一木者也，无物足以夺之。[4]

在这封信的最后，蔡元培提出辞职，说——

前年之垫款，今年之用费，度非元培所能办也。绅董而真心欲维持学堂者，必不可出此，则元培又有一上策焉，曰元培辞总理之责而已。此事也，于学堂有三益：曰大改宗旨，可以免祸，一也。凡元培所订教习，有不惬于绅董意者，元培既去，悉可解约，二也。元培以挥霍名，今既去矣，可以力反所为，节用而持久，三也。三益之外，于元培又有一大益也。元培所自信者，教育之事耳，筹款与综核，非所长也。今一切责之，丛脞于事，局脊其身。能卸责也，则可以专究教育学，而尽心读书矣，岂非一大益乎。所切望者在此，如荷俯允，则元培已赴嵊之故，一切事皆卸于钟生同年异，即以今日为元培卸总理之期可也。[5]

蔡元培在写这封信的当天就离开了绍兴，前往嵊县。后来，经他人调解，蔡元培又重回绍兴继续留任中西学堂总理。但经此风波后，校董徐树兰对绍兴中西学堂事宜不再如前热心。这一年年底，学堂经费再次遇到困难，蔡元培数次前往相商，而徐树兰不愿再过问。在此情况下，蔡元培终于在 1901 年 2 月辞职，离开绍兴中西学堂，而绍兴中西学堂经理事宜，则移交何寿章（豫才）。

在任绍兴中西学堂总理的两年里，蔡元培鉴于当时学堂教材不统一、教学理念和教学方法也比较混乱的状况，曾于 1899 年 11 月发起绍兴府学堂学友会，推动绍兴地区的教育改革。他呼吁绍兴所属八县改变各自为政的做法，筹集绍兴八县公款，统一兴办学校，在府城设高级、中级学堂各一所，各县城均设一初级学堂，为本省和全国的教育改革树一模范。

新旧交替的转型社会，有新式学堂，也有旧式书院。蔡元培此时在老家绍兴固然算新派人物，可他对书院也抱有浓厚兴趣。在担任绍兴中西学堂经理的两年里，他还兼任嵊县剡山、二戴书院和诸暨翊志书院院长。在为剡山、二戴书院制定的《学约》中，蔡元培提出一套新的办学宗旨和教学方法，规定"学当以益己、益世为宗旨"，求学者"平日当究心有用之学"，力戒徇俗，做到自治自立，不盲从，实事求是，闻一言，见一事，必探源溯由，不为一切捕风捉影之谈、忍心害理之事、附热避祸之术所惑。其中，他特别强调，为学者必须放弃读书做官的思想，指出士者无论做官，还是为师，"实言之，则皆工耳"。他说："诸生有志为士，当思自有生以来，一切养生之具，何事不仰给于农工商，而我所以与之通易者，何功何事？不患无位，患所以立，怵然脱应试求官之积习，而急致力于有用之学矣。"[6]

在教学方法上，他要求学生除听课外，另须准备两本笔记，每月记下读书心得，每月随课卷呈缴，以便院长结合学生课卷和所作日记评议优劣。在教学内容上，蔡元培提倡学生应尽力学习有关心理学、教育学、政治学、社会学、伦理学、公法学等课程。他本人在讲课中也都提倡科学，劝导学生就性之所近，努力研求，表示："如有英俊后生，破除俗见，志为实学，以备致用，则鄙人不量识途之微明，愿助及群之孟晋。”至于八股文、八韵诗，“鄙人自二十岁以后，即已屏弃，虽侥幸得第，并不系此”[7]。

就教育而论，蔡元培在绍兴中西学堂的两年，已经初步显露他后来办教育的一些风格，如兼容并蓄，新式学堂可以主持，旧式书院也愿意参与。于新式学堂，他则主张高起点发展，引进好教师、购买先进设备，为此承担“挥霍”之名亦不顾；于书院，他以改革的姿态，改造之，主张“为学者必须放弃读书做官的思想”，这一点与他后来当北京大学校长时的主张是一致的。可见，蔡元培之新派并非彻底抛弃一切传统之新，儒家经典中重视道德修养和修身养性，这些蔡元培都是很认可的，他自己也承认“近得炼心之要”，后来他还专门写了一部《中国伦理学史》，提炼传统文化中优秀的伦理精神。蔡元培之提倡新学，意在拓展中国教育的新领域，将“西学”请到中国人的学堂之上。此外，蔡元培在绍兴地区倡导统一办教育、编写新教材等整合教育资源的想法，因时间短暂没能实现，但这一思路在他后来担任民国教育总长时仍有所贯彻。

需要特别注意的一点就是，正是在给徐树兰提出辞去绍兴中西学堂总理的信中，蔡元培明确表现出了他对清廷的不屑和对立。这封信让人们看到了蔡元培和蔼外表之下那颗坚毅、勇敢的心。徐树兰是绍兴名士，创办绍兴中西学堂贡献多多，他聘蔡元培当学堂总理，里面饱含着对蔡元培的赏识，此其一；其二，蔡元培曾做过徐维则的伴读，徐维则是徐树兰的侄子，从这个角度看，徐树兰是蔡元培的长辈。以人之常情而论，面对一个赏识自己的长辈“恭录上谕”的要求，普通人即便心里不愿意，也是很容易妥协的。把上谕抄一份，挂在礼堂上，这算多大的事呀？徐树兰是想用此举给守旧派一个交代，也给学堂在外表上涂一层政治保护色，其用心之良苦是完全可以理解的。可是，在蔡元培这里，“恭录上谕”对他来说已成一种侮辱，他绝不肯在这个原则问题上妥协。他宁可选择辞职甚至是遭受政治迫害，也不肯选择心口不一地苟活。这样的人生底色，已经超越了普通的文人，而具有了公然挑战朝廷的革命家色彩。

对读书人来说，有知识有学问有见解不难，难的是能把这些知识、学问、见解落实到自己的实际生活之中，潜移默化，使自己成为真正的谦谦君子；再往上，成为谦谦君子不难，难的是谦谦君子还有一颗勇敢坚毅的心，在关键时刻不计利害得失，肯奉献，敢担当。若果能如此，这个人便是智勇双全之辈。这样的人，“富贵不能淫，贫贱不能移，威武不能屈”，就是孟子所说的“大丈夫”。蔡元培就是这样的人。他后来成为革命党中的重要一员，其革命精神之萌芽，在此已见端倪。

第二节　南洋公学：新式教育第二站

南洋公学是蔡元培从事新式教育的第二站。

从绍兴中西学堂辞职之后，蔡元培于 1901 年 5 月应上海澄衷学堂总理刘葆良之邀，代替刘葆良管理上海澄衷学堂。一个月之后，刘葆良将蔡元培介绍到了盛宣怀创办的南洋公学。刘葆良是当时的教育名流，有了他的介绍，蔡元培很快与盛宣怀有了交往，还出席了盛宣怀在南洋公学的宴请。到了这年 9 月，南洋公学特班开课，蔡元培正式受聘担任特班生总教习。

至此，蔡元培又有了一个新的教育平台。

在主持绍兴中西学堂之时，蔡元培就对南洋公学很关注。1899 年 11 月，他写信给在南洋公学任职的张元济，请其代购南洋公学所编教科书。1900 年 11 月间，他还专门到上海徐家汇考察了南洋公学。

南洋公学是今日上海交通大学之前身，它是中国近代教育史上一所有名的学校，由洋务派人士盛宣怀于 1896 年冬奏请清廷筹建，朝廷准奏。1897 年 4 月，南洋公学在上海徐家汇正式开学。这所学校后历经清末、民国、新中国各个历史时期的演变，为中国培养了许多人才。

需要交代一下的是，蔡元培 1901 年 2 月自绍兴中西学堂辞职，到 1901 年 9 月就又受聘进入南洋公学，担任总教习。这中间的几个月时间，他也没有离开教育事业。1901 年 4 月，他应杭州方言学社之邀发表演讲，宣传学习外语的重要性，称“东西邻者，言语不通，文字不同，吾欲即其所以而不得，则语言文字之学，其锁匙也”。蔡元培还对浙江省教育的整体情况投入了极大的关注，在 1901 年 8 月写了《浙江筹办学堂节略》一文，就如何推动浙江全省的教育改革提出具体建议，主张在省城设高等师范学堂、一高等学堂、一中学堂，以及若干小学堂和蒙学堂。同时，蔡元培还专心研究外国教育制度。他曾将日本从幼儿园到大学的各类学校的课程详细调查清楚，并进行比较研究，写成《学堂教科论》，对各级新式学堂的课程设置、学制年限和结构体系作了全面的设计。这本小册子于1901年10月由上海普通学书室石印出版。

南洋公学在建立之初分师范院、上院（大学堂）、中院（中学堂）、外院（小学堂）四部。1901年又增设特班，先后两次共录取42名有较高国学修养而又有志于西学的读书人，预定教他们外国语言及理化、数学、史地、理财及各专门之学，成绩优异者，保送经济特科。蔡元培到南洋公学任总教习，教的就是这个特班的42名同学。

南洋公学特班学生的传统国学基础普遍不错，根据这一情况，蔡元培在南洋公学特班采用了一种堪称中西合璧的教学方法。他自己称这种方法“稍含书院式”，即由学生自由读书，每天写札记，送他阅批；每月终，由他命题考试一次，评定成绩，然后送学校总理鉴定。

1901年9月21日，蔡元培亲拟《南洋公学特班学习办法》，规定每日以3小时课编纂，3小时课讲义，1小时为修辞之学；7小时之外，学生可随意看书，如有心得和疑义，可作笔记，与札记一同呈缴；札记须每七天一篇，或节精要，或著心得，或记疑义。为指导学生如何读书，蔡元培亲自写下所修各学门类及每一门类应读之书，以及读书的次序，然后由学生们就自己喜好，自认一门或几门，按他所开书目顺序阅读。此外，他还每夜轮流召两三名学生到寝室个别谈话，或发问，或让学生自述学习心得，或座谈对时事的感想。

正常教学之外，蔡元培还在同学中设立演讲会，提倡同学们学习用国语（普通话）演说，以锻炼自己的口才，他对学生们说：“中国国民在极度痛苦中，还没有知道痛苦的由来，没有能站立起来，结合起来，用自力解除痛苦，这是中国根本弱点，你们将来出校，办学校以外，还要唤醒民众，开发他们的知识。这些固然可以靠文字，但民众识字的少，如能用语言，效用更广，你们大家练习演说罢。”[8]在开展演说的过程中，蔡元培亲自为学生们出演说题目，并介绍几种有关演说的日文书籍供同学们参阅。蔡元培在特班中实行的这种教学方法，深受同学们欢迎。当时在特班中就读的黄炎培后来回忆说："这种教育方法，切合学生们的要求，蔡师语言态度的亲切、谦和，使每一学生都心悦诚服。这些还影响到上院其他各班和中院。"[9]

为使同学们更好更快地了解各种西学知识，蔡元培十分重视外语的学习。他曾对特班的同学们说："现在中国被各国欺侮到这地步。知彼知己，百战百胜，我们要知道自己弱点，还要了解国际情况。了解国际情况，就要通晓外国文，读外国书。"[10]他认为英文自然要学，日语也要学。相比而言，英文难学，日语较易。且大多数西方著作，都有日文译本，同学们不妨先学习与汉语较为接近的日文，以了解世界大势。为此，他亲自教授日文，传授译文翻译法。

出于对外语的重视，蔡元培本人还在教书之余跟马相伯学习拉丁文。马相伯是著名的教育家，天主教神学博士，复旦大学的创始人。蔡元培认为，欧洲各国语言多源于拉丁文；不通拉丁文，便无从了解西洋的古代文化，因此，他决定学习拉丁文。可在当时，拉丁文即便在欧洲也已成古董，遑论中国。马相伯也认为，中国学者更没必要去学拉丁文，但蔡元培执意要学习，马相伯见其态度坚决，就只好同意教他。

蔡元培虽是清朝翰林，又是南洋公学的总教习，但他学习拉丁文依然十分认真刻苦。他每天一清早就从南洋公学步行两三公里路，赶到徐家汇土山湾马相伯的住处。有时，5 点钟就在外面叫门，马先生还未起床，而且起床后还要做祷告，便开门对他说："太早了，太早了，八九点钟再来吧。"后来，马相伯建议最好从学校中选派优秀青年来学。蔡元培接受了这一建议，选派 24 名学生一道师从马先生学习拉丁文。1903 年，马相伯创办了震旦学院，这 24 名青年变成了第一班学生之基础。[11]

值得一说的是，蔡元培在南洋公学特班教过的学生中，后来有不少是民国时期的社会名流，如邵力子、李叔同（出家后为著名的弘一法师）、黄炎培、谢无量等。

在南洋公学任教期间，蔡元培在上海还涉足办报和出版。1901 年 10 月，他与好友张元济合议创办《开先报》，取英文"前队，冲锋之义"，后改名《外交报》。蔡元培撰写《创办〈外交报〉叙例》，指出本报宗旨："荟我国自治之节度，外交之政策，与外国所以对我之现状，之隐情，胪举而博译之，将以定言论之界，而树思想之的，为理论家邮传，而为实际家前驱。”[12]同时，他还为蒋智由创办的国内第一张文摘报——《选报》撰写叙论，宣传该报“荟域中域外之国文报而抉择之，其有关天下之故、通古今之变者，咸具本末，间附评议，托体于温故，而取径于开新。盖不居撰述之名，而有其义者，非与寻常缉比之报为重台也”[13]。此外，为纠正社会上为应付科举考试出版的文本存在的迂谬窒塞、束缚新思想的弊端，蔡元培选录梁启超、严复等“当世名士著译之文”，共42篇，编订《文变》一书，于1902年5月由商务印书馆出版。同年，他又应张元济之聘，兼任商务印书馆编译所所长，负责制定国文、历史、地理三科教科书的编纂体例。

蔡元培在上海参与的另一重要活动，是组织成立中国教育会和爱国女学。1902年4月20日，蔡元培和叶瀚（浩吾）、蒋观云、黄宗仰（乌目山僧）、林白水、王小徐（季同）、汪德渊等人共同发起成立了中国教育会，蔡元培被推选为中国教育会会长（后黄宗仰也曾当过会长）。中国教育会“以教育中国男女青年，开发其智识，而增进其国家观念，以为他日恢复国权之基础为目的”，起初设想的规模十分宏大，会内设教育部、出版部和实业部。教育部分男子部和女子部，主要工作是设立学堂，教授普通学和各种专门技艺。出版部负责教科书、报刊和有关学术著作编印和出版。实业部则负责开设若干工厂或公司，以便为教育会提供财源。但教育会实际上并没有能按这一计划进行，它在当时主要是为学界进步人士聚会和开展活动创造条件，是一个进步的教育文化团体，后来则成为国内最早的一个革命团体。

与此同时，蔡元培又和蒋观云、黄宗仰、林白水、陈梦坡、吴彦复等一道筹划成立爱国女学。蔡元培的夫人黄仲玉女士也参与了女学的筹办工作。他们在上海登贤里的住所几乎成了爱国女学筹备会的场所。爱国女学成立之后，推举蒋观云为校长，女学经费由上海犹太富商哈同夫人罗迦陵女士独立予以资助。哈同是清末至民国时期上海著名的富商，其夫人罗迦陵是一名佛教徒，拜黄宗仰为上师。她热心慈善事业，愿意出资创办女学。爱国女学成立不久，蒋观云就去了日本，随后蔡元培担任了女学校长。

《简章》规定爱国女学“以教育女子增进其普通知识、激发其权利义务之观念为宗旨”。学级分三期，第一期为预备科，第二期为普通科，学期各 7 个月，第三期为高等普通科，学期为 6 个月。开设的课程有伦理、历史、地理、国文、数学、卫生、体操等。每日讲课的时间为上午 11 点到下午 5 点，每月举行一次演说会，邀请中外饱学之士到校演说。学生则一律不寄宿校内。女学刚开办时，学生人数很少，约 10 人，大多为发起人的妻女。第二年，爱国女学迁至泥城桥福源里，与中国教育会和爱国学社同在一处，此后才开始招收外面学生，学生人数始有较大提高。爱国女学也有一批好教师，蔡元培回忆说：“如王小徐先生的数学，叶浩吾先生的史学，吴稚晖先生、蒋竹庄先生的国学，钟宪鬯先生的理科，都是不可多得的好教员。”[14]

蔡元培创办爱国女学，最初的目的是为了改变社会上重男轻女的陋习，提倡女子教育，但后来随着他本人走向革命，爱国女学也成了一个革命据点。

蔡元培在南洋公学任职的时间也不长，自 1901 年 9 月到校，至 1902 年 11 月间辞职，前后一年有余，而南洋公学学生退学风潮直接导致了蔡元培的离开。

南洋公学虽为新式学校，但也同样存在着新旧之争。教师中既有热心新学的新派，也有顽固保守的旧派。中院五班中文教师郭镇瀛是举人出身，思想非常保守，为人又刻板专横，他讲课不受同学欢迎，平时又对学生管束过严，严禁学生阅读各种新式书报杂志。种种因素结合在一起，导致一些学生对他严重不满。

1902 年 11 月 5 日下午，郭镇瀛走进教室上课时，发现有一只洗得很干净的墨水瓶放在他坐的椅子上。他大声诘问是谁放的，结果无人回答。后来，在他恐吓之下，一位杨姓小同学谎称是伍正钧放的。郭不做任何调查，就认定是伍所为。在他的要求下，无辜的伍正钧被学校开除，其他同学也因为所谓“知情不报”而受到“记大过”的处分。对南洋公学的处理，当事人伍正钧感到冤枉，其他同学也感到气愤。

11 月 14 日，五班全体同学相约集体到学校总办（即校长）汪凤藻处申述事实真相，要求撤销处分，但遭到拒绝。当晚，他们决定次日全班集体退学，以示抗议，并到各班作告别演说，得到广大同学的普遍同情。

第二天早晨，汪凤藻竟以“学生私自聚众演说，大干例禁”的罪名，张贴布告，宣布开除五班全体同学。学校的这一决定，引起全校哗然。

五班的行动引起全校同情，次日，全校学生集会，派代表向总办汪凤瀛请求收回成命，汪拒不接见，后经再三要求，虽同意接见各班代表，但仍坚持开除五班全体学生之成命，并蛮横地表示：“五班已经开除，非诸生所得干预，愿去者听。”见此，各班代表愤然退出。这时校方才慌了手脚，急忙请受学生们尊敬的蔡元培等出来调解。

11 月 16 日一早，全校学生 200 余人列队操场，等候交涉的最后消息。可是，蔡元培去见督办盛宣怀转达学生要求时，盛宣怀还未起床，交涉未果。上午 10 时，中院 6 个班级的同学，以班次为序，排队集体离开南洋公学。随同一起离校的，还有特班和政治班的部分同学，共 200 余人。后来，有部分学生又重新回到南洋学校，但实际退学者仍有 145 人之多。这就是在当时产生很大影响的南洋公学学生退学风潮，史称“墨水瓶事件”。这一事件，实际上是青年学生对学校专制教育的一种反抗，是他们民主意识觉醒的一种宣示。

身为南洋公学特班教习，蔡元培对“墨水瓶事件”中受到不公正待遇的学生极为同情。他不愿意看到学生的学业半途而废，努力争取南洋公学主事者改变成命。交涉未果之后，蔡元培毅然带领特班同学黄炎培、邵力子等人加入到了退学行列。他对退学的同学们说：“汪总办不让我们完成学业，我们应该自动地组织起来，扩大容量，添招有志求学的学生来更好地进修。”[15]

为了让从南洋公学退学的同学能有地方继续上学，蔡元培积极联络中国教育会的相关人士，筹建学校。最后，仍是乌目山僧黄宗仰联系哈同夫人罗迦陵女士，请她出手相助，罗迦陵遂将其一处房屋捐出做校舍，而蔡元培本人则紧急前往南京向一家典当行借钱，以解决学生们一时的伙食。

当时，情况十分紧迫，蔡元培去南京借钱之际，于码头上又得到了长子阿根病故的不幸消息。可是，安顿南洋公学退休学生之事不能有半点耽搁，蔡元培只好嘱咐亲友代为处理后事，自己仍去南京筹款。三天之后，蔡元培从南京借得 6000 元钱回到上海，暂解燃眉之急。一番紧张筹措之后，爱国学社于 1902 年 11 月 26 日在上海泥城桥福源里成立。蔡元培被推为总理，吴稚晖为舍监，章炳麟、黄炎培、蒋维乔、吴丹初等为义务教师。

带领南洋公学退学学生创建爱国学社，是蔡元培早期人生中非常重要的一件事。在这起事件中，蔡元培同情学生、爱护学生、肯为学生奉献的伟大人格充分得到了体现，他也因此得到了广大师生的尊崇，另一方面，爱国学社后来的发展也很快促使蔡元培转向激进的革命，他从清朝翰林向革命党的转型事业就此而进入了一个新的阶段。

第三节　天时地利人和

一个人的生命轨迹发生重大转变，往往是因缘聚会，天时、地利、人和各种因素结合一处所致。蔡元培的人生亦是如此。

在 20 世纪初，蔡元培完成了从清朝翰林向革命党的人生转型，这其中亦有天时、地利、人和各方面的原因。

先说天时。自 1840 年鸦片战争以来，中国就不断受到西方列强的侵略，原来习惯于万国来朝的大清帝国，不得不接受签订不平等条约、割地赔款的屈辱命运。面对积贫积弱的国势，很多仁人志士不断奔走呼号、奋力抗争。可是，经过了六十多年的奋斗，经历了洋务运动、维新变法等几波自强运动之后，中国在 20 世纪之初仍然不能摆脱多灾多难的命运——内部民生凋敝，各种社会矛盾空前激化，外部则有“西方列强瓜分中国的狂潮”。在这种情形之下，中国人的心态也日趋焦虑，选择拯救中国的方案和行动也一次比一次彻底，同时也一次比一次激烈。洋务运动是清朝官方自上而下推行的改革，希望在不触动清朝根本政治体制的前提下，通过引进“洋务”来激活中国社会的活力。洋务运动失败后，康有为、梁启超等人认为，学习西方，仅学人家的“坚船利炮”是不够的，我们还要学习西方的政治制度，所以就必须变革政体。他们开出的方案是维新变法，在中国实行君主立宪，“虚君共和”，以政治体制改革来带动整个社会的进步、发展。维新变法最后以“戊戌六君子”喋血菜市口而宣告失败。以慈禧太后为首的保守派以武力剿杀了维新运动，中国通过不流血的变革就能走上自强之路的机会也彻底丧失。此后，经过一波又一波惨烈的革命，经过一代又一代人的流血牺牲，中国才能完成重建，才能实现从传统中国向现代中国的转型。

蔡元培在“戊戌六君子”遇难之际即已对清朝不抱任何希望，认为“北京政府，无可希望”。待他到南洋公学任教及随后创办爱国女学和爱国学社之时，北京又发生了义和团运动及随后的“八国联军侵略北京”事件，清王朝的国际威望及在国人心中的威信都已经降到了历史最低点。于是，“取满清而代之”的革命思想就在20世纪初颇有市场。孙中山先生领导的辛亥革命逐渐为人们所熟知。蔡元培也正是在这一阶段成为革命党的。可以说，蔡元培以清朝翰林的身份转变为革命党，其中有时代思潮的重大影响。

再说地利。自到南洋公学任教之后，蔡元培就来到了上海。上海这座城市在中国近代历史中的地位非同一般，值得花费笔墨做一番介绍。

像中国的许多城市一样，上海的历史很悠久。在春秋时期，它是吴国的地盘，战国时期，它曾是楚国春申君（“战国四公子”之一）的封邑，春申君开始建城，所以，直到现在，上海还有“申城”之称。由于远离中原，“申城”几经变迁，地名也多次更改，仍不能发展壮大。到了元朝，朝廷才批准上海小镇建成独立县。一直到清雍正年间，上海还是松江府下辖的一个县。

到了近代，上海才获得迅速发展的历史机遇。鸦片战争失败之后，清廷被迫于1842年与英帝国主义签订了《南京条约》。在《南京条约》当中，上海被列为五个通商口岸之一。1843年11月17日，根据《南京条约》和《五口通商章程》的规定，上海正式开埠。随后，中外贸易的中心也逐渐从广州移到上海，上海的经济从此走上了快车道。

1845年11月15日，英国又在上海设立了中国近代史上的第一个租界。以后，美、法等西方列强也相继在上海设立租界。外国人在中国领土内划出租界，享受治外法权，这当然是对中国国家主权的一种侵犯，但同时我们也要看到，租界法律提供了权利保障，使得租界内的居民能享受到更大的言论和行动自由。因此，上海租界也就成了许多革命家传播革命思想、组织革命活动和躲避追捕的绝佳场所。富庶繁华，华洋共处，自由开放，生活新潮，所有这一切都让上海极具魅力，富商巨贾、达官显贵、文人墨客纷纷来到这座城市，“十里洋场”成了各色人等充分表演的舞台，旨在推翻清朝的革命思想和革命组织亦在这座城市悄然诞生，发展。可见，蔡元培在上海完成从清朝翰林向革命党的转型，绝非偶然。在蔡元培生命中，上海这座城市占有非常重要的分量，他从这里转向革命即是其中之一。后来，他的很多其他重要活动亦在这座城市展开，当然，这是后话，暂且不表。

最后再看看人和。从绍兴来到上海之后，蔡元培结交的人也与以前大不一样了。与绍兴相比，蔡元培在上海的“十里洋场”中无疑更容易寻找到志趣相投之人，而这些不满清朝统治的文人聚集一处，相互砥砺，也更容易擦出思想火花。更关键的是，上海浓郁的革命氛围让蔡元培的身边聚集了很多具有革命气质的奇人。这些人对蔡元培走向革命有着潜移默化的影响。为说明此事，我们不妨暂时放慢讲故事的节奏，了解一下蔡元培在这段时期所结交的几个人。

先说吴稚晖。蔡元培是在 1901 年 12 月结识吴稚晖的。当时是好友张元济请客吃饭，蔡、吴在宴会上相识。两天后，蔡元培赴吴稚晖住处拜访，两人就此成了好朋友。

吴稚晖（1865 — 1953），名朓，后名敬恒，稚晖为其字，生于江苏武进雪堰桥镇一小商人家庭。幼年的吴朓，终日在自家开的小茶馆里嬉戏，茶馆招待文人墨客、三教九流，接触久了，吴稚晖也就颇通人情世故。

吴稚晖是个奇才，18 岁即自设学馆授徒，26 岁时参加乡试，主考官赏识他的经学，他的诗写得一般，但能别出心裁，用篆字写就，深获主考官青睐，遂中举。

吴稚晖最大的特点不是他的学问，而是他搞恶作剧的本事。他自小喜以恶作剧取乐，曾爬上邻居家的烟囱大小便；村民办丧事，请和尚道士来做道场，他竟趁人不备在大茶壶中撒尿，由此可见其放荡不羁的性格。更有趣的是，吴稚晖这种放荡不羁并未随着他日后成了名人、要人就有所收敛，反而变本加厉。

两件事足以说明吴稚晖的“叛逆”。一件是江阴知县过孔庙不下轿，吴稚晖认为父母官“非圣无法”，有辱斯文，遂率同窗钮永建等人向轿内投石块和砖头，砸得知县鼻青脸肿，知县喝令衙役将吴稚晖捉回衙门。可是，按照大清律例，举人与知县同级，后者捉拿前者有违“王法”。知县自讨无趣，只好向吴稚晖道歉，并用那顶轿子将吴送回，以此息事宁人。另一件事是：江苏学政杨颐走马上任后，宴请亲朋时公然吃花酒。吴稚晖认为一省最高教育长官如此粗俗，有失体统，遂邀集好友头插松枝胡萝卜，手持草纸，扮作一副滑稽相，在大庭广众之下拦住杨颐狂呼：“生员叩见大人，请赏花酒三杯。”说完故意跌倒在地，四肢朝天，引路人注目，出杨颐的丑。

吴稚晖凡事敢出头，大有天马行空的味道。他带头大闹中国驻日公使馆一事使其一夜成名。1901 年，吴稚晖到日本留学，他们有 9 名同学想转到日本成武学校学军事（成武学校有日本军官摇篮之称）。转学之事需要中国驻日公使担保才成。可是，当时的驻日公使蔡钧并不愿意为他们担保，就借故推托。1902 年，吴稚晖一怒之下纠集了 26 名留学生，到中国驻日公使馆上访闹事，并对蔡钧嬉笑怒骂、讽刺挖苦。蔡钧很生气，后果很严重，他暗中勾结日本警局，拘禁吴稚晖等人一夜。随后，日本警察局以“妨害治安罪”为名逐吴稚晖出境，并限当日即离开。日警将吴押往火车站。途中路过一孔桥，吴稚晖趁其不备，跃入河中，后被日警救起，硬行遣返。临上车时，数百名留日学生为其送行，当时在横滨的梁启超亦赶来话别。当时，任职南洋公学的蔡元培正好在日本考察教育，他怕吴稚晖仍想不开，会自杀，就决定提前回国，以陪伴吴稚晖。两人之友情由此可见一斑。

爱国学社创建后，蔡元培任经理，吴稚晖任学监。随后，爱国学社与《苏报》合作，蔡元培和吴稚晖也同为《苏报》的撰稿人。再往后，吴稚晖发表了很多鼓吹革命的“排满”文章，大骂慈禧太后和光绪皇帝。随后，他骂张之洞、袁世凯等人为“狗头名士”，骂满清皇族为“长白山中的野狗”，骂清朝上上下下全是“贼皇狗臣”……一路骂下去，也可谓畅快淋漓。后来，人们将他与蔡元培、李石曾、张静江四人合称“民国四老”。

再说章太炎。章太炎于 1869 年出生在浙江杭州余杭县仓前镇一个没落的书香门第。初名学乘，后改名炳麟，字枚叔，号太炎。他很小就受祖父及外祖父民族主义的影响，读《东华录》、《扬州十日记》等记述满清入关之际屠戮江南百姓的书籍，从小就种下了“反清排满”的思想种子。康有为、梁启超等人发起维新变法之时，他曾参与维新运动，为《时务报》撰写文章，鼓吹变法。维新变法失败后，他被清廷通缉，流亡日本。1900年，他剪掉辫子，立志革命。于是，他就在20世纪之初与蔡元培、吴稚晖等人一起组建中国教育会和爱国学社，参与到革命行动之中。他在上海爱国学社授国学，身着长袍，却外罩“和服”，“和服”左袖还绣有“大汉”二字，堪称奇服。而且他发长五寸，左右分开，下垂到额际，其行事作风之怪，可见一斑，他也由此得了个“章疯子”的绰号。

章太炎的一生极富传奇色彩，由于搞革命，他“七被追捕，三入牢狱”，但革命之志始终不屈。可是，辛亥革命成功之后，他却日渐脱离政治，专心治学；是资格比较老的革命党，但最后却成了举世公认的国学大师，在经学、史学、文字音韵等诸多面都有深湛造诣；他与孙中山有过并肩战斗的难忘岁月，也有过激烈争辩乃至分道扬镳的日子；他弘扬国学，却坚决而激烈地反抗权威，反对一切束缚人性的制度和文化；他自己是一个道德主义者，但反对政府及各类社会组织以道德之名压制人的个性。

在革命党人之中，章太炎是学问最大的一个人。鲁迅、周作人、钱玄同、刘文典、许寿裳、黄侃、马裕藻……这些大名鼎鼎的文化人均曾师从章太炎。他学问大，个性也强，天不怕地不怕，在《苏报》上撰文，公然骂光绪皇帝为“载湉小丑”；他攻击清廷有“火力”，在革命党内部也很“不合群”，先是与吴稚晖不合，后来与孙中山也“政见不合”；袁世凯当上民国大总统之后，他更是一万个不服。1915年，他曾被袁世凯幽禁在北京龙泉寺。幽禁期间，袁世凯逼他写赞同袁世凯称帝的“劝进书”，结果他写出的是：“某忆元年四月八日之誓词，言犹在耳。公今忽萌野心，妄僭天位，非惟民国之叛逆，亦且清室之罪人。某困处京师，生不如死！但冀公见我书，予以极刑，较当日死于满清恶官僚之手，尤有荣耀！”[16] 据说，老袁气得冒烟，而时人则钦佩章太炎之骨气，称他为“民国之祢衡”。

章太炎去世后，鲁迅先生写《关于章太炎先生二三事》一文以纪念老师，其中说：“考其生平，以大勋章作扇坠，临总统府之门，大诟袁世凯的包藏祸心者，并世无第二人；七被追捕，三入牢狱，而革命之志，终不屈挠者，并世亦无第二人：这才是先哲的精神，后生的楷范。”鲁迅先生眼界极高，晚清至民国间的人物，被他批评的不少，而能入其法眼，受其赞叹者不多，而章太炎先生却能得到鲁迅先生这么高的评价，殊为不易。

张元济也是这个时期蔡元培接触较多的朋友。蔡元培和张元济同为清朝翰林院庶吉士，蔡元培后来授翰林编修，张元济则授官刑部主事、总理衙门章京，并参与维新变法。维新变法失败后，张元济被革职，“永不叙用”。后李鸿章惜才，将其介绍给盛宣怀，盛宣怀聘其为南洋公学译书院主事。1902 年，张元济参股商务印书馆，力荐蔡元培任编译所所长。当时，正赶上清廷颁布新学制，各地急需新式教材。蔡元培等人遂在上海发起成立中国教育会，编辑国文、历史、地理等教科书。半年时间内，就有 10 本教科书完成，此举开启了商务印书馆编印教科书之先例。

后来，张元济从南洋公学辞职，成了专职出版家。在张元济主持下，商务印书馆在 1904 年推出了全套 16 种 78 册《最新小学教科书》，其中 54 册被清廷选为全国通用教材。商务印书馆全国出版界龙头地位由此一举奠定。

更难得的是，在蔡元培生活窘困之际，张元济“公私兼顾”，给予了蔡元培极大的“资助”。1909 年，蔡元培以翰林身份随驻德公使孙宝琦前往德国留学。当时，蔡元培拖家带口，公费资助入不敷出。张元济遂与蔡元培签订合同，聘蔡元培为商务印书馆海外编译员，除每月支付调查费外，蔡元培在德国所编译教科书均由商务印书馆付酬出版。在德五年，蔡元培编译了《中学修身教科书》五册、《中国伦理学史》一册、《伦理学原理》一册，这些著作是多次出版，其稿费是蔡元培留德期间一项重要的经济来源。蔡元培出任北大校长之后，张元济主持的商务印书馆又与北大合作，出版了北大教授胡适、陈独秀、周作人、傅斯年、罗家伦等众多学界名人的著作。胡适被商务印书馆聘为编译所所长，而胡适又将王云五介绍给了商务印书馆，王云五后来加盟商务印书馆，成为继张元济之后商务印书馆的又一代掌门人。

吴稚晖、章太炎、张元济之外，蔡元培在这段时间还与哈同夫人罗迦陵和乌目山僧黄宗仰有密切的交往与合作。他与这两个人物的交往则更能让我们了解当年上海的革命氛围。

哈同和他夫人罗迦陵的故事极富传奇色彩。哈同是犹太人，他于 1851 年出生于巴格达，幼年靠拾破烂、拣煤块为生。1873 年，哈同只身来到上海，身上只有 6 块银元。他在上海所做的第一份工作是在沙逊洋行当门卫兼清洁工。

哈同夫人罗迦陵于 1864 年出生在上海，她是一个中法混血儿，幼年丧母，生活艰辛。为生计所迫，她曾给外侨做女佣，还当过卖花女。但她在逆境中自强不息，坚持学习，学会了英语和法语。

据说，哈同在未发迹时就认识了罗迦陵，并认定这个女孩有旺夫运，立志要娶其为妻。有了一定经济基础之后，哈同和罗迦陵终于结为夫妇，而他们的财富传奇也就此展开。

1884 年，中法战争爆发。在老将冯子材的率领下，中国军队曾一度取胜。此时，上海的洋人心生恐惧，他们害怕中国打败法国后会“清理”洋人。于是，很多洋人纷纷出售他们在上海的房产，上海的房价由此暴跌。本来哈同也想逃离上海，但他的妻子罗迦陵却认为这是千载难逢的好机会。她主动卖掉自己的首饰，并劝说丈夫倾其所有用，购买房产。

哈同夫妇的“炒房”之举大获成功。中法战争对上海房市的影响很快过去，许多洋人源源不断地来到上海，上海的房地产价格持续攀高，哈同夫妇的财产也随着房价一起直线上涨，短短几年之后，哈同就成了犹太“炒房团”中获利最多之人，有了“远东首富”的头衔。

罗迦陵是个佛教徒，有了财富之后，她于 1901 年聘请金山寺乌目山僧黄宗仰为其策划兴建私家园林。历经 8 年，在一片近乎废墟的土地上，哈同夫妇建起了一座占地 300 多亩的私家花园，命名为“爱俪园”。哈同全名欧爱司·哈同，罗迦陵字俪蕤，爱俪园，各取两人名中之一字。爱俪园是哈同夫妇长期居住的地方，也是当时上海社会名流和政界要人经常聚会的地方。不过，老百姓更习惯将爱俪园称为“哈同花园”。

哈同花园是黄宗仰以《红楼梦》中的大观园为蓝本布局设计的，整个花园设计典雅，集中西方建筑精华于一炉。哈同夫妇热爱中国传统文化，喜爱并收藏了大量中国文物，诚聘名人雅士在花园内兴办学校。同时他们热心慈善事业，哈同领养了 11 名外国孤儿为养子女，罗迦陵领养了 9

名中国孤儿为子女。中国儿女一律姓罗，外国儿女统姓哈同。大名鼎鼎的乒乓球世界冠军庄则栋，其母亲就是罗迦陵的养女。庄则栋父亲娶妻之时还是一个乡巴佬，属于典型的“屌丝”，但罗迦陵认定庄父是一个有福之人，并预言此其人将来生子定有“状元命”。庄则栋日后虽不是真“状元”，但他因参与“乒乓外交”而名声大震，其声名和影响绝不在“状元”之下。

乌目山僧黄宗仰更是一个奇人。他俗姓黄，宗仰是他的法号，自号乌目山僧，别号楞伽小隐，是我国近代史上著名的爱国僧人，也是一位有名的诗人和教育家。他于 1861 年 5 月出生于常熟南城门外一户从事米业的商贾之家，家道很殷实。其母赵氏笃信佛教，黄宗仰受母亲影响，16 岁时到清凉寺出家为僧。

清凉寺当时的住持是药龛上人，他戒行清净，在江南一带很有名望，很重视培植僧材。宗仰到清凉寺以后，药龛很器重他，延聘名师来督促他读书。黄宗仰博览群书，不仅深研佛家经典，还旁涉中外学说，并在琴棋书画、园林艺术等诸多领域均有造诣。他的山水画，落笔如风雨，于苍秀中见劲气。他的诗受到龚自珍、黄遵宪、郑珍等人的影响，充满爱国激情。翁同龢看到黄宗仰的诗文后很是赞赏，跟他说：“子习举子业，住著自缚，倘入缁门，慧海之舟楫也。”从此黄宗仰更加视功名如粪土。

黄宗仰虽出家为僧，但关心时政，经常与常熟城里的一些读书人聚会议论，抨击朝政。1899 年，他更是与唐才常等人一起在上海发起组织救国会，发表演说，倡言救国。在俄国逼迫清廷签订中俄密约之际，救国会还致电清廷，要求废除密约。1900 年，八国联军攻下北京，清政府被迫签订丧权辱国的《辛丑条约》。黄宗仰对此十分痛心，于 1901 年作《庚子纪念图》，以寄托他的愤慨和沉痛，并且希望观者勿忘国耻，报效祖国。他在自序和题诗中有这样的诗句：“难倾铁泪详图画，只记颓京城下盟。”该诗和画发表后，轰动朝野，仁人志士题咏达 40 多首，合刊行世。一时“不忘国耻，振兴中华”成了当时国人的共同呼声，黄宗仰的爱国名声也传遍海内。

蔡元培在自述中记载，他与黄宗仰相识，是由蒋观云介绍的。“其时上海有一日报曰《大同》，不能支持；而上人（即黄宗仰）正在哈同花园罗迦陵夫人处主持佛事，颇愿尽力于革新之事业，乃由罗夫人出款，接办《大同》日报，而观云为之编辑。”[17]

为启迪民智，黄宗仰以僧人身份倡导办教育，1902 年，黄宗仰和蔡元培、蒋观云、章太炎、吴稚辉等人在上海组织了中国教育会，黄宗仰被推为会长，蔡元培为事务长。南洋公学发生学生退学事件之后，为收容退学青年，黄宗仰又设法募捐，与蔡元培等人一起创建了爱国学社。

黄宗仰凭着他与罗迦陵的佛缘关系，在哈同花园里招待过许多革命党人，如孙中山、秋瑾、徐锡麟、陶成章、黄兴、陈天华、邹容、章太炎等等。1904 年，蔡元培、陶成章、龚宝铨等人在上海成立光复会，黄宗仰也是骨干成员。1905 年，同盟会成立，黄宗仰仍是会员。黄宗仰曾游历日本，正赶上孙中山亦在日本，两人交往颇多，黄宗仰还提供经费给孙中山，以助其革命活动。后黄宗仰在 1919 年主持复兴南京栖霞寺，孙中山带头捐款银元一万，以报黄宗仰当年义助革命之举。

黄宗仰以僧人身份参与革命，甚至成为革命党中的一员，可见当年革命氛围之盛。在一个怎样的时代？身处何方？身边的朋友又都是些什么人？通过考察这三点，我们大致就能确定一个人的人生走向。对蔡元培也是如此。身处乱世，又在一个有着浓郁革命色彩的城市，身边再聚集一帮思想新潮、有着革命倾向的朋友，天时地利人和凑在一处，蔡元培转身成为革命党也就成为顺理成章之事了。

此外，教育与革命之间本来就暗含着可以互相转化的逻辑。欲救民众与水火，则不能不兴办教育，启迪民智；而启迪民智、介绍新学本身就意味挑战旧思想和旧秩序。换句话说，在一个民生凋敝、民族危亡、政治腐败的时代，传播先进思想和文化的本身就等于播下革命的种子，接受新思想、新文化的青年，势必对旧体制和旧秩序产生不满情绪，他们在适当的时机转化成革命队伍中之一员，实乃不足为怪。20 世纪初就是这样一个时代。蔡元培也好，黄宗仰也罢，他们最初都是投身教育的人，可随着教育实践的深入，一些原本为教育而创建的组织和团体，很快就演变成了革命团体，如中国教育学会和爱国学社，相应的，蔡元培等人也从教育家转身成了革命家。

第四节 《苏报》案前前后后

一伙思想新潮的师生因不满南洋公学的专制管理而退学，退学之后，他们创建了一个新的机构，这就是爱国学社。

爱国学社开学合影（前排右六为蔡元培）

爱国学社于 1902 年 11 月底成立，最初社员 55 人，均为南洋公学退学学生。后来入学者渐多，到 1903 年 5 月达到 132 人。爱国学社里的学生都具有强烈的自由民主意识，因此，学社实行学生自治，学生在学社内享有很大的权利和自由，高年级学生还可充当寻常班的教师，学生们还经常同教师一起外出参加政治活动。正是由于这一特点，爱国学社里的师生相互砥砺，使之很快转化成了一个带有强烈革命色彩的团体。

学社建立时，蔡元培在开学仪式上发表讲话，强调爱国学社以培养一种爱国精神为宗旨，并提出三点希望，其一，“纯粹其质点，则沉浸学理，以成国民之资格”；其二，“完全其结构，则实践自治，以练督制社会之手段”；其三，“发达其能力……用吾思想普及全国，如神经系之遍布脑筋与全体”。与之配套，爱国学社开设的文化课程也偏重于精神教育和思想启蒙。古文课所使用的教材是《桃花扇》、《扬州十日记》等；哲学课则重在阐明佛教思想及大同义理；体育课则偏重于军事训练。南洋公学本来就有学习军体操的传统，这一点在爱国学社得到了发扬光大。爱国学社的师生，一有空闲就换上操衣，在院前和廊间的空地列队操练。后来他们还发起成立了军国民教育会，聘请南京陆师学堂的教员传授德式兵操以及用木枪练习瞄准射击。爱国学社确实成了革命志士的摇篮，学社社员不少人都投身到了辛亥革命之中。

1903年身着操服的蔡元培

因总理蔡元培和学监吴稚晖都关心时政，“倡言革命”，影响之下，爱国学社的学生也“倡言革命已胜过求学”。大家不仅上课时谈，课余时也谈。他们到社会上搞议政活动，这便是张园演说会。

张园是张氏味莼园的简称，在上海静安寺路（今南京西路附近），占地几十亩，是当时上海市民游乐、休憩的一个重要场所。1903年2月15日，中国教育会首次在张园举行了演说会。随后，中国教育会和爱国学社每周总有一两个下午在此进行演讲。每次演讲除预定一两个或两三个演讲者之外，其他人随时都可以上台讲演。所讲内容每次各不相同，但中心思想总离不开反清革命。

张园地处租界，清廷权力不能控制。中国教育会和爱国学社充分利用这一点，在张园大肆宣传革命。从爱国学社所在的泥城桥福源里到张园，中间有不短的一段路，爱国学社的学生就穿着统一的操衣，排着双行队伍，一路走过去，很是壮观。当时，人们本来就对清廷政治心怀不满，经爱国学社的师生演说鼓动，上海的革命氛围愈加浓厚了。

张园演说之外，中国教育会和爱国学社还通过《苏报》宣传革命。

《苏报》原是一家不出名的小报，1900年由湖南衡山人陈范买下。陈范（1860—1913）1899年中举，曾做过江西铅山知县，后因教案去职，移居上海。他对清朝官场深怀不满，思想上有革命倾向。因此，在中国教育会创建之时，蔡元培就介绍陈范加入了中国教育会。南洋公学学生退学事件发生之时，陈范的外甥沈联就是南洋公学5班的学生，且是学潮的积极分子。陈范为支持包括外甥在内的众多学子，就在《苏报》上开辟专栏“学界风潮”，以舆论支持南洋公学学生的退学之举。之后，《苏报》又对其他地区的学潮进行报道，予以支持。这种支持学潮的做法让《苏报》名声大震，赢得了青年学生和知识分子的好感，遂逐渐成为上海有影响的一家报纸。

爱国学社成立之后，初期经费拮据，教职员大多是义务教学，如蔡元培教伦理学，吴稚晖教《天演论》，章太炎教国文。教学没有收入，他们就只好另寻生活来源，蔡元培兼任商务印书馆编译所所长之职，吴稚晖也在文明书局任职，章太炎则靠译稿写稿取酬。为支持爱国学社，陈范决定与爱国学社合作，商定由蔡元培、吴稚晖、章太炎等七人轮流为《苏报》撰写评论，《苏报》则每月支付爱国学社 100 银圆。如此一来，不仅爱国学社在经济上又多一来源，而且蔡元培、吴稚晖、章太炎等人也多了一个宣传革命思想的舆论阵地。

当时，持有反清思想的革命党人内部也分不同派系，有主张激进革命的，也有主张温和改革的，有主张排满“杀尽胡人”的，也有人认为“无杀尽胡人之必要的”。这些思想分歧在张园演讲中就有暴露，但蔡元培本着兼容并蓄的原则，并不强求统一。在他看来，演说者表达自己的意见，听者接受与否，全取决于个人。

就蔡元培本人而言，他这时的革命思想相对还是比较温和的，表现之一就是他不同意“革命排满”之说。当时，爱国学社的邹容主张“驱逐住居中国之满洲人或杀以报仇”，蔡元培则撰《释“仇满”》一文以分析、辩驳。文章论述了满汉两族已在血统、文化、习俗诸方面日趋同化的现实，然后指出“近日纷纷仇满之论，皆政略之争，而非种族之争也”。文章明确表示，不赞同“种族革命”的主张，若满人已放弃政治特权，则汉人绝无“杀尽满人之必要”[18]。在当时，蔡元培能持此见解，表明他比许多激进的革命党人要理性许多。

此时的蔡元培，身为中国教育会、爱国学社、爱国女学等多个组织的负责人，教学、演说、撰稿，组织各种革命运动，忙得不亦乐乎。可是，他热情高涨，“决意参加革命”。1903 年 4 月，他领导了爱国学社发起了拒法、拒俄两次较有影响的政治运动。

清朝在 20 世纪之初已然处于风雨飘摇之中，社会治安很成问题。1903 年春天，广西游勇猖獗。为了平定游勇，广西巡抚王之春请求驻扎在谅山的法军援助，答应事成之后以广西全省的路权、矿权做酬谢。身在日本东京的清朝留学生最先了解到此事，他们致电清廷，要求拒绝法军参与中国内政，并请求将王之春撤职治罪。与此同时，东京留学生还电请上海中国教育会在国内配合此项爱国行动。身为中国教育会会长的蔡元培积极响应，领导中国教育会和爱国学社成员在上海发起了声势浩大的“拒法”运动。

4 月 25 日，中国教育会和爱国学社邀请在上海的广西人和上海各界代表在张园聚会。会上，蔡元培、徐敬吾、吴稚晖、马君武、邹容等人相继发表演说，痛陈法军干预中国内政之弊，同时要求惩办广西巡抚王之春。马君武在演讲中建议“必须合成一有势力之自立会，能与外人及顽固者争衡”，吴稚晖则提出“无论工商等人，均宜罢市”，蔡元培则强调“拒法”是“全国人之事，不是一二省之事”，建议广西人民“先从本地阻扰此事，上海及各地遥为声援，遍告同志，就今日成立一团体，专为阻扰法兵干涉而设”[19]。蔡元培的提议受到了与会者赞同，遂成立了保国会。

“拒俄”运动的情形是：在八国联军侵略北京之时，俄国以镇压东北地区的义和团为名，出兵东三省。清廷与各列强签订《辛丑条约》之后，八国联军撤出了北京。可是，入侵中国东北的俄军却赖着不走，想要独霸中国的东北。俄国的阴谋引起中国人民的强烈义愤，英、日等帝国主义也坚决反对。迫于压力，俄国不得不于 1902 年 4 月 8 日与清廷签订《交收东三省条约》，条约规定俄国分三期撤兵，一年半撤完。

可是，到了 1903 年 3 月，俄军非但不按时进行第二期撤兵，还向清廷提出了七项要求，企图继续维护其在东北的特权。此事激起中国人民的强烈反抗。中国在日本的留学生甚至组成了拒俄义勇队，准备开赴东北前线，与俄军直接开战。在上海，著名报人汪康年在 4 月 21 日发起了拒俄大会，中国教育会亦参与其中。到 4 月 30 日，上海各界人士再次在张园集会，商讨拒俄对策。这一次，蔡元培带领爱国学社和爱国女学成员参加，并在会上发表了演说，倡议成立国民公会，议论国事，以尽爱国之责。会上，群情激昂。为表示对留日学生组成义勇队的敬意与支持，上海各界决议成立上海拒俄义勇队，以南京陆军学堂退学学生何海樵、何山渔两兄弟和章士钊为教练，招募队员进行军事训练，爱国学社 96 名学生全体参加。此时，已经 36 岁的蔡元培也剪成短发，脱去长衫，穿上爱国学社的学生制服，与学生一道参加军事训练。

爱国学社接连掀起爱国行动，在上海名声大噪，几乎成了国内“唯一之革命机关”。而这时的蔡元培，也彻底完成了从清朝翰林向革命党人的转变。

蔡元培领导中国教育会和爱国学社频繁地组织爱国运动，自然引起清廷的不满。4 月 25 日张园“拒法”集会之后，广西巡抚王之春得到消息后就致电两江总督魏光焘，称：“沪上匪徒造谣生事，事关大局。此等造谣之人，应请札道示禁，密拿讯办。”魏光焘随即电告上海道袁树勋“密拿严办”。随后，清廷商约大臣吕海寰向江苏巡抚恩寿通告：“上海租界有所谓热心少年者在张园聚众议事，名为拒法拒俄，实则希图作乱，请即将为首之人密拿查办。”[20] 驻日公使蔡钧也致电湖广总督端方，称：“东京留学生结义勇队，计二百余人，名为拒俄，实则革命。既已奔赴各地，务饬各州县严密查拿。”清廷也向沿海各省督抚发出谕旨：“查有上海创立爱国学社，招集不逞之徒，倡言革命诸邪说……务将此等败类严密查拿，随时惩办。”[21] 由此可见，蔡元培和他领导的中国教育会、爱国学社已经上了清廷的“黑名单”，只是，蔡元培他们身处上海租界，清廷一时还不好直接“动手”。清廷与上海租界沟通，租界工部局多次传讯蔡元培、吴稚晖等人，但因爱国学社并无军火武器，无“作乱”的直接证据，租界工部局拒绝了清廷逮人的要求。

就在清廷准备对蔡元培和爱国学社“动手”惩办之际，爱国学社也与中国教育会发生了内讧。本来，爱国学社是蔡元培所领导的中国教育会为安置南洋公学退学学生而创建的机构。创建之初，经费拮据，所需费用均由中国教育会筹集。但是，随着爱国学社不断活动，名气越来越大，相应的，捐款也渐渐增多；另外，爱国学社的高才生还能另招小学生为徒，通过教授英文、算学等收取费用。如此一来，爱国学社迅速发展壮大，经费足可支持其运转。于是，爱国学社的一些会员就不愿再受中国教育会之控制，萌生了脱离教育会独立的想法。

在 1903 年 5 月 24 日的张园评议会上，有来宾在演说中说：“教育会立爱国学社，学社即教育会之一部分。”爱国学社的学生听此言之后大受刺激，学社成员胡敦复在爱国学社的社刊《童子世界》上撰文《爱国学社之主人翁》，文章指出，爱国学社的主人是学生，中国教育会不能以相助捐款和会员多兼社员就将爱国学社说成是教育会创办，并公开声称“爱国学社与教育会者，平等之二团体也”[22]。

对于爱国学社成员闹独立，欲与中国教育会“分家”一事，蔡元培十分痛心。他在给吴稚晖的信中说，爱国学社社员“斤斤之争此名誉，其局量之狭，已可想见，岂有远志?”[23]此时，中国教育会经过改选，极善筹款的乌目山僧黄宗仰成了新会长，而蔡元培为副会长和评议长。于是教育会就爱国学社独立一事召开评议会，商讨解决方案。为避免爱国学社和中国教育会两机构相争，蔡元培主张听其独立，黄宗仰也赞成。

可是，章太炎对这次评议会的结果不满意，他坚决反对爱国学社独立，并认为此次评议会仅有少数人参加，不能算数。他函招沪外教育会评议员前来上海，重新评议。于是 1903 年 6 月 13 日，中国教育会重新召开评议会上，会上，章太炎坚持爱国学社附属中国教育会的意见，反对爱国学社独立，而吴稚晖则针锋相对，认为“有学社才使教育会有会所”。争论之中，双方出言不逊。蔡元培对此忍无可忍，愤然说：“何至争及琐末，不成说话。”随后宣布：“我本要上德国留学去，我辞去会社事。”[24]说完就离开了会场。

6 月 15 出，蔡元培就离开上海前往青岛，学习德语，为赴德留学做准备。

蔡元培离开之后，章太炎接任中国教育会评议长一职，但最终爱国学社还是独立了。6 月 19 日，乌目山僧黄宗仰撰文《贺爱国学社之独立》，发表于《苏报》，祝贺爱国学社独立。爱国学社也发表《敬谢中国教育会》一文以答谢。

可是，爱国学社的学生无论如何也没想到，他们刚刚独立不到两周，上海就发生了著名的《苏报》案，爱国学社亦随之被解散。事情的经过是：在创办爱国学社之后，蔡元培、吴稚晖、章太炎等革命党人开始为《苏报》撰稿，倡言革命。言论激进之后，《苏报》声名鹊起，发行量大增。受此鼓舞，陈范愈加激进，干脆请爱国学社的章士钊为报馆主笔，章士钊主持《苏报》之后，言论日趋激烈。他上任一个多月的时间里，就先后发表了《哀哉无国之民》、《客民篇》、《驳革命驳议》、《杀人主义》等十几篇具有强烈民主革命色彩的评论，还发表了邹容《〈革命军〉

自序》、章太炎《序〈革命军〉》、《驳康有为〈论革命〉书》等一系列宣传革命的政论文章。这些文章揭露清政府是“四万万同胞不共戴天之大仇敌”，骂光绪皇帝为“载湉小丑”，甚至号召人民起来“杀皇帝”、“倒政府”、“树独立旗”、“撞自由钟”。

《苏报》上刊发这些反清言论，自然引起清廷的极大不满。两江总督魏光焘派人到上海，会同租界当局对《苏报》进行查封、迫害。陈范、章士钊等人得到风声，先期避走，而章太炎、邹容等6人被捕，《苏报》也于1903年7月7日被查封。随后，章太炎被判监禁3年，邹容被判监禁2年。邹容后来还死在狱中。这就是近代史上有名的《苏报》案。《苏报》案发之后，爱国学社因牵连其中也被解散。

《苏报》案发生之时，蔡元培本在清廷捉拿之列，但他已离开上海，恰好躲过了“风头”。

蔡元培到青岛是为去德国留学做准备的，但他到青岛之后打听到，红海太热，夏季不宜坐船前往德国，不如先在青岛学习德语，等秋天再去德国。蔡元培遂在青岛请李幼阐教自己学习德语。后来，李幼阐没时间，就又介绍一德国传教士来教。

可就在蔡元培专心学德语之际，他忽接兄长一电：“家中有事速归。”他赶紧回到上海，可回去之后却发现家中并没什么特殊之事。原来，蔡元培在中国教育会和爱国学社进行革命运动之时，社会上已有传言，说清廷要惩办蔡元培。蔡元培的家人和亲戚无时不担心他的安全，于是，蔡元培的长兄和挚友汤寿潜、沈宝琛、徐显民等人均希望蔡元培离开学社。为达此目的，他们以筹款送蔡元培去德国留学相诱。蔡元培对哲学深怀兴趣，去德国留学，一直是其夙愿，于是就答应了他们的要求。正因这种原因，爱国学社闹独立之时，深感痛心的蔡元培遂辞去爱国学社之事，准备去德国留学。待蔡元培去青岛之后，上海发生了《苏报》案，爱国学社遭解散，中国教育会的活动也陷于停顿。蔡元培的亲友认为危险已过，就取消了集资送蔡元培留学德国之约，并让其长兄打电报将其召回上海，令断除革命想法，用心谋生计，安稳过日子。

可是，蔡元培哪里是这样的人呢？如果仅仅是为谋生计，谋富贵，那他当初何必辞掉清廷翰林院编修之职？蔡元培既已走上了革命之路，那他就不会被一时挫折吓倒。回到上海之后，他一面为《外交报》译日文以维持生计，一面隐蔽地从事革命活动。《苏报》案发之后，中国教育会和爱国女学虽然遭到了冲击，但并未像爱国学社一样遭到解散。于是，蔡元培继续经营这两个组织，同时定期看望身陷狱中的章太炎和邹容。

机会很快就到来了。在中国教育会新会员陈竞泉的资助下，蔡元培于1903年12月又创办了一份报纸《俄事警闻》。当时，俄国赖在中国东北不走，1903年8月，俄国又成立了以旅顺为中心的远东总督区，任命阿列克塞耶夫为总督，实际上是想把中国的东北变成俄国的领土。在此情形之下，蔡元培创办了《俄事警闻》，以揭露俄国侵略东北三省，同时号召国民共谋拒俄方案为宗旨。不过，蔡元培常借评说“俄事”批判清廷，称其“卖国”，甚至还鼓动人民起来推翻清廷。

国际上，日、英、美等国也不愿意看到俄国独占中国东北，日本尤其想“取而代之”，于是，在1904年2月8日，日本出兵攻击在中国东北的俄国驻军，日俄战争爆发。日俄战争爆发后，日本侵略中国东北三省的野心暴露无遗。于是，蔡元培及时调整，在1904年2月26日将《俄事警闻》更名为《警钟日报》，并说：“东三省之问题，前者为俄人独居时代，今日为日俄并争时代。在独居时代，我国民宜专筹对付俄人之策；在并争时代，则我国民一面为对付俄人之策，一面宜为对付日人之策。”[25]

对于蔡元培编辑《警钟日报》时的情形，马鉴在《纪念蔡孑民先生》一文中有详细记述：

> 《警钟》报（即《警钟日报》，笔者注）编辑所，在南京路的后面，地方很宽敞，但办事的人不多，除了总编辑蔡先生之外，其余都是自动来为先生服务的南洋旧同学。这个报的经费有一部分是陈君竞全（应为“竞泉”，笔者注）担任的。陈君是甘肃人，在山东做过几任知县，稍有积蓄，后来因病辞官，到上海来做寓公。他在上海棋盘街开设一家竞进书社，同时又办了这个报，所以《警报》的发行所，就设在竞进书社里面。但是这位陈君钱本不多，不能无限制地供给《警报》费用，而《警钟》报本来就是蔡先生革命运动的刊物，一面要国人鉴于日俄之争，即时猛省，一面译登俄国虚无党的历史，

为国人种下革命思想，所以广告和销路都不甚多，不能完全自立。因此只有蔡先生一人做独角戏，一直办到非离上海不可的时候为止。蔡先生脱离《警钟》报社，这报就由刘君申叔接办，不久就被工部局封了门……

蔡先生那时已经剪发改装，着的是中山装（那时叫德国装），外面加了一件蓝色的棉大衣。天气非常寒冷，编辑室大而且空，并无炉火的设备。先生每晚总须写两篇论文——一篇文言，一篇白话。那时先生右手冻疮溃裂，肿得好似馒头一般。我记得先生右手套了一双半截露指的手套，将左手放在大衣袋里取暖，仍旧冷冰冰地坐在那里工作。

先生不但负编辑的责任，还要管好些麻烦事务，有时同人的伙食，印刷费和编辑所的开支，都得与先生接洽。先生虽身处窘乡，而接人待物，总是平心静气的，从未见先生有不愉快的颜色。……[26]

马鉴早年入学南洋公学，是蔡元培的学生。在蔡元培编辑《警钟日报》时他也特来帮忙。后来，马鉴留学美国哥伦比亚大学，回国后任教燕京大学和香港大学，做过燕京大学文学院院长和香港大学中文系主任。其文中所说蔡元培“译登俄国虚无党历史”，即蔡元培曾在《警钟日报》上连载日文译稿《俄国虚无党源流考》，宣传巴枯宁思想，提倡“暗杀”。

巴枯宁和克鲁泡特金是19世纪俄国著名的无政府主义者，他们认为，一切政府都是同个人自由相对立的，因而都是反人性的。他们主张破坏消灭一切政府，然后建立一个自下而上的人人自由的“公社联邦”，联邦内所有个人不受任何权力的支配。这种思潮在20世纪初的中国知识分子中曾风靡一时，著名作家巴金（原名李尧棠），他的这个笔名就是取巴枯宁和克鲁泡特金两个人的名字中各一字组成，可见其对巴枯宁和克鲁泡特金思想的服膺程度。

在20世纪之初，包括蔡元培在内的革命党人志在推翻清朝，而巴枯宁和克鲁泡特金的无政府思想非常适合革命需要，因此很得蔡元培的欣赏。蔡元培不但于报纸上宣传虚无党，还将其付诸实践，那便是在爱国女学实验炸弹，并培养暗杀分子。

经过一段时间的经营，中国教育会和爱国女学得以重振。1904年5月1日，中国教育会在爱国女校召开春季大会，蔡元培重新当选为会长。于是，他在1904年7月辞去了《警钟日报》主编职务，重任爱国女校总理。这次任爱国女校总理之后，他在教学上"不取贤母良妻子主义，乃欲造成虚无党之一派之子女"为目的。为此，爱国女学除讲授一般知识外，还特别讲授法国革命史和俄国虚无党历史，并请钟宪鬯讲化学，为实验制造炸弹做准备。此时的蔡元培还参加了由东京中国留学生军国民教育会组织的暗杀团。暗杀团成员杨笃生、何海樵、苏凤初等人从东京回国，来到爱国女学，秘密租屋，试制炸弹。

对于这个时期爱国女学试制炸弹的详细情况，参与其事的俞子夷写过一篇《回忆蔡元培先生和草创时期的光复会》的文章，文章这样写道——

> 蔡师知道我对化学有兴趣，嘱我研制毒药，所需器材由科学仪器馆供应。这是当时上海唯一的国人自办的理化器材供应机构，当然绝大多数是日本进口货……我课余读书，实验，试制氰酸，一试即成。蔡师嘱工友弄来一猫，强令其服，只几滴，猫即中毒死。蔡师认为液体毒药，使用不便，易被人发觉，必须改制固体粉末。于是向日本邮购了一批药物学、生物学、法医学等书，从事研究，但无大进展，而研究的对象，不久即转向炸药。
>
> 试制炸药有个秘密组织，人数不多，地点在冷僻的弄里，邻近全是贴招租的空屋。何海樵是熟识的，爱国学社时教过我们兵操。另一位是苏凤初，系初相识。开始时，举行个类似会党里的"歃血为盟"的庄严仪式。实验室陈设简单，桌凳外，全是药瓶及玻璃器皿。每天定时学习，先制雷银；第一次成功，第二次浓烟上喷而失败，第三次又成功。棉火药颇易制，硝基甘油则屡试不成。反复研究，原因是硝酸、硫酸不够浓。钟先生处只有普通实验用的。打听到外国药房有强酸出售，利用我短发西装，可以冒充日本人出入采购，不易惹人注目。[27]

对这段实验炸药、准备暗杀的经历，蔡元培在《我在教育界的经验》一文中亦有提及，他说："……又约我从弟国亲及龚未生、俞子夷诸君为教员。自三十六岁以后，我已决意参加革命工作。觉得革命止有两途：一是暴动，一是暗杀……暗杀于女子更为相宜。于爱国女校，预备下暗杀的种子。一方面受苏凤初君的指导，秘密赁屋，试造炸药，并约钟宪鬯先生相助，钟先生可向科学仪器馆采办仪器与药料。又约王小徐君试制弹壳，并接受黄克强、蒯若木诸君自东京送来的弹壳，试填炸药，由孙少侯君携往南京僻地实验。一方面在爱国女学为高材生讲法国革命史、俄国虚无党历史，并由钟先生及其馆中同志讲授理化，学分特多，为炼制炸弹的预备。"[28]

蔡元培文中所提"黄克强"即大名鼎鼎的黄兴。在这段时期，蔡元培以爱国女学为据点，与黄兴、陶成章、徐锡麟、秋瑾等众多革命党人频繁沟通，将江浙地区的各种反清力量组织了起来，成立了光复会。蔡元培成立光复会，就是受黄兴的影响和启发。1903年底，黄兴、陈天华、刘揆一、章士钊等两湖地区的革命党人在长沙成立了华兴会，并计划于次年11月6日慈禧太后七十岁生日那天在长沙举行武装起义。黄兴将起义计划告诉了蔡元培，希望蔡元培领导江浙地区的革命力量予以配合。双方约定，湖南革命党人起义时，江浙一带同时响应，具体工作由浙江会党领袖陶成章组织部署。1904年10月，由于计划泄密，湖南起义未及发动即告流产。事情发生之后，蔡元培一方面接待前来上海避难的华兴会会员，一面与狱中的章太炎商议，决定仿照华兴会，成立光复会，寓意"光复汉族，还我山河，以身许国，功成身退"。光复会成立之后，蔡元培被推为会长。

俞子夷在文章中生动地回忆了当时出入爱国女学的各位革命党人的特点，"回忆中印象较深的如：黄兴常穿响皮底鞋，赵声、徐锡麟每来辄谈捐官、做官等事。赵的一套行头（皮衣包，帽笼及一双靴）时常寄存在我所住的厢房内（男子住校者只我一人）。秋瑾的服装举止，完全像日本女学生，鞠躬礼十分到家，别的中国留日女学生在这一点上每易露马脚。陶成章、龚未生住在校内译催眠术，蔡师对催眠术颇感兴趣，据说此术亦可做暗杀工具。"[29]

光复会成立不久，蔡元培即动员浙江另一会党首领徐锡麟加入光复会，并安排其与陶成章见面。当时，陶成章是浙江金华、衢州、严州一带革命党人的首领，徐锡麟则是嵊县、天台一带革命党人的首领。陶成章和徐锡麟结交之后，光复会的力量强大了许多。

陶成章是光复会的重要创建者和领导人之一，他年少即怀排满革命之志，曾两次赴京刺杀慈禧太后未果，后渡日本学习陆军。回国后，积极参与革命活动，奔走于浙、闽、皖各地联络革命志士。他经常以麻绳束腰，脚穿芒鞋，奔走于浙江各地，“每日步行一百一十里，不辞劳苦”。杭州离他家仅一水之隔，他却“四至杭州而不归”。

陶成章深恶痛绝那些上赌馆、逛妓院等恶习。他看到同盟会的主要成员陈其美有这些癖好之后，便颇有微词，这让陈其美感到难堪，故而与他产生芥蒂。辛亥革命成功之后，江浙一带的革命人士即推举陶成章为上海都督，陶成章力辞。后陈其美当上了上海都督，但陶成章在江浙一带威信甚高，陈其美入主浙江的计划难于实现。加之陶成章仍在上海利用光复会的经费募兵、练兵，这给陈其美造成了一定的压力。于是，陈其美派蒋介石和王竹卿趁陶成章在医院治病之机将其暗杀。时为 1912 年 1 月 14 日，陶成章年仅 35 岁。成功刺杀陶成章，使蒋介石赢得了“大哥”陈其美的赏识，蒋介石赚下政治生涯中的“第一桶金”。

徐锡麟的知名度可能比陶成章还大。参加革命之后，他以捐官之法(即花钱买官）打入清廷内部，并得到了清朝安徽巡抚恩铭的重用。1907 年 2 月，徐锡麟与秋瑾约定在皖、浙同时举行反清武装起义。起义原定 7 月 19 日举行，因一会党人员在上海被捕，招供出革命党人的一些别名暗号，两江总督端方电令恩铭拿办。恩铭召徐锡麟计议，徐锡麟见自己别号亦在名单之中，知事泄露，遂决定于 7 月 8 日安徽巡警学堂举行毕业典礼时举义。谁知恩铭这天有事，要求将毕业典礼提前两天。7 月 6 日，恩铭在安庆参加安徽巡警学堂毕业典礼，徐锡麟遂在典礼操场上开枪将恩铭刺杀。

刺杀恩铭之后，徐锡麟当场被捉住。清朝官员质问徐锡麟：“恩铭待你不薄，为何刺杀？”徐锡麟答：“恩抚待我不薄，私惠也；我杀恩抚，天下之公义也。”又问：“你常见恩铭，为何不于署中杀之？”徐锡麟言：“署中，私室也；学堂，公地也。大丈夫作事，须令众目昭彰，岂可鬼鬼祟祟。”遂自写供词，愿一人承担责任，不牵连学生。

刺杀恩铭之后的第二天，徐锡麟即被杀害。徐锡麟刺杀恩铭一事，震动一时，成为辛亥革命过程中非常著名的暗杀事件。

从陶成章和徐锡麟等人的故事中，我们可以约略地领略到蔡元培当年参加革命时的风采。

此外，蔡元培还动员了江浙一带的许多仁人志士加入光复会，如赵声、吴春阳、陈去病、柳亚子、黄炎培、马宗汉、刘师培、林白水等。总而言之，蔡元培在这一时期整合了江浙地区的会党组织，使之统一于光复会之下，他本人也由此成为江浙地区革命活动的重要领导人。

1905 年 8 月，孙中山、黄兴、陈天华等人在日本东京成立同盟会，意在将全国各地反清革命力量统一起来。同盟会成立之后，黄兴持孙中山手书，任命蔡元培为同盟会上海分会会长。这样，光复会便纳入同盟会领导之下，随后，光复会会员先后被介绍加入同盟会，光复会在上海的活动即告停止。

/ 注释 /

[1] 蒋梦麟：《西潮》，台湾业强出版社 1990 年版，第 48 页。

[2] 高平叔编：《蔡元培全集》第一卷，中华书局 1984 年版，第 109 页。

[3] 高平叔撰著：《蔡元培年谱长编》上册，人民教育出版社 1996 年版，第 226 页。

[4] 高平叔编：《蔡元培全集》第一卷，中华书局 1984 年版，第 92 页。

[5] 高平叔编：《蔡元培全集》第一卷，中华书局 1984 年版，第 92 页。

[6] 高平叔编：《蔡元培全集》第一卷，中华书局 1984 年版，第 94 页。

[7] 高平叔编：《蔡元培全集》第一卷，中华书局 1984 年版，第 111 页。

[8] 黄炎培：《八十年来》，文史资料出版社 1982 年版，第 33 页。

[9] 黄炎培：《八十年来》，文史资料出版社 1982 年版，第 33 页。

[10] 黄炎培：《八十年来》，文史资料出版社 1982 年版，第 32 页。

[11] 张若谷编著：《马相伯先生年谱》，商务印书馆 1939 年版，第 208 页。

[12] 高平叔编：《蔡元培全集》第一卷，中华书局 1984 年版，第 137 页。

[13] 高平叔编：《蔡元培全集》第一卷，中华书局 1984 年版，第 153 页。

[14] 高平叔编：《蔡元培全集》第五卷，中华书局 1984 年版，第 98 页。

[15] 黄炎培：《八十年来》，文史资料出版社 1982 年版，第 32 页。

[16] 2009 年 4 月 4 日《团结报》，张昌华：《章太炎的诚、智、疯、怪》。

[17] 蔡元培：《蔡元培自述》，北方文艺出版社 2012 年版，第 141 页。

[18] 高平叔编：《蔡元培全集》第一卷，中华书局 1984 年版，第 172 页。

[19] 蒋维乔：《蔡元培先生纪念集》，《中国教育会之回忆》一文，中华书局 1981 年版，第 33 页。

[20]《辛亥革命》(一)，张篁溪《苏报案实录》一文，上海人民出版社 1957 年版，第 372 页。

[21]《辛亥革命》(一)，上海人民出版社 1957 年版，第 408 页。

[22]《童子世界》第 32 期，1903 年 6 月 6 日。

[23] 高平叔编：《蔡元培全集》第一卷，中华书局 1984 年版，第 402 页。

[24]《辛亥革命》(一)，上海人民出版社 1957 年版，第 402 页。

[25]《俄事警闻之尾声》，《俄事警闻》第 73 号。

[26] 陈平原、郑勇编：《追忆蔡元培》，生活·读书·新知三联书店 2009 年 4 月版，第 88 页。

[27] 陈平原、郑勇编：《追忆蔡元培》，生活·读书·新知三联书店 2009 年 4 月版，第 83 页。

[28] 蔡元培：《蔡元培自述》，北方文艺出版社 2012 年版，第 225 页。

[29] 陈平原、郑勇编：《追忆蔡元培》，俞子夷《回忆蔡元培先生和草创时期的光复会》一文，生活·读书·新知三联书店 2009 年 4 月版，第 85 页。

第三章 留德生涯

第一节　留德机缘

梦想是每个人心中的种子，种子不灭，遇到适当的机缘就会生根发芽，结出果实。对蔡元培来说，留学德国，就是他的一个梦想。爱国学社闹独立之际，他就想赴德国留学，结果只在青岛学了两个月的德语，留学之事未能成行。

后来，他回到上海，继续搞革命，成立光复会，加入同盟会。但是，他留学德国的梦想依然藏在心底，且日日发酵。尤其是在革命事业不顺、革命党人内部又出现种种人事纠纷之际，蔡元培留学德国的愿望就越发强烈。对中年蔡元培来说，他的人生道路有两个选项：治学与搞革命。他一心想留学德国，但在留学机缘不成熟之际，他不妨从事革命活动。可是，一旦留学的条件具备了，他就再也难以遏制住留学的梦想了。这便是教育家蔡元培与职业革命家（如孙中山、黄兴等人）的最大区别了。对职业革命家来说，革命是首选，一切的一切都是为了推翻清朝，而对蔡元培来说，投身革命是项伟大的事业，值得去做，研究学问、办教育也是一项伟大的工作，也要去做。而且，就内心而言，蔡元培无疑更倾心于做学问和办教育。

蔡元培的这一特点在其创办光复会之际就有所表现。他是光复会的会长，他所做的最重要的事情就是凭借自己的人格魅力联合江浙各派势力，介绍仁人志士加入光复会。对于光复会中具体细致的日常工作，蔡元培则交予陶成章和徐锡麟主持。陶、徐等人均“素重元培德行”，同时也知道，做具体事务性工作，非蔡元培所长。对此，陶成章曾说：“元培德行有余，而方略颇短，性又好学，不耐人事烦扰。”[1]

于是，在留学德国的机会出现之时，蔡元培便于1906年6月底将同盟会上海分会会长一职暂时委托给自己的得意弟子黄炎培，将有关革命的秘密文件和名单也交给黄炎培，而自己则再赴北京，争取留学德国的机会。

留学，在传统中国走向现代化的过程中也算是一件很时髦的事。中国最早留学欧美的人是容闳。1847年，美国传教士布朗带容闳、黄宽、黄胜三个尚未成年的孩子回美国，并安排他们接受美国教育。到了美国之后，黄胜因水土不服，一年之后即返回香港，黄宽后来考入爱丁堡大学医学院，容闳则于1850年考入了耶鲁大学。1854年夏，容闳获耶鲁大学文学学士学位，成为第一个受过完整美国教育并取得学位的中国人，他同时也是我国第一个海外留学生。

容闳归国之后，算是最早的“海归”。可因为没有举人、进士等科举头衔，他一时竟难以觅得一官半职。后来，容闳成了曾国藩的幕僚。1870年，他向曾国藩提出了“留学教育计划”——即由朝廷出资，选送幼童出国留学。他的建议得到认可，清廷选派幼童留学美国的计划启动。第一批选派了30名幼童，在1872年离开祖国，赴美留学。这其中就有日后主持修建京张铁路的铁路工程师詹天佑。这是近代中国第一次对外选派留学生行动。

20世纪初，中国又出现了一次留学日本的热潮。原因在于：经过戊戌变法、义和团运动和八国联军侵华之后，清廷受到内外双重打击。不得已之下，清廷只好重新启动改革，这便是历史上有名的“清末新政”。“清末新政”中的一个内容便是创办新式学堂，同时大量派遣留学生出国学习西方先进文化。日本与中国距离近，日文近于中文，两国人民的文化习俗也相近，留学日本，费用也大大节省于欧美，且日本的明治维新很成功，当时人们认为足可供中国效法。这些因素结合在一起，促成了20世纪初中国人留学日本的热潮。有人统计，在20世纪初的十年间，中国留日学生的总人数达5万。1905年孙中山在东京成立“同盟会”，两年内即有960多位留日学生加盟，随后，这批留日学生成为辛亥革命的中坚力量。清廷花钱派出去的留日学生，本指望他们学成回国后报效清廷，可哪里想到，他们留学生涯尚未结束就加入了同盟会，成了大清帝国的“掘墓人”。历史的吊诡在这里演绎得淋漓尽致。一个王朝到了气数已尽之际，真可谓进退失据。不改革，王朝肯定要完蛋；下决定改革，但改革的步伐慢了，或者改革的过程中出现了重大失误，王朝依然要崩溃。当时的学生绝大多数都是怀着爱国情怀才出国留学的，他们留学的一个最重要的目的就是寻求拯救中国的方案。到了日本之后，他们开阔了眼界和思想，越发感到清朝之腐朽不可容忍，于是他们集体投入革命党的阵营也就不足为奇了。只不过，这一情况清廷最初无论如何也想不到。

不过，蔡元培执意要留学德国，其情形与留日学生完全不同。20世纪初的留日学生，大多是二十岁左右的热血青年，而蔡元培现在已年近四十，按中国传统说法已是“不惑之年”，且老婆孩子都有，远赴异邦留学，甚为不便。而且，蔡元培是清廷翰林，又是同盟会上海分会会长，无论从哪个角度讲都算是“有身份的人”了。如果不是胸怀大志，一般人在这个年龄都会选择过循规蹈矩的惯性生活。但蔡元培不是这样，他注定不是普通人。他放着轻轻松松的清朝翰林不要，放着同盟会上海分会会长不当，非要出国留学，而且还不选择当时热门的日本，偏偏选择冷门的德国，这葫芦里又是卖得什么药呢?

蔡元培在1906年12月给清廷学部呈文，申请留学德国，其中说：“窃职素有志教育之学，以我国现行教育之制，多仿日本。而日本教育界盛行者，为德国海尔伯脱派。且幼稚园创于德国人弗罗比尔。而强迫教育之制，亦以德国行之最先。现今德国就学儿童之数，每人口千人中，占百六十一人。欧美各国，无能媲者。爰有游学德国之志。”[2] 原来，蔡元培一直不忘教育救国的理想。在他看来，德国是当时哲学和教育学最发达的国家，他要致力教育，理应到德国游学，这样，日后才能更好地改造中国的教育，使之与世界水平接轨。

蔡元培想去北京谋求留学德国之事，是由于在报上看到清廷学部将选派翰林到西方游学的消息。于是他离开上海去北京去争取机会。可是，待他到北京之后，先是听说学部以资金紧张为由，延缓了派遣赴欧留学之事，后又得知有翰林身份的人现在大多功成名就，没几个人愿意去欧洲留学，派送之事遂被搁置。无奈之下，蔡元培只好申请自费去德国留学。王书衡、陈介石等朋友和同乡看到蔡元培留德意愿极强，遂答应代他筹措留学所需资金。

恰在这时，清廷任命顺天府尹孙宝琦为驻德公使。孙宝琦是浙江杭州人，其弟孙宝瑄与蔡元培是好朋友。因为这层关系，孙宝琦答应让蔡元培以驻德公使随员的身份入德，到德国后亦无需到使馆上班，而且每月还资助蔡元培三十两银子。此外，张元济主持的商务印书馆也约定聘蔡元培为编译员，每月支付他一笔编译费。有了这两笔固定收入，蔡元培在德国的生活费用大体能解决。于是，蔡元培于 1907 年 6 月 10 日随孙宝琦一起踏上了赴德之路。一个月之后，他们抵达德国柏林。蔡元培四年的德国留学生活就此开始。

第二节　从柏林到莱比锡

初到德国，蔡元培并没有如愿以偿地进入德国大学留学，而是先滞留柏林一年，以学习德语和应付生计。蔡元培此前虽然在青岛学过两个月的德语，但真正来到德国才发现，原来那点德文基础是远远不够用的。当时，他与同在德国留学的译学馆学生齐寿山、钱方度共住一室，齐寿山的同学顾孟余留德数载，他出面帮忙，为蔡元培请到德语老师，定时讲授。与此同时，蔡元培一面为商务印书馆编译书籍，一面担任家庭教师，教唐绍仪的侄子唐宝书、唐宝潮等四人国学。对于这一年的柏林生活，蔡元培在自述中说："我在柏林一年，每日若干时习德语，若干时教国学，若干时为商务馆编书，若干时应酬同学，实苦迎接不暇。"[3]

如此度过了一年窘迫的生活之后，蔡元培才于 1908 年 8 月转至莱比锡，10 月进入了莱比锡大学，学习哲学。

1908 年在德国留学时的蔡元培

莱比锡大学当时已有五百年的历史，学科建设很全面，内设中国文史研究所，主持者为著名汉学家孔好古。孔好古倾心于汉学，故非常愿意介绍中国留学生进入莱比锡大学。经孔好古介绍，蔡元培得以顺利入学。申请入学之时，蔡元培担心自己年龄偏大，过了上大学的年龄，就在填写年龄时少写 5 岁，将 40 岁改为 35 岁。后来，蔡元培当北大校长，要聘请陈独秀任北大文学院院长，但陈独秀没有任何学历，为能顺利办成此事，蔡元培也是有意给陈独秀编造了一个假学历，称其毕业于日本东京大学云云，并以此假材料骗过北洋政府教育部。这件事后来成了学界佳话，为人津津乐道。岂不知，早在入学莱比锡大学之际，蔡元培就干过类似之事。蔡元培一生堪称谦谦君子，道德修养深为各界所称道，唯独在求学和办教育之事上，他才会使出如此手段，对此，我们在莞尔一笑的同时，亦可看出蔡先生对求学与办教育的一片苦心。

蔡元培在莱比锡大学注册的是哲学系，可他对人文学科的各门课程均有兴趣，三年期间，他所听课程近 40 门，课程范围从哲学到文学，从民族学到比较文明史，从心理学到美学，然后是美术史和自然科学发展史，几乎囊括了人文学科的所有领域。

莱比锡大学的生活显然给蔡元培留下了很深的印象。他在自述中说："德国最大文学家哥德氏曾在莱比锡大学肄业，于其最著名剧本《弗斯脱》中描写大学生生活，即在莱比锡的奥爱摆赫酒肆中。此酒肆为一地底室，有弗斯脱博士骑啤酒的壁画，我与诸同学亦常小饮于该肆。（及民国十年，我偕林宰平君重到莱比锡，再访该肆，则已改造为美轮美奂的饭馆了。）"[4] 针对自己在这所大学的学习生活，蔡元培则写道："我于讲堂上既常听美学、美术史、文学史的讲演，于环境上又常受音乐、美术的熏习，不知不觉地渐集中心力于美学方面。尤因冯德讲哲学史时，提出康德关于美学的见解，最注重美的超越性与普遍性，就康德原书，详细研读，益见美学关系的重要。德国学者所著美学的书甚多，而我所最喜读的，为栗丕斯的《造型美术的根本义》，因为他所说明的感人主义，是我所认为美学上较适合于我意之一说，而他的文笔简明流利，引起我屡读不厌的兴趣。"[5] 蔡元培自述向来比较简洁，一般只叙述事件经过，很少涉及细节。他肯对莱比锡大学及自己在其中的生活细节有相当着墨，可见他对这所大学的深厚感情。

蔡元培所提冯德是当时莱比锡大学的著名教授，也是对蔡元培很有影响的一位学者。冯德学医出身，后又获得哲学和法学博士学位，是一位博学之士。他对心理学贡献极大，所著《生理的心理学》一书是实验心理学的名著。世界上第一个心理学实验室就是冯德在 1879 年创立的，实验室所在地就在莱比锡大学。此外，冯德还著有民族心理学、伦理学、民族文化迁流史等著作，"真所谓博而且精，开后人无数法门的了"[6]。

受冯德的学术影响，蔡元培还曾在莱比锡大学做过心理学实验，"那时候冯德一派的学者摩曼教授适也在这大学。他是应用心理学的试验法于教育学及美学。所著《实验教育学讲义》是在瑞士大学的讲稿。又著《现代美学》及《实验美学》两书，虽篇幅不多，而门径分明。我想照他的方法，在美学上做一点实验工作。于是取黑色的硬纸，剪成……各种几何形，请人随意选取，列为认为最美的形式。此等形式，我都用白纸双钩存之，并注明这个人的年龄与地位，将待搜罗较富后，比较统计，求得普通点与特殊点，以推求原始美术的公例。但实验不及百人，归国期迫，后来竟未能继续工作。"[7]

冯德之外，兰普来西教授是另一位深刻影响蔡元培的学者。他是史学的革新者，将历史分为符号时代、雏形时代、沿袭时代、个性时代、主观时代五个阶段。所谓符号时代，即人类意识最蒙昧时期，人与人之间的关系是共同生活，饿了就吃，困了就睡，文明的表现形式各民族均为几何图形；雏形时代较符号时代有了发展，人有了类别的意识，有了各自的图腾，也有了社会分工；沿袭时代承雏形时代的习惯而来，社会上有了贵族与平民、男与女的不平等，但大家不考求造成这种不平等的原因，而只知沿袭；个性时代则又进一步，人们有了"人各自由"的观念，也有了争取个性、争得权利的意识，于是，遂有女子与男人争，工人与资本家争，有了法国大革命，有了社会主义等等；主观时代是主观思想的扩大，即社会上的人发展到孟子所说“万物皆备于我”的境界，他们所努力的，并非为个人生存着想，而以全体人类为“大我”，于是，“人不独亲其亲，不独子其子，鳏寡废疾者皆有所养”，类似于中国人所说的“大同社会”。

兰普来西在莱比锡大学创立了文明与和世界史研究所，开创了德国世界文化比较的先河。蔡元培曾在兰普来西座下学习。兰普来西的教学法是每个学期中提出有系统的问题一组，每一问题指定甲乙两学生做准备，每两周集会一次，甲同学发言，乙同学作补充说明或反驳，大家一起讨论，最后由导师总结。这种讨论式教学法，能极大地调动学生学习和研究的自主性，效果不错。

与当时一般的留学生不同，蔡元培在莱比锡大学留学时已经是一位年过四十、又顶着翰林学衔的老学生了。凭借渊博的国学知识，蔡元培在留学期间还做了一些介绍中国传统文化的工作。此次留学期间，蔡元培与一位名叫但采尔的德国学生结下了深厚的友谊，但采尔所做毕业论文为《象形字》，蔡元培便帮助翻译了有关中国象形文字的一些材料。后来，但采尔获得了博士学位，并任汉堡大学教授、汉堡民族博物馆馆长。他始终没有忘记蔡元培当年对他的帮助，1924 年，他曾邀请蔡元培去汉堡大学研究民族学，蔡元培后来也曾邀请但采尔来华，担任中央研究院社会科学研究所客座研究员。此外，蔡元培还经常参加孔好古教授主持的中国文史研究所的研究讨论会，就中国文明的有关问题发表看法。在中国文史研究所，蔡元培还带领几名德国学生学习鉴别中国文物，向他们介绍中国文化。

学习之余，蔡元培还对德国的教育制度颇多留意。他曾将已故柏林大学教授巴留岑所著《德意志大学》一书的总论部分译成中文，寄给国内《教育杂志》发表。这篇文章详细介绍了德国大学的制度设计及其特点，随后，他又将该书中《撒克逊小学制度》一文也译出，寄回国内发表。蔡元培在留学德国期间对教育制度的关注为其后来主持民国教育改革打下了一定的基础。

第三节　留德期间著述

蔡元培在莱比锡大学的三年时间里，除了广泛学习之外，还勤于笔耕，写作或翻译出了他一生中比较重要的几部学术著作，在此，我们不妨将这几部著作的概要情况做一介绍。

第一部就是《中学修身教科书》。这套书共五册，是蔡元培为商务印书馆所编定的修身教科书。当时，主持商务印书馆的张元济要出版新式学堂教科书，修身部分就由蔡元培编写。蔡元培留学德国之际，仍担任商务印书馆的编译员，这套《中学修身教科书》也是最终在德国完成的。对这套书的编写意图，蔡元培称："悉本我国古圣贤道德之原理，旁及东西伦理学大家之说，斟酌取舍，以求适合于当今之社会。立说务期可行，行文务期明亮。"[8] 全书分上、下两编，上编包括修己、家庭、社会、国家、职业五章，下编包括绪论、良心论、理想论、本务论、德论、结论六章；上编重实践，下编重理论。在内容上，这部书以儒家君子风范为实践样本，教人如何修身、交友、齐家、处世。不过在理论方面，蔡元培引入了西方的现代观念，强调个人对国家有应尽的义务，亦有应享的权利。"国家非一人之国家"，"人之权利，本无等差"，带有强烈的"天赋人权"色彩。在如何修己这个问题上，蔡元培既倡导了勤勉、自制、信义、慎言、恭俭等中国人的传统美德，同时也宣扬勇敢、独立、自决、自信等西方自由主义特色的道德规范，堪称中西合璧。在论及"博爱"时，蔡元培称博爱为"人生最贵之道德"。因此，这部书在民国初年很长一段时间内成为中学的修身教科书，自1912年至1921年间一共再版16次，很受欢迎。

需要指出的是，蔡元培的这部《中学修身教科书》虽十分强调道德的重要性，但却不持道德救国论，不认为道德万能。他说："人事之种类至繁，而无一不有赖于知识。近世人文大开，风气日新，无论何等事业，其待于知识也益殷。是以人无贵贱，未有可以不就学者。"[9] 同时还说："自人文进化，而国家之贫富强弱，与其国民学问之深浅为比例。彼欧美诸国，所以日辟百里、虎视一世者，实由其国中硕学专家，以理学工学之知识，开殖产兴业之端，锲而不已，成此实效。是故文明国所恃以竞争者，非武力而智力也。方今海外各国，交际频繁，智力竞争，日益激烈。为国民者，乌可不勇猛精进，旁求知识，以造就为国家有用之材乎？”[10] 可以看出，与其说蔡元培极力强调的是道德的重要性，不如说他极力强调的是学习和教育的重要性。让人拥有道德和知识是教育的作用，教育对健全国民之养成，关系重大。正是在这个意义上，蔡元培才始终关注教育，一直秉承教育救国的理念。

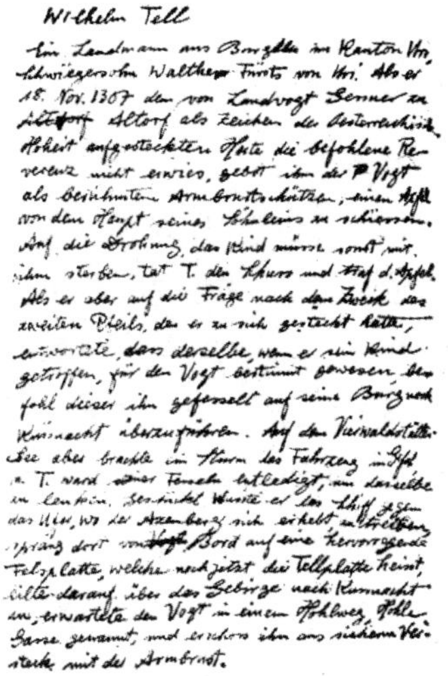
Wilhelm Tell
Ein Landmann aus Bürglen im Kanton Uri,
Schwiegersohn Walther Fürsts von Uri. Als er
18. Nov. 1307 dem vom Landvogt Gessler zu
Altorf als Zeichen der österreichischen
Hoheit aufgesteckten Hute die befohlene Re-
verenz nicht erwies, gebot ihm der Vogt
als berühmten Armbrustschützen, einen Apfel
von dem Haupt seines Söhnleins zu schiessen.
Auf die Drohung, das Kind müsse sonst mit
ihm sterben, tat T. den Schuss und traf d. Apfel.
Als er aber auf die Frage nach dem Zweck des
zweiten Pfeils, den er zu sich gesteckt hatte,
antwortete, dass derselbe, wenn er sein Kind
getroffen, für den Vogt bestimmt gewesen, be-
fahl dieser ihn gefesselt auf seine Burg nach
Küssnacht überzuführen. Auf dem Vierwaldstätter-
See aber brachte ein Sturm das Fahrzeug in Gefahr
u. T. ward seiner Fesseln entledigt, um dasselbe
zu lenken. Geschickt lenkte er das Schiff gegen
das Ufer, wo der Axenberg sich erhebt [illegible]
sprang dort von Bord auf eine hervorragende
Felsplatte, welche noch jetzt die Tellsplatte heisst,
eilte darauf über das Gebirge nach Küssnacht
an, erwartete den Vogt in einem Hohlweg, Hohle
Gasse genannt, und erschoss ihn aus sicherem Ver-
steck mit der Armbrust.

蔡元培德文手迹

《伦理学原理》是蔡元培在莱比锡大学留学期间翻译的一本重要著作，此书的作者是德国康德学派哲学家泡尔生，蔡元培根据日本人蟹江义丸的日文译本，参阅德文原文，将其译成中文。1909 年 10 月，商务印书馆出版了蔡元培的这部译作。此书译成中文后，很快被国内一些大学学校选为伦理学教科书，至 1921 年，这本书被再版了 6 次，成为有名的汉译名著。需要说明的是，当时还在湖南第一师范读书的毛泽东就极爱读这本书，全书的每一页都有他的标注，有人统计，青年毛泽东为这本书所写注释加在一起有 12000 多字。受这本书的启发，毛泽东还写了一篇《心之力》的文章，老师杨昌济（杨开慧之父）非常欣赏这篇文章，给打了满分 100 分。到了 1950 年，毛泽东依然记得这本书，他说：“我们当时学的尽是一派唯心论，偶然看到像这本书上的唯物论的说法，虽然还不纯粹，还是心物二元论的哲学，已经感到很深的趣味，得了很大的启示，真使我心向往之了。”[11]

《中国伦理学史》是蔡元培著作中最有学术价值的一部，这部书也是在留学莱比锡大学期间完成的。此书运用新的学术视角，系统地梳理了中国伦理学的历史流变，将中国伦理学史分为“先秦开创时代”、“汉唐继承时代”和“宋明程朱理学时代”三大时期。每个时代，先有“总论”，然后逐一介绍那个时代重要思想家的生平及其伦理学观点，最后再写出作者的“结论”。

蔡元培之所以用很大的心力梳理中国伦理学史，实是由于他看到中西思想冲突之际，中国人原有的伦理体系已然瓦解、崩溃，而纯粹西方伦理学又未必适合中国国情。因此，他想通过梳理、评估中国的伦理演变历史，为建立中国新的现代伦理秩序提供服务。他在谈到写作这本书的初衷时说："吾国夙重伦理学，而至今顾尚无伦理学史。迩际伦理界怀疑时代之托始，异方学说之分道而输入者，如槃如烛，几有互相冲突之势。苟不得吾族固有之思想系统以相为衡准，则益将旁皇于歧路。盖此事之亟如此。而当世宏达，似皆未遑暇及。用不自量，于学课之隙，缀述是编，以为大辂之椎轮。"[12] 现在我们可以看出，在西学盛行，学界都在努力追赶西方新思潮，介绍西方新思想之际，身处德国的蔡元培反而在广学西方人文成果之余，重新梳理、评估中国伦理学史，其治学思路显然有他自己的独到之处。虽然很隐约，但当时的蔡元培依然感觉到：一些人会因学习西方而挑起中西思想冲突，甚至于在西方政治、文化强势之下抛弃中国固有的伦理传统，走上"全盘西化"的路子。蔡元培非但不反对西学，而且他自己也极力提倡西学，但是，他亦不赞同完全抛弃中国传统文化，搞"全盘西化"。这一点，正是蔡元培文化眼光的独特之处。

中国的现代化简单地说就是如何发现西方、认识西方、学习西方的过程。古老中国要想重新焕发生机、走向富强，就必须放弃天朝大国的傲慢，认真地学习西方的先进文明，这一点毫无疑问。问题在于，中国是一个有悠久历史和灿烂文化传统的国度，这决定了它在学习西方的时候还必须学会如何妥善地面对中国固有的文化传统。因此，如何处理中西文化的问题就不仅仅只是一个理论问题，它更牵涉文化、学术实践的点点滴滴。可以说，这个问题直到今天我们的知识界还没有达成一致的共识。在戊戌变法至辛亥革命期间，中西文化的冲突问题依然显现，当时，有坚决捍卫中国传统文化的国粹派，有主张"全盘西化"的民族虚无主义者。在这样一个缤纷复杂的文化图景中，蔡元培既非国粹派，亦非民族虚无主义者。他本人的气质及文化实践，带有强烈的兼容性和折中色彩。有学者分析，蔡元培算是文化折中主义者，他一直企图调和中西文化的矛盾。这种说法有一定的道理。

蔡元培是清朝翰林，有着深厚的国学根基，其立身行事的作风完全是中国儒家的君子风范，正所谓“谦谦君子，休休有容”。这种气度，早已经养成。留学德国之际，蔡元培已经四十岁，已有丰富的人生阅历，对中国社会和中国文化的理解显然要比二十岁上下的留学生深刻许多，因此，他在对待中国传统文化时就少了那一代许多洋派人士的激进。加之蔡元培好学，他一生都对哲学怀有浓厚的兴趣，从中国古代哲学，到西方哲学，他均有学习。但他的哲学思想，既不是中国古代的，也不是西方的，而是调和的。他的思想源头有两个，一个是中国的儒家思想，“修身齐家治国平天下”，始终保持君子人格，始终肩负救世情怀和弘道使命；另一个则是西方哲学中的理性精神和自由观念，尤其受康德哲学和叔本华思想影响较深。可以说，蔡元培本人的身上，就既有着儒家的人文传统，又有着西方自由主义的文化印痕。既然他自己能将中西文化和谐地调和于一身，那么，他也就认为两种文化有兼容并蓄、互相取长补短的必要和可能。在《中国伦理学史》一书的“绪论”中，蔡元培明确地表达了他的此种思想倾向：“我国伦理学说，发轫于周季。其时儒墨道法，众家并兴。及汉武帝罢黜百家，独尊儒术，而儒家言始为我国惟一之伦理学。魏晋以还，佛教输入，哲学界颇受其影响，而不足以震撼伦理学。近二十年间，斯宾塞尔之进化功利论，卢骚之天赋人权论，尼采之主人道德论，输入我国学界。青年社会，以新奇之嗜好欢迎之，颇若有新旧学说互相冲突之状态。然此等学说，不特深研而发挥之者尚无其人，即斯、卢诸氏之著作，亦尚未有完全迻译者。所谓新旧冲突云云，仅为伦理界至小之变象，而于伦理学说无与也。”[13]

蔡元培对中西文化的兼容性和折中色彩在《中国伦理学史》一书中亦有明显反映。在评述先秦诸子的伦理学说时，蔡元培特别赞赏儒家伦理，其原因就在于儒家不极端，具有强大的包容性，又善于调和取舍。蔡元培说：“惟儒家之言，本周公遗义，而兼采唐虞夏商古义以调燮之。理论实践，无在而不用折衷主义：推本性道，以励志士；先制恒产，乃教凡民。此折衷于动机论与功利论之间者也。以礼节奢，以乐易俗，此折衷于文质之间者也。子为父隐，而吏不挠法（如孟子言舜为天子，而瞽瞍杀人，则皋陶执之，舜亦不得而禁之），此折衷于公德、私德之间者也。人民之道德，禀承于政府，而政府之变置，则又标准于民心，此折衷于政府、人民之间者也。敬恭祭祀而不言神怪，此折衷于人鬼之间者也。虽其哲学之闳深，不及道家；法理之精核，不及法家；人类平等之观念，不及墨家。又其所谓折衷主义者，不以至精之名学为基本，时不免有依违背施之迹，故不免为近世学者所攻击。然周之季世，吾族承唐虞以来二千年之进化，而凝结以为社会心理者，实以此种观念为大多数。此其学说所以虽小挫于秦，而自汉以后，卒为吾族伦理界不祧之宗，以至于今日也。”[14]在这里，蔡元培力赞中国儒家善于折衷，具有最广泛的适应性。其实，这种善于调和折衷的立场，亦正是蔡元培对待中西文化之态度。

针对伦理问题，蔡元培认为，中国伦理学说在几千年的历史演变之中本已自成体系，形成了以儒家“忠恕之道”为核心的思想学说和实践规范，它的核心精神与自由、理性、平等、博爱等现代观念并不冲突，中西方伦理完全可以通过不断碰撞融合而造就出新的适合中国人的伦理学。

以今天的眼光来看，我们依然要承认，蔡元培的《中国伦理学史》是一部眼光独具的著作，他以西方伦理学的视角重新梳理和审视中国传统文化中的伦理学元素，比较系统地描摹了中国伦理思想的历史脉络，开辟出了中国伦理学历史研究的新道路。可惜的是，中国后来的社会动荡不安，蔡元培从德国回国后很快投身于政治和其他教育事业之中，无暇就东西方伦理学问题深研细究。

第四节　辛亥惊雷

1911 年 10 月 10 日武昌起义爆发之时，蔡元培正在德国一所名叫维铿斯多的中学从事心理学实验。蔡元培后来在自述中写道：“辛亥八月中旬(阳历十月初旬)，德国大学的暑假尚未完，而中学已开课。我因几位德国朋友的介绍，往维铿斯多中学参观。这中学是私立的，是较为革新的。在课堂上，重推悟不重记诵；在训育上，尚感化不尚拘束，于会食前，诵一条世界名人格言，以代宗教式祈祷；注重音乐，除平时练习外，每星期必有一次盛大演奏；学生得举行茶会，邀教员及男、女同学谈话。我寄住在此校教员宿舍中，历一星期，觉得她们合理化的生活是很有趣的。”[15]

可就在此时，蔡元培忽于德国报纸上读到中国武昌起义的消息。蔡元培的心顿时从德国宁静的维铿斯多中学飞回到了国内。有一个德国朋友问蔡元培，这次的革命，可以成功吗？蔡元培答：必可成功，因为革命党已经准备很久了。

蔡元培为何对武昌起义如此信心满满？原来，已赴德国留学的蔡元培，于读书、著述之余，亦时刻关注着革命，且始终与各地革命党人保持着联系。

留德期间，蔡元培交往最密切的革命党人就是吴稚晖、李石曾、张静江三人，后来，人们干脆将蔡元培与这三位一起合称为“国民党四老”。当时，吴稚晖、李石曾、张静江三人均旅居法国，他们在法国巴黎筹建世界社，创办了《世界画报》和《新世纪》，在海外抨击清廷，鼓吹革命。这三个人也都宣传无政府主义，与蔡元培的革命思想很相近，于是蔡元培就成了他们在德国的一位重要朋友，彼此经常书信往来，交流有关革命信息和思想看法。

《新世纪》刚出来之际，蔡元培写信勉励：“《新世纪》初出时，本不愿拘于寻常报例，且皆赠阅者，不定期出版，正是无妨。惟望永不停止耳。”[16] 对于《新世纪》以詈骂的方式批判清廷高官的文风，蔡元培则建议走“平实恳挚之路”，不要对清廷官员本人施加詈骂，“若平心静气，按公理而与以适当之位置，加以适当之裁判，则观者亦将触发其寻求含咀之兴趣。”[17] 而最能反应蔡元培与吴稚晖、李石曾等人关系密切的，便是他受李石曾影响，改吃素食一事。

李石曾（1881—1973）出身于官宦家庭，其父李鸿藻曾为同治、光绪二位清代皇帝的太傅。1902 年，李石曾随清廷驻法公使孙宝琦出使法国。李石曾在法国学习农业 3 年，随后进入巴斯德学院及巴黎大学理学院研究生物、哲学等学科，并且以科学的方法研究大豆的功用，以法文发表《大豆》，成为中国人中最早在法国发表学术论文的人。1907 年，李石曾成立“远东生物化学学会”，用化学方法分析出大豆的营养成分，在法国成立第一家“豆腐公司”，开办“中华饭店”，把中国的豆腐推广到西方，人称“豆腐博士”。1906 年 8 月，李石曾加入革命组织同盟会。

1909 年，李石曾邀请齐寿山前往法国游玩。齐寿山是蔡元培的好朋友，当时两人一起在德国莱比锡大学留学。齐寿山回来后跟蔡元培说了他在李石曾处的见闻，说李石曾提倡素食，说动物死亡时全身僵直，体内会产生毒素，经常食用对健康不利。蔡元培听后觉得有道理，回想起托尔斯泰描写的“一只精心饲养的猪被屠杀”的惨状，深受触动，于是萌发吃素的念头。当时，莱比锡恰好有几家素餐馆，蔡元培便前往试吃，试吃之后感觉不错，就坚定了吃素的决心。

蔡元培把吃素的决定写信告诉自己的同乡兼朋友寿孝天，说“蔬食有三义：一卫生，二戒杀，三节用”，并说自己的素食，主要偏重“戒杀”这条。不久，寿孝天回信引用杜亚泉的话说：“植物未尝无生命，戒杀义不能成立。”对此，蔡元培回信说，“戒杀”不是一个理论问题，而是一个感情问题。人类进化是个渐进过程，越早期就越是牺牲自己身体来获取所得，如人吃人、用人力拉车，后来改用马车、牛车，现在则用电、用油了。在技术发达的同时，人的感情也在进步，恻隐之心也在拓展，开明的人会视禽兽为异种之人。素食主义者也非绝对不杀动物，一叶之蔬，一勺之水，里面也有许多小生命生活其间，只是人眼看不到，因而感情上没有产生恻隐之心。现在人的感情及于动物，故不食动物。他日，若感情及于植物，则自然不食植物。蔡元培还认为，不忍杀动物之心能增进不杀人之心，这样，战争可免。[18] 蔡元培不停留在素食有益健康的层面，而是把素食与人类的文明与和平联系起来，见解独到。

蔡元培也把决定吃素的消息告诉了远在国内的夫人黄仲玉。蔡元培原本就十分消瘦，夫人担心素食对其健康有影响，就回信反驳，说您早年曾密造炸弹，试图谋杀慈禧，那时连人都想杀，现在怎么连禽兽的生命都痛惜起来了？蔡元培回信答：“人有该杀之罪，杀之非为过也。动物何罪之有？故杀之无道也！”[19] 见蔡元培的辩解也有道理，黄仲玉无话可说。蔡元培遂开始吃素。

后来，蔡元培于 1913 年偕家人来到法国，一度就住在李石曾创办的位于巴黎近郊的豆腐公司。蔡元培的伙食也就包给了豆腐公司。蔡元培餐餐素食，吃的最多的是豆腐、豆浆、豆粉、豆皮等。蔡元培和李石曾两人都力行素食，这一生活习惯使两人相处更为契合。

通过蔡元培在莱比锡大学期间与吴稚晖、李石曾、张静江等人的联络，我们就可知道，蔡元培虽在德国留学，但并未中断革命。其实，蔡元培不仅与活动在欧洲的同盟会会员有交往，而且与旅居日本和留在国内的革命党人均有书信往来，甚至，革命党内部发生人事矛盾，蔡元培还要从中调解，维护革命党人内部的团结。原光复会会员章太炎、陶成章、龚未生等都是与蔡元培频繁通信之人。1908 年，陶成章就请蔡元培从中介绍，与吴稚晖结交。1910 年，受陶成章、龚未生之托，蔡元培又将十余册《秋女士遗集》分寄欧洲各国图书馆。所谓“秋女士”即大名鼎鼎的秋瑾，革命烈士被杀害之后，革命党人出版了她的遗作，用以纪念，而分寄欧洲各图书馆，则有借烈士遗作宣传革命之效。

说起来，在蔡元培尚未留学德国之际，革命党人内部就出现了人事纠纷，吴稚晖和章太炎两人就曾因爱国学社独立之事发生争吵。蔡元培留学德国之后，两人的矛盾愈发升级。章、吴均为个性极强之人，搞革命是好手，内斗起来也毫不含糊。《苏报》案发生时，章太炎和邹容曾被捕入狱，后来，邹容死在狱中。出狱之后，为纪念革命烈士，章太炎发表《邹容传》一文，这本是好事。但章太炎在文章中认为《苏报》案是由吴稚晖出卖所致。吴稚晖当然不肯背这个黑锅，便撰文反驳。两人本就不和，一来二去，就发展到出口相骂的地步。章太炎骂吴稚晖“曳尾涂中，鱼鳖同乐”、“讼棍行径，无赖口吻”，还讽刺说：“善钳而口，勿令舐痈；善补而裤，勿令反穿”。吴稚晖则回骂章太炎“勿耻于人类”云云。

当时，章太炎在日本东京，吴稚晖则在法国巴黎。两人均是早期重要的革命党人，在当地留学生中均有很大影响力，两人这么互相詈骂，无疑会损害革命党人的形象。于是，蔡元培只好亲自做调人，两面安抚，力图平息此事。他撰文《读章氏所作〈邹容传〉》一文，为吴稚晖辩护，说吴稚晖决不可能出卖革命同仁。蔡元培指出，章太炎之所以指责吴稚晖出卖，乃是因两人本有不和而生疑所致，“既有此疑，则不免时时想象其相陷之状，且不免时时与邹君互相拟议，而诟詈之。大约两年之中，神经口耳间缫返此想象，已不知若干次，故不知不觉而认为实事也”[20]。因蔡元培本人对吴稚晖、章太炎均相当了解，他本人亦参与爱国学社之事，对《苏报》案有很深介入，因此，蔡元培出面撰文，还是可以稍稍稀释章太炎的怀疑。另一方面，蔡元培则写信婉劝吴稚晖，称宜以大局为重，不要以谩骂还谩骂。他在给吴稚晖的信中说：“凡积愤有所发舒，则其气渐杀。先生既以极尖刻之言，十余易稿矣，亦稍稍足以舒受诬之恨。吾知此后先生即面询枚叔（即章太炎，笔者注），亦必不至有三批其颊，骂为狗屁之事矣。”[21]

蔡元培的德行素来受人敬重，他出面说话，对洗清吴稚晖出卖革命同仁之冤还是有效果的，但章、吴二人的嫌隙并未因此冰释。直到1943年，章太炎已经去世七年了，吴稚晖还发表洋洋数千言的《上海苏报案纪事》，为自己辩白。很多人看章、吴两人笔仗打得精彩，对事情的真相一时还真难以判断。由《苏报》案而引发的章、吴嫌隙也就由此成了一桩莫衷一是的历史公案了。最后，历史学家唐振常经过严密考证，认为章太炎指控吴稚晖卖友缺乏根据，才算是大体上给了这段公案一个可信的说法。

革命党人虽然总体都以推翻清廷为目标，但其内部一直就有不同派系，不同派系对三民主义的理解不同，对革命过程中的资金使用及人事安排也有不同主张，于是就生出不少矛盾。章太炎、吴稚晖两人的嫌隙还没有解决，革命党人内部就又发生了更大的分裂事件，那就是1908年章太炎、陶成章攻击孙中山侵吞公款事件。

1903年，章太炎因《苏报》案入狱，1906年6月底出狱。出狱后被同盟会派人接到东京，接替张继出任《民报》主编。《民报》是同盟会的机关报，创刊于1905年，以宣传“三民主义”、揭发清廷腐败为宗旨。就中国要革命还是要改良的问题，《民报》曾与梁启超主持的《新民丛报》展开论战，并取得了很好的效果。

1907年初，清廷得知孙中山流亡在日本，遂通过外交途径敦促日本政府驱逐孙中山。日本政府一面答应清廷的外交请求，另一方面又不想把事情做绝，于是就两面押宝。他们在这一年3月把孙中山驱逐出境，可在驱逐之前，赠给孙中山活动经费5000元，以示同情、慰问，同时日本神户商人铃木久五郎又资助孙中山经费10000元。这样，孙中山虽被驱逐，但换得15000元革命经费，亦有所补偿。他拿出其中2000元留作《民报》出版经费，另一部分作为他与胡汉民出行的路费及发动潮惠起义的经费。

章太炎认为孙中山接受日本政府赠款不妥，又认为孙中山只留给《民报》2000元出版经费，太少了。到了1908年，《民报》经费愈发困难，章太炎不得不派陶成章去南洋筹款，以支持《民报》运转。陶成章到了新加坡，先向孙中山索要《民报》印刷费 3000 元，后又要孙中山筹款 50000 元供其回浙江发动起义。当时，孙中山及同盟会南洋支部正在安排河口起义失败后的撤退人员，没有满足陶成章的要求。最后，《民报》在 1908 年底遭日本政府查封。章太炎、陶成章等人由此对孙中山心生不满，说孙中山将革命捐款据为己有，有贪污之嫌。孙中山也很气愤，辩驳称，若我孙文贪财的话，根本就不会搞革命了。我当年做医生，“钱途”极好，就是因为搞革命才把自己搞穷的，而你们却污蔑我贪钱，简直是岂有此理？

梁子结下，孙中山看着章太炎、陶成章不顺眼，章太炎和陶成章也对孙中山的行事作风有怨气。闹到最后，陶成章和章太炎甚至要求同盟会召开特别会议罢免孙中山的总理职务。最后，黄兴等人出面，极力维护孙中山，才化解了这次“倒孙风波”。可章太炎、陶成章则宣布脱离同盟会，不接受孙中山的领导。1910 年 2 月，陶成章在东京重建光复会，章太炎任会长，陶成章任副会长，这就使原本合并于同盟会的光复会又重新独立了出来。一直到辛亥革命成功之后，章太炎、陶成章等人才重新接受孙中山的领导，但同盟会成员与光复会成员之间的矛盾依然存在。

章太炎和陶成章均是光复会的“老人”，而蔡元培曾是光复会的会长。章、陶对孙中山不满，都写信向蔡元培“控诉”。如 1910 年 5 月 25 日，陶成章给蔡元培写信，说：“孙某等行事，不特于革命前途无功，并多生阻碍。今日之革命党，实已符迷复之占矣，可痛也哉。”[22] 1911 年 6 月，章太炎在给蔡元培的信中也有抱怨：“三岁以来，人事蕃变，君独守默柏林，或亦逖听风声矣。弟自《民报》封禁以还，专以讲学为务。颇欲潜入旧乡，效宁人故事。”[23] 蔡元培虽与陶成章、章太炎关系亲密，但他却不赞同二人的“倒孙之举”，他批评陶、章的做法有损孙中山的权威，不利于革命。他跟吴稚晖谈论此事时称，陶、章的“倒孙”之举“不特使反对党畏忌中山之梦为之惊醒，而且因以洞悉党中穷困崩析之状，此人真党中下愚不移之败类也”[24]，措辞甚为严厉。

“前途是光明的，道路是曲折的”，所有的革命都是这样。革命党人在与反动势力斗争的同时，自己阵营内部也免不了斗来斗去。毛泽东说：“党外无党，帝王思想；党内无派，千奇百怪。”说的就是这种情况。但不管怎么说，辛亥革命最终还是把清王朝给推翻了，1911 年 10 月 10 日，武昌起义爆发。随后，十八个省先后宣布独立，清王朝土崩瓦解，一个新的共和国在中华大地上呼之欲出。

当远在德国维铿斯多中学的蔡元培得知武昌起义爆发的消息后，他“喜而不寐”，决定迅速结束在该中学的心理学试验，转身投入到更为迫切的革命行动之中。10 月 18 日，已从维铿斯多中学返回莱比锡的蔡元培给吴稚晖写信，说：“弟于一周前往一山中之中学堂考察规程，并为心理学之试验。本拟逗留半月始归，俄焉于报纸中见吾党克复武昌之消息，为之喜而不寐。……无几，报纸中于得汉阳、汉口等消息外，又确有长沙及广东、安徽军人起事之说。其时弟胸中一方面愧不能荷戈行间，稍尽义务；一方面以为大局旦夕可定，日盼好消息，或无目前自尽国民分子义务之余地。”[25]

随后，蔡元培又从莱比锡前往柏林，找到同学俞大纯、顾孟余、李倜君等人，组织在德国的留学生响应武昌起义，大家集资拍电文回国，声援革命，号召各省积极响应。当时，柏林有一个叫刘庆恩的人，是汉阳铁厂派到德国来学习造炮、用炮技术的人，他对清军的布防情况比较了解，建议革命军购买德国制造的新式攻城炮。得知这一情况之后，蔡元培立刻写信给孙中山，叫他筹集 10 万元，让刘庆恩出面向德国克虏伯厂购买新式攻城炮，运回给革命军。

就在组织德国留学生为革命摇旗呐喊之际，蔡元培接到了陈其美拍来的电报，促其赶紧回国。当年，蔡元培在上海创建中国教育会时，陈其美是教育会开办的通学所的一名学生。后来，陈其美留学日本，认识了秋瑾、徐锡麟、张静江等人，并加入了同盟会。1908 年，陈其美受孙中山委派，从日本回上海发展革命力量。陈其美革命意志坚定，有主意，有手段，行动果决，经常出入酒楼、茶馆、澡堂、妓院等处，交结各种反清力量。很快，他就成了上海青帮的大头目。武昌起义爆发后，陈其美在上海迅速响应，率反清力量光复了上海。他也因此被推为上海都督。光复上海之后，陈其美乘胜追击，又一举攻克了南京。给蔡元培打电报之际，陈其美已然是上海革命力量的主要领导人。

接到陈其美的电报，蔡元培匆匆结束了在德国的留学生涯，于 1911

年 11 月上旬取道西伯利亚，踏上回国之路。

/ 注释 /

[1]《辛亥革命》(三)，中国史学会主编，上海人民出版社 1957 年版，陶成章《浙案纪略》一文，第 17 页。

[2] 高叔平编:《蔡元培全集》第一卷，中华书局 1984 年版，第 393 页。

[3] 蔡元培:《蔡元培自述》，北方文艺出版社 2012 年版，第 60 页。

[4] 蔡元培:《蔡元培自述》，北方文艺出版社 2012 年版，第 69 页。

[5] 蔡元培:《蔡元培自述》，北方文艺出版社 2012 年版，第 69 页。

[6] 蔡元培:《蔡元培自述》，北方文艺出版社 2012 年版，第 63 页。

[7] 蔡元培:《蔡元培自述》，北方文艺出版社 2012 年版，第 63 页。

[8] 高平叔编:《蔡元培全集》第二卷，中华书局 1984 年版，第 169 页。

[9] 高平叔编:《蔡元培全集》第二卷，中华书局 1984 年版，第 183 页。

[10] 高平叔编:《蔡元培全集》第二卷，中华书局 1984 年版，第 184 页。

[11] 周世钊:《新观察》1951 年 1 月 25 日，《第一师范时代的毛主席》。

[12] 蔡元培:《中国伦理学史》，中国社会科学出版社 2008 年版，第 3 页。

[13] 蔡元培:《中国伦理学史》，中国社会科学出版社 2008 年版，第 6 页。

[14] 蔡元培:《中国伦理学史》，中国社会科学出版社 2008 年版，第 57~58 页。

[15] 蔡元培:《蔡元培自述》，北方文艺出版社 2012 年版，第 75 页。

[16] 高平叔编:《蔡元培全集》第一卷，中华书局 1984 年版，第 579 页。

[17] 高平叔编:《蔡元培全集》第一卷，中华书局 1984 年版，第 407 页。

[18] 蔡元培:《蔡元培自述》，北方文艺出版社 2012 年版，第 71 页。

[19] 高平叔编:《蔡元培全集》第二卷，中华书局 1984 年版，第 110 页。

[20] 高平叔编:《蔡元培全集》第一卷，中华书局 1984 年版，第 401 页。

[21] 高平叔编:《蔡元培全集》第一卷，中华书局 1984 年版，第 401 页。

[22] 高平叔撰著：《蔡元培年谱长编》上册，人民教育出版社 1996 年版，第 363 页。

[23] 高平叔撰著：《蔡元培年谱长编》上册，人民教育出版社 1996 年版，第 382 页。

[24] 高平叔编:《蔡元培全集》第二卷，中华书局 1984 年版，第 110 页。

[25] 高平叔编:《蔡元培全集》第二卷，中华书局 1984 年版，第 121~122 页。

第四章　涉足政坛

第一节　创建民国的日子

1911年11月28日，蔡元培从德国回到了上海，开始了他参与创建民国的一段政治生涯。

武昌起义之后，清朝虽然土崩瓦解了，但国内的形势非常复杂。在武昌起义之前，革命党人曾发动过多次起义，如钦廉起义、镇南关起义、河口起义、安庆起义、黄花岗起义等等，这些起义都失败了。尤其是黄花岗起义的失败，革命党中的精华损失不少，指挥此次起义的黄兴也身负重伤，避走国外。武昌起义发生之际，孙中山、黄兴等革命党的重要领导人均不在国内，他们也像蔡元培一样，是在国外得到起义成功的消息之后才赶回来的。

革命党的重要领导人不在武昌起义现场，这直接导致了民国初年权力格局的复杂性。革命党的重要领导人物均不在武昌，发动武昌起义的文学社和共进会只好推举黎元洪来担任都督。黎元洪本来不是革命党，甚至还惧怕革命，只是由于他人缘好，是个新军协统，就被推上了历史的风口浪尖（后来还成了中华民国的副总统）。待黄兴10

月28日赶到武昌时，黎元洪已巩固了他在武汉的权力。黄兴被授予中华民国军政府战时总司令，指挥作战，但武昌方面军队的战斗力实在太差。黄兴指挥作战不到一个月，汉阳即于11月27日失守。黄兴败退武昌，建议进行战略转移，避实击虚，放弃武昌，进攻南京。这一建议遭到地方情结极重的武昌将士的反对。黄兴一看武昌之事不可为，遂离开武昌，赶到上海。

随着武昌战事失利，革命的中心也由长江中游的两湖地区转移到长江下游的上海、南京一带。在这一带，陈其美光复上海，攻克南京，革命形势如日中天。更重要的是，领导辛亥革命的各路重要人物也都聚集到了上海。

武昌起义爆发时，孙中山正在美国。他也是从报纸上得到武昌起义成功的消息的。孙中山革命经验丰富，他敏锐地感到，财政问题和西方列强的态度对辛亥革命的成败具有决定意义。因此，他并没有立即回国，而是先与美国政府接洽，然后又与英国政府接触，还与英、美、法、德四国银行团接洽，希望他们能借款100万英镑，以支持中国革命。当时外国人感觉中国的政治形势还不明朗，没有借款给孙中山。他们只答应采取金融中立政策，不给南方革命政权提供资金支持，同时也不贷款给清廷。随后，他又取道法国、新加坡、香港，直到1911年12月25日才回到上海。

在孙中山没有回国的这段时间，革命阵营内部的矛盾再次凸显。黄兴在武昌指挥作战失利，同盟会的权力受挫。回到上海后，黄兴仍想扩大同盟会，以加强对革命的领导。可是，本来就与同盟会有矛盾的章太炎不同意，他提出一个有名的说法："革命军起，革命党消。"意思是，革命成功了，革命党就应该消失，这叫功成身退，如此才能保证天下为公。否则，革命刚刚成功，革命党就"以一党组织政府"，排斥异己力量，这样不是"以党见破坏大局"吗？章太炎此说在理论上讲非常正确，但在改朝换代的混乱之际，未免陈义过高，尤其是在牵扯人事、军事之事时，没有强有力的革命组织统揽，革命成果很难巩固。

章太炎一向看不惯同盟会排斥异己，所以才有"革命军起，革命党消"之论，牵涉革命政府的人事安排上，章太炎也不喜欢权力尽被同盟会的人占据。因此在临时政府大元帅的人选上，章太炎就倾向于黎元洪而非黄兴。

蔡元培回国之后，很重要的一项工作就是“于同盟、光复两会间，颇尽调停之力”[1]。蔡元培虽是早期的光复会会长，但他并没有偏向光复会和章太炎。在大元帅的人选问题上，蔡元培力推黄兴。为了说服部分浙江人放弃推举黎元洪的主张，蔡元培找章太炎、汤寿潜等人做工作，力陈推举黎元洪的种种不妥。蔡元培在自述中谈及此事时称，经过一番劝说，“彼等亦赞成我举黄的提议。但汤先生不肯于第二日直接举黄，而要求我亦到会，于会中推我为代表而投票举黄，不知何以要如此曲折，我那时也不求甚解而允之。第二日，开选举会，依汤先生所定之手续，我投票举黄，章先生及其他有选举权者，皆举黄，盖事前受章、汤两先生疏通了。”[2] 事情还有个小插曲，黄兴被选为大元帅后，章太炎忽然起立，垂涕说，黎元洪究竟是武昌起义的首要人物，不可辜负他，现在大元帅既选定，请设一副元帅，并举黎先生任之。就这样，黄兴被选为大元帅，黎元洪副之。

章太炎对同盟会有意见，也不热衷于做官，因此与蔡元培相约：浙人不在孙中山组织的临时政府中任职。章太炎的想法是约集社会贤达，另外组建一个政党，在政府之外起监督辅助之责。蔡元培本人对做官的兴趣也不大，遂答应了章太炎。可是，孙中山组建临时政府时，又力邀蔡元培出任教育总长，蔡元培初婉拒。孙中山派来的代表跟蔡元培说，若蔡先生不就职，则其他社会名流亦会纷纷效仿，如此，则会影响临时政府的组建工作。蔡元培陷入了两难之中，最后，他决定去南京面见孙中山，当面请辞。

临行之前，章太炎又以浙人不入阁之约相难，意在阻止蔡元培赴南京。蔡元培只好与章太炎再次约定：他此次去南京，向孙中山面辞，若面辞不成功，他将在报纸上公开宣布自己有违约之罪以谢章太炎。

到了南京之后，蔡元培的面辞果被孙中山坚决拒绝，孙中山说，不能以私人约定废弃革命大义。临时政府组建，正是用人之际，若大家都纷纷不入内阁，这不是拆台吗？权衡之下，蔡元培决定出任临时政府教育总长。于是，他遵守与章太炎的第二份约定，拟好一则自己违约的声明，转呈章太炎订正，并听其发表。章太炎学问好，脾气大，对人不留情面，但对蔡元培还很尊重，并没有将蔡元培的违约声明发表。两人虽然在政见上有不同，但均坦坦荡荡，有君子风度。

1912 年任教育总长时的蔡元培

1912 年 1 月 5 日，南京临时政府首次召开国务会议，蔡元培出任教育总长。有意思的是，孙中山 1912 年 1 月 1 日就任临时政府大总统，1 月 3 日就向都督府代表会议提交了内阁成员名单，这个名单中，教育总长本为章太炎，内务总长为宋教仁，但章太炎本就不想入内阁，加之与会代表也不同意，遂改为蔡元培，而内务总长后来也改由程德全担任。当时，孙中山任总统，黎元洪为副总统，陆军总长为黄兴，海军总长为黄钟瑛，外交总长为王宠惠，内务总长为程德全，财政总长为陈锦涛，司法总长为伍廷芳，教育总长为蔡元培，实业总长为张謇，交通总长为汤寿潜。宋教仁没有当成总长，被任命为法制局长，章太炎则被聘为总统枢密顾问。这便是孙中山南京临时政府时的人事布局。

南京临时政府成立后，首要的任务就是南北和谈。当时，孙中山这个临时大总统当得一点都不惬意。因为没能从西方列强的手里借到钱，临时政府成立的时候，他两手空空。上海都督陈其美看着老大太可怜，给了他 1000 银元。有人计算过，当时的 1 银元大约可折合现在的人民币 300—400 元，1000 银元最多相当于现在 40 万元。40 万元给一个家庭过日子还很管用，但对一个家大业大的政府来说，则是无异于杯水车薪。以区区 1000 银元作为临时政府的启动资金，孙山中这个大总统的日子过得十分拮据。当时，各省宣布独立，不再向清朝纳贡交税，可他们也都是自顾不暇，不可能向名义上的中央政府提供财政。没有钱，很多事就办不成，此其一；其二，军事上，孙中山自己手中没有军队，军队大多都控制在地方都督手中，身为陆军总长的黄兴调不动。因此，孙中山这个大总统的命令往往出不了南京城。这种情形之下，革命派根本没有力量依靠武力统一全国。剩下的道路就只有和谈。和谈的对象呢？并不是清廷，而是袁世凯。

武昌起义之后，袁世凯一面指挥清兵与革命军作战，借清廷压制革命派，另一方面又借革命派的气势与清廷谈判，逼清帝退位，实现共和。袁世凯是当年中国最有军事实力和政治实力的汉族官僚，在国际上也享有很高的威望，他主张在中国实行君主立宪政体，给清朝皇帝保留个空名虚位，然后组建汉人责任内阁。孙中山所代表的革命派则坚持共和理想，要清帝退位，并答应只要清廷退位，废除帝制，成立共和国后可推举袁世凯做大总统。

经过几次讨价还价之后，双方达成协议。袁世凯放弃君主立宪主张，赞成共和，并答应逼清帝退位；南京临时政府承诺给退位的清皇室以优待，同时孙中山将临时大总统一职让给袁世凯。

于是，1912 年 2 月 12 日，清廷被迫发布退位诏书，中国的封建帝制彻底终结。第二天，孙中山即按事前约定，向临时参议院递交辞去临时大总统之职的咨文，并推荐袁世凯继任。同时，孙中山在咨文中提出三条，以限制袁世凯的权力。其一，临时政府地点设在南京，为各省代表所议定，不能更改；其二，要等参议院举定新总统到南京就职时，原大总统及内阁成员方可辞职；其三，《临时约法》为参议院所制定，新总统必须遵守其法律章程。孙中山的这三条，等于给袁世凯套上了法律和地域的紧箍咒。你袁世凯不是在北方有嫡系军队吗？我让你到南京来就职。你袁世凯虽是清朝的旧官僚，但南京却是我革命党的大本营，离开了自己的班底，料你老袁也不会掀起什么风浪；你袁世凯不是有权谋吗？我们就用《临时约法》来约束你。应该说，孙中山这个想法是不错的，但他太低估袁世凯了。袁世凯政治经验丰富，且手握重兵，他岂肯受革命党的摆布，乖乖地到南京来就职？

这里面还需要交代一下《临时约法》。武昌起义之后，孙中山还没回国之前，革命派就曾对未来中国的政治体制进行过设计，那时宋教仁等人就倾向于在中国实行责任内阁制，即国家的行政大权不在总统，而在责任内阁。大总统可任免文武职员，但任命内阁总理及外交大使、公使等，须经参议院同意；大总统提出法律案、公布法律及发布命令时，须经内阁总理副署。孙中山回国之后，临时大总统的职位非他莫属。他感觉责任内阁制对总统权力限制太多，就提出异议。于是，为了迁就孙中山，南京临时政府实行的是总统制，即临时大总统享有很高的行政权。可是，南京临时政府一成立，就发现南北议和是大势所趋，将来袁世凯当大总统已是时间早晚之事。袁世凯不是革命党的人，南方革命派当然不像信任孙中山一样信任袁世凯。孙中山要把将临时大总统一职让于他，但从心底里又不信任他，很是纠结。于是，革命派就制定了《临时约法》。《临时约法》采取的正是宋教仁主张的责任内阁制。根据这个约法，议会和内阁拥有很大的权力，而大总统的权力受到了极大的限制。革命派的想法也是很好，既然临时大总统的位置一定要让给袁世凯，那么我们就用法律把大总统的权力"关到笼子里"。

理想很丰满，现实很骨感。客观形势的发展让南方革命派的这套设想全落空了。1912 年 2 月 15 日，南京临时参议院选举袁世凯为临时大总统，心想着袁世凯很快就会来南京就职，可结果，袁世凯迟迟不来南京就职。选出了大总统，但大总统却不来就职。是都城迁就大总统还是大总统迁就都城？这个问题让议员们很着急。糊里糊涂之下，议员们竟然通过了定都北京的决议，以迁就新当选的大总统。这让孙中山很恼火，黄兴也震怒不已，甚至要带兵捉拿那些议员。无奈之下，参议院只得重新开会，作出了定都南京的决议。这等于说，都城定在南京，这是参议院的决议，你袁世凯要想当大总统，就必须到南京来就职。可是，袁世凯根本不理这个茬儿，依然不肯南下就职。孙中山几次发电报催促袁世凯南下就职，但袁世凯总以种种理由推托。无奈之下，南方临时政府只好派出欢迎代表团，迎请袁世凯到南京就职，而这个迎袁专使的差使就落到了教育总长蔡元培的头上。

蔡元培对袁世凯的人格并不认同。早在 1911 年 10 月 18 日，当时尚在德国的蔡元培就在信中与吴稚晖讨论过袁世凯。当时也料到，武昌起义之后，袁世凯必复出。蔡元培在信中指出，袁世凯复出，必不会做曾国藩第二，尽忠于清朝，也不会做美国的华盛顿，最有可能的是在战胜革命党后率军进京，颠覆清王朝，自己当皇帝，其后果则是"必不免于第二次之革命"[3]。被孙中山选为迎袁专使之后，很多朋友也劝蔡元培力辞，认为"这是一种倒霉的差使，以辞去为是"[4]，蔡元培本人也知道，"此行人人知不能达成目的"，但是他又认为，"我不去，总须有人去，畏难推诿，殊不成话"[5]。于是，蔡元培遂偕宋教仁、汪精卫、魏宸组、钮永建、王正廷、刘冠雄等人北上，欢迎袁世凯南下就任总统。

2月27日，迎袁使团到达北京，袁世凯特开正阳门欢迎，接待极为隆重。第一天会谈，袁世凯也表示，只要安排好北京的部队，他就可以南下，离开北京这个“臭虫窝”。可暗地里，袁世凯则要起了花招。受袁世凯收买的各团体代表、军队长官及政界人物纷纷向迎袁使团施加压力，表示袁世凯绝不能离开北京。最初的两天，蔡元培在谈判中不为所动，坚持袁世凯必须到南京任职，催促袁世凯尽快安排北方事宜，以尽快南下。可是，到了2月29日夜，北京突然发生了兵变。驻扎在北京的曹锟所辖第三镇军队在东安门及前门一带纵火抢劫，祸及商家近千数，蔡元培、汪精卫等人的住所亦被侵入。当时，蔡元培正在迎袁专使团下榻的东城煤渣胡同法政学堂寓所与汪精卫、钮永建等人闲谈，突然听到枪声响起，忙打电话去陆军部询问，得到的回答是第三镇军队发生了兵变。随后，枪声渐近，守护专使团的士兵逃走，情势越来越危险。情急之中，蔡元培、汪精卫等人越墙避入相邻的青年会教士、美国人格林的寓所。乱兵闯入专使团住地，大肆抢掠。

第二天早上，蔡元培一行人避往东交民巷六国饭店。不久，孙宝琦赶来慰问。孙宝琦是蔡元培的故交。当年孙宝琦任清朝驻德公使，蔡元培以孙宝琦随员的身份赴德留学。留德期间，孙宝琦亦对蔡元培颇多照顾。孙宝琦告诉蔡元培，昨晚发生兵变时，他正在袁氏官府，得知兵变，袁世凯即传令切实保护专使团，并说，人家不带一兵一卒坦然而来，我们不能保护，如何对得住？而乱兵则称：“袁宫保自己要到南方做总统去，不要我们了！我们还是各人抢一点，回老家去！”次日，保定的军队也发生变乱。

此次变乱的内幕，明眼人一看就知道是袁世凯的苦肉计——纵不是袁世凯自己发动，也必是他的心腹所密谋的。但此事毕竟给了袁世凯以拒绝南下的理由。另外，驻在北京的外国公使本就害怕袁世凯南下会有损外国人利益，借此变乱，他们也找到了借口。他们以害怕重演庚子事变（即当年义和团攻击外国驻北京使馆之事）为由，决议增调军队来北京护卫使馆及侨民。日本首先将山海关及南满的驻屯军分调1000人来京。大有借此兵变，重新派兵进驻北京之势。

在此情形之下，蔡元培与迎袁使团成员商议，最后决定放弃迎袁南下。他们于3月4日致电孙中山，建议“消灭袁君南下之要求”，“确定临时政府之地点为北京”。[6] 事已至此，孙中山也只好接受，允准袁世凯在北京宣誓就任临时大总统。3月6日，蔡元培又致电孙中山，称“培等欢迎之目的已消灭，似应南回，面陈一切”[7]。不过，孙中山没有让迎袁使团速回，而是要蔡元培等人出席袁世凯的宣誓就职仪式，并由蔡元培代表孙中山致祝词。

3月10日，袁世凯在北京宣誓就任临时大总统，蔡元培作为南京临时政府代表致祝词，他在祝词中强调袁世凯的临时大总统是由孙中山推荐、南京参议院选举的，称：“我国新由专制政体而改为共和政体，现在实为过渡之时代。最重要者，有召集国会、确定宪法诸事。孙大总统求全国第一能负此最大责任之人，而得我大总统，因此推荐于代表全国之参议院，参议院公举我大总统，而我大总统已允受职。孙大总统为全国得人庆，深愿与我大总统躬相交代，时局所限，不克如愿。用命元培等代致祝贺之忱，希望我大总统为我中华民国造成巩固之共和政体，为全国四万万同胞造无量之幸福焉。”[8]

3月11日，结束了迎袁使命的蔡元培离开北京南返。离京之际，他发表《告全国文》，全面阐述有关迎袁南下的诸问题。文章分几个层次，第一，蔡元培认为，新总统到南京就职，“为法理不可破之条件”，原因是：“盖以立法、行政之机关，与被选大总统之个人较，机关为主体，而个人为客体，故以个人就机关则可，而以机关就个人则大不可。且当专制、共和之过渡时代，当事者苟轻违法理，有以个人凌躐机关之行动，则涉专制时代朕即国家之嫌疑，而足以激起热心共和者之反对。故袁公就职于南京，准之理论，按之时局，实为神圣不可侵犯之条件。”

第二，针对北方人心不定，袁世凯不宜南下南京之说，蔡元培做了反驳。他说：“以袁公之威望与其旧部将士之忠义，方清摄制王解职及清帝辞位至危疑之时期，尚能镇慑全京，不丧匕鬯，至于今日，复何疑虑？且袁公万能，为北方商民所公认，苟袁公内断于心，定期南下，则其所为布置者，必有足以安京津之人心，而无庸过虑。”意思是说，袁世凯不南下之根源还在于他自己根本就不想南下。

第三，蔡元培还指出，兵变亦不能成为袁世凯拒绝南下之理由，他说：“二十九日夜中之兵变，三月一日之夜又继之，且蔓延保定、天津一带。夫此数日间，袁公未尝离京也，袁公最亲信之将士，在北京自若也；而忽有此意外之变乱，足以证明袁公离京与否，与保持北方秩序，非有密切不可离之关系。”

最后，蔡元培也对最终放弃迎袁南下做了解释。他说：“培等此行，为欢迎袁公赴南京就职也。袁公未就职，不能组织统一政府；袁公不按法理就职，而苟焉组织政府，是谓形式之统一，而非精神之统一。是故欢迎袁公，我等直接之目的也；谋全国精神之统一，培等间接之目的也。今也袁公虽不能于就职以前躬赴南京，而以最后之变通办法观之，则袁公之尊重法理，孙公之大公无我，参议院诸公之持大局而破成见，足代表大多数国民，既皆昭揭于天下；其至少数抱猜忌之见，腾离间之口者，皆将为太和所同化，而无复纤翳之留。于是培等直接目的之不达，虽不敢轻告无罪，而间接目的所谓全国精神之统一者，既以全国同胞心理之孚感而毕达，而培等亦得躬逢其盛，与有幸焉。惟是民国初建，百废具举，尤望全国同胞永以统一之精神对待之。”[9]

迎袁失败，以往史家多责蔡元培“胆量不足”、“为袁所欺”，现今看来，问题恐怕没那么简单。辛亥之后，中国政局动荡，各种矛盾错综复杂。武昌起义之后，南方革命派虽在南京建立了临时政府，但其军事和财政实力均不足以与袁世凯的北洋系相抗衡。袁世凯在北方经营多年，北洋系占据军政要职。北京原本为清朝都城，各外国使馆建于此地。此种情形之下，促袁世凯南下就职，固然于南方革命党有利，但对北方各派势力而言则有国都南迁之虑。国家政治、军事中心骤然由北京迁往南京，外国列强害怕其在华利益受损，北方官民亦有被冷落之心理。当然，最根本的还在于，迎袁南下本就是孙中山的“调虎离山”之计，袁世凯既已识破此计，岂肯轻易就犯?

究其实质，孙中山领导的南京临时政府代表一种新兴的政治力量，其与袁世凯所代表的北方政治势力相比，实力还较弱，因此，民国初年，孙、袁两派政治军事势力屡次交手，孙方均以失败告终。蔡元培等人迎袁失败，亦不过孙中山所代表的南方政治势力失败之一例。政治较量的成功或失败，取决于军事、财政、外交、社会等各种综合实力之强弱，将其归咎于个人之是否被欺骗，则未免失之于简单。

袁世凯就任临时大总统之后，提出唐绍仪为内阁总理，经南京参议院同意后，唐绍仪于 1912 年 3 月 25 日到南京组织了新内阁，随后迁至北京。在唐绍仪内阁中，教育总长一职仍由蔡元培担任。蔡元培极力辞去，遂改为范源濂。可是，等蔡元培回到南京后，外界就有了传言，说蔡元培迎袁未果而受惩，遂被削去教育总长之职。范源濂听说此事后，亦出京相避，不肯就职。于是，无论是孙中山还是唐绍仪均力主蔡元培担任教育总长。经劝说，蔡元培托人询问范源濂，若自己做总长，范可否屈任次长。范源濂慨然应允，于是，蔡元培做了唐绍仪内阁的教育总长。

唐绍仪是袁世凯的部下，在南北和谈时是袁世凯的北方代表。但他曾少年留美，接受过民主共和思想的熏陶，思想上倾向于共和，后来还由黄兴、蔡元培介绍，加入了同盟会。在当时，他是袁世凯和孙中山两派都可接受的人物。唐绍仪内阁是个混合内阁，内阁成员由南北两派共同组成，除蔡元培任教育总长外，南方革命派阁员还有司法总长王宠惠、农林总长宋教仁、工商总长陈其美等（陈其美没有就任，后改由王正廷代理）。

唐绍仪出任内阁总理之初，本抱有极大的政治抱负。他勤于公务，注重办事效率，一度使政府呈现出一派新气象。但身为大总统的袁世凯喜欢独揽大权，蔑视《临时约法》所赋予责任内阁的种种权力。唐绍仪坚持责任内阁制，两人遂产生矛盾，唐绍仪遭到袁世凯忌恨。内阁成员明显分为两派，袁派（北派）要用总统制，孙派（南派）则要用责任内阁制，双方互相掣肘。蔡元培置身内阁之中，在内阁会议上亦常与陆军总长段祺瑞、内务总长赵秉钧、财政总长熊希龄等人争论。双方所争，集中于向外国借款一事，袁派主张由财政总长熊希龄出面，而孙派则主张由唐绍仪出面，“各以捷足先得为快，然皆不成”[10]。

袁派和同盟会派在唐绍仪内阁中互相拆台，很多事情都办不成。于是，蔡元培忍不住了，遂约唐绍仪、宋教仁、王宠惠、王正廷四人密谈。蔡元培说，“目前情形，政府显分两派，互相牵掣，无一事可以进行。若欲排斥袁派，使吾党同志握有实权，量力审势，决无希望。不如我辈尽行退出，使袁派组成‘清一色’政府，免使吾辈为人分谤，同归于尽”[11]。

虽然宋教仁不同意蔡元培的提议，但他也没有更好的办法打破目前僵局。于是决定，等适当机会，同盟会阁员尽数辞职。

时间不长，这个机会就来了。原来，在唐绍仪组织内阁之前，孙中山就提出几项条件，其一，唐绍仪加入同盟会；其二，广东都督胡汉民、江西都督李烈钧须维持；其三，以王芝祥为直隶都督。王芝祥是倾向于革命党的要人，孙中山力挺王做直隶都督，意在用一个革命派的都督监视袁世凯。当时，袁世凯都答应了。可是，待唐绍仪于南京组阁，又移至北京之后，袁世凯迟迟不任命王芝祥为直隶都督。唐绍仪再三催促，袁世凯却另派王芝祥去南京遣散军队，理由是北京军界反对王芝祥任都督，而袁世凯自己则将直隶都督一职委以嫡系冯国璋。唐绍仪坚持原议，袁世凯就将未经总理副署的委任状径自发表。按照《临时约法》规定，大总统虽可任免官员，但必须经内阁总理副署才能生效。袁世凯此举，明显违反《临时约法》。唐绍仪不肯做傀儡总理，遂愤然出走辞职。蔡元培等同盟会四阁员，也践行前约，一同辞职，以示对袁世凯践踏《临时约法》的抗议。

6 月 21 日，蔡元培向袁世凯递交辞呈，其中说："元培迂愚无状，猥承任命……不图理想与事实，积不相容。受事以来，旅进旅退，毫不能有所裨益，始信国务重大，诚非迂愚如元培者所能胜任。……今值总理辞职，国务院当然解散。元培窃愿还我初服，自审所能，在社会一方面尽国民一份子之责任，以赎两月来负职之罪。"[12] 7 月 2 日，蔡元培又当面向袁世凯辞职。袁世凯挽留，称"我代四万万人坚留总长"，蔡元培不为所动，答："元培亦对四万万人之代表而辞职。"于是，袁世凯只好允准蔡元培辞去教育总长职务。

第二节　布局新式教育

自 1912 年 1 月 5 日被任命为南京临时政府教育总长，到同年 7 月 14 日因不满袁世凯独裁而辞职，蔡元培在教育总长这个职务上任职半年。任职时间虽短，但蔡元培还是对旧的教育制度进行了大刀阔斧的改革。

南京临时政府成立之时，孙中山手里没钱。蔡元培当上教育总长之后，不仅无教育经费，甚至连教育部的办公地点都没着落。当上教育总长后，蔡元培曾向孙中山询问南京教育部办公地点在哪里，孙中山的回答是："此须君自行寻觅，我不能管也"。[13] 后来，蒙时任江苏都督府内务司长的马相伯的帮助，蔡元培借得南京碑亭巷内务司楼上三间房，教育部的办公地点才勉勉强强有了着落。

1912 年 1 月 19 日，南京临时政府教育部正式成立，启用印信，开始办公。教育部成立时，总统府通知前往领取印信。当时，教育部人手少，蔡元培便亲自乘人力车去总统府，然后用一尺见方的白布将大印领回，毫无总长之架子。此事后来传为美谈。

蔡元培还一扫以往封建官衙习气，精兵简政办教育。教育部内，连誊写员在内，总共只有三十多人。更绝的是，教育部除总长、次长由大总统任命外，其余一律称部员，不再另设官衔。待遇方面，上至总长，下至部员，每月津贴一律 30 元。

后来教育部迁至北京，办公条件比在南京有了改善，但蔡元培依然奉行节俭办教育的原则。1912 年 4 月 26 日，蔡元培执掌的教育部接收前清学部，他在当天对部员们说："前清办学之种种糜费，其细情不外奢、纵二字……国家无论如何支绌，教育费万难减少。无已，惟有力行节俭，以为全国倡。"[14]

尤其值得一说的是，在主政教育部的这段日子里，蔡元培依然体现出了他日后执掌北大时的那种兼容并包、思贤若渴的气度。他在选用部员时，不问党派，唯才是举。蒋维乔、王小徐、钟宪鬯等人当年在中国教育会、爱国学社、爱国女学等与蔡元培一起共过事，蔡元培任教育总长后自然将他们揽至麾下；在留德期间，蔡元培结交了学有所长的俞大纯、钱方度等人，他也将其招到教育部；一部分留日学生后来成为著名学者，如鲁迅、许寿裳等，蔡元培也把他们招至教育部；甚至有些毫无背景的后学晚辈，只要蔡元培发现是做学问、办教育的好苗子，也不拘一格地招至教育部。这其中最有典型意义的就是蔡元培提携王云五一事。

民国教育部成立之时，王云五只有 23 岁，与蔡元培素昧平生。不过，王云五对如何办教育有自己的想法，他就将自己的想法写信寄给了蔡元培。蔡元培接到王云五的信之后，感觉他的一些意见很中肯，就力请王云五到教育部"相助为理"（意为总长助理）。当时，王云五已被孙中山任为机要秘书，王云五请示孙中山之后，得到特许，半日在总统府服务，半日去教育部相助。王云五后来在回忆文章《蔡孑民先生与我》一文中写道："我以一个未曾受过高等教育的青年，居然提供许多关于高等教育的意见，不能不说是一种大胆的尝试。真想不到此一建议书，从上海寄到南京教育部以后，不过十日左右，我便在南京临时大总统府服务中接到由上海家中转来蔡先生的一封亲笔信。大意说对我所提供的意见认为极中肯，坚邀我来部'相助为理'。我既承国父的厚意，在一席谈话之后，自动委以即要之职；现在又以尚未谋面，仅凭一纸意见书，又蒙蔡先生邀请相助为理。在鱼与熊掌之间，既不能见异思迁，又不愿放弃久怀改进教育而一旦获得可能实现的机会。幸而在不得已请示孙先生之际，承他老人家爱护有加，令我半日留府中服务，半日前往教育部相助；于是我才敢持蔡先生的手书，前往教育部面谒。想不到经此一度面谒之后，我对于蔡先生不仅做了半年左右的属员，而且缔结了三十年的深交。尤其是在抗战初期蔡先生因体弱不能跋涉远来后方，我因主持商务印书馆，不能不往返于后方与香港之间，初时同住商务印书馆的临时宿舍，继则时相过从。蔡先生视我如手足，我则视蔡先生如长兄。在蔡先生逝世时，我成为朋友中唯一的随侍病榻送终者。人生际遇真有不可思议之处。"[15]

在教育总长的位子上，蔡元培在用人问题上能破除党派之见，这一点在民国初年那种纷繁的政治斗争之中尤为可贵。在蔡元培做迎袁专使期间，南京临时政府教育部的工作暂由教育次长景耀月代理，景耀月是同盟会成员，因此他就开出了一个七八十人的教育部任用人员名单，报请总统府颁布委任状，意在待袁世凯任大总统之后，同盟会的人员亦可在教育部有相当势力。可惜的是，这些人对教育并无研究。蔡元培从北京回到南京之后，对景耀月的做法非常不满，他认为这样做会把真正的教育专家排除在教育部之外，对教育发展极为不利，且这些对教育外行的人若日后被继任教育总长辞退，他们自己也会感到难堪。经蔡元培斡旋，教育部最后将这些已经批下来的委任状又送回了总统府。蔡元培后来自己说："闻秘书长胡君汉民深怪我此等举动，对于本党老同志不肯特别提拔。故政府北迁时，有人请胡君介绍入教育部，胡君对以'别部则可，教育部不能'。我那时候只有能者在职的一个念头，竟毫不顾及到老同志的缺望，到正式组织时，部员七十人左右，一半是我提出的，大约留学欧美或日本的多一点，一半是范君静生（即范源濂）所提出的，教育行政上有经验的多一点，却都没有注意到党派的关系。”[16]

唐绍仪内阁迁到北京之后，教育部亦随之北迁。到北京之后，蔡元培依然坚持用人唯贤的原则。他任教育总长，却坚持邀请共和党人范源濂为教育次长。他两次登门拜访范源濂，对他说：“现在是国家教育创制的开始，要撇开个人的偏见、党派的立场，给教育立一个统一的智慧的百年大计。国民党里并不是寻不出一个次长；我现在请先生作次长，也不是屈您作一个普通的事务官。共和党随时可以组阁，您也可以随时出来执掌邦教。与其到那时候您有所变更，不如现在我们共同负责。教育是应当立在政潮外边的。我请出一位异党的次长，在国民党里边也并不是没有反对的意见。但我为了公忠体国，使教育部有全国代表性，是不管这种反对意见的。听说您们党内也有其他看法，劝您不要自低身份，给异党、给老蔡撑腰；可是这不是为国民党或我个人撑腰，乃是为国家撑腰。我之敢于向您提出这个请求，是相信您会看重国家的利益超过党派的利益和个人的得失之上的。”[17] 范源濂为蔡元培求贤若渴的精神所感动，遂答应出面做教育次长。

在党争激烈的民国初年，蔡元培能超越党派之见办教育，殊为不易。正因为蔡元培以足够包容的气度办教育，所以民初的教育部很有生机。民国著名记者、政论家黄远生曾在《新政府人才评》一文中盛赞蔡元培主政下的教育部：“教育部新旧杂用，分司办事，已确有规模……俨然有建设气象。蔡鹤卿君富有理想，范源濂君勤于任务，总次长实有调和性质，亦各部所未有。”[18] 范源濂后来亦撰文称：“在我们的合作期间，部里的人都是知无不言，言无不尽，讨论很多，却没有久悬不决的事。一经决定，立刻执行。所以期间很短，办的事很多。”[19]

范源濂所说“办的事很多”，即在蔡元培主持之下，教育部在民国初年所做的各项工作很有成效。这些工作堪称中国新式教育的总布局。概括地说，内容有以下几点。

其一，废除清朝教育宗旨，提出“五育并举”的教育方针。随着清朝的瓦解，封建教育体制也走到了终结，原来的那些“忠君”“尊孔”等封建色彩浓厚的教育宗旨显然必须摒弃。民国初建，用什么样的教育宗旨才能既适应时代需要又能为国民所普遍接受呢？蔡元培决定先亮出自己的观点，通过抛砖引玉的方式引起公众的讨论。自1912年2月8日起，蔡元培连续三天在《民立报》上发表《对于新教育之意见》一文（连载），这篇长文，阐述了创办新式教育的整体构想，主张以军国民主义教育、实利主义教育、公民道德教育、世界观教育、美感教育作为民国的教育方针。蔡元培认为，军国民教育“在他国已成道消之兆”，但在中国，却是“今日所不能不采者也”。原因就在于，自鸦片战争以来，中国屡次受到列强侵略，非凭武力，不能强国。另外，从国内情形看，要打破武人特权，亦需要举国进行军国民教育，“以平均其势力”。对于实利主义教育，蔡元培认为，今日世界各国之竞争，不仅在武力，而尤其在财力上。反观中国，贫穷落后，现代工业非常薄弱，失业人口众多，因此“实利主义之教育，固为当今之急者也”。

蔡元培也看到，光提倡军国民教育和实利主义教育，是会给社会带来严重危害的。单一的军事强盛可能导致对内私斗、对外侵略，而经济发达也会导致社会分化、贫富悬殊。为防止这两种教育之弊端，就必须“教之以公民道德”，且“必须以道德为根本”。而道德教育，在中国传统美德教育之外，蔡元培还主张赋予道德教育以新的内容，如西方的自由、平等、博爱等。

针对世界观教育，蔡元培认为，教育家不同于政治家，政治家要立足现实。教育要立足于现世的幸福，同时又必须要有超越现世幸福的更高观念。至于世界观教育的具体内容，蔡元培当时主张博采众长，不以一家哲学流派为桎梏。后来，他在《我在教育界的经验》一文中对世界观的内容进行了补充说明，称“提出世界观教育，就是哲学的课程，意在兼采周秦诸子、印度哲学及欧洲哲学，以打破二千年来墨守孔学的旧习”[20]。

美育教育，是作为教育家的蔡元培一直强调的。所谓美育教育，即“美感之教育”，“美感者，合美丽与尊严而言之，介乎现象世界与实体世界之间，而为津梁”[21]。蔡元培还认为，五种教育之间互相服务，是养成国民健全人格之所必需，他借人体器官之间的关系来说五种教育的功能：“譬之人身：军国民主义者，筋骨也，用以自卫；实利主义者，肠胃也，用以营养；公民道德者，呼吸机循环机也，周贯全体；美育者，神经系也，所以传导也；世界观者，心理作用也，附丽于神经系，而无迹象可求。此即五者不可偏废之理也。”[22]

其二，蔡元培支持教育部，颁布了一批新的教育法令，建立了民初教育改革的新秩序。当时，南京临时政府虽然成立，但国内战事并未结束，国家尚未统一。受战事影响，各省教育大多处于瘫痪状态。在新旧交替之际，蔡元培主持教育部，颁布了《普通教育暂行办法》和《普通教育暂行课程标准》，以法令的形式为全国教育立则订规。新的教育办法规定，各省各类学堂，以后均称学校，监督、堂长一律改称校长；小学一律于3月14日开学，中学、师范学校可根据地方财力，自行掌握；清朝学部颁行的教科书一律禁止使用，民间通用教科书，如内容不合共和宗旨的，由各出版局自行修改，学校教员亦可随时删改；小学废除读经，高小以上宜有兵式体操。这些法令的颁布，基本上奠定了民国初年普通教育的格局。

其三，蔡元培还主持制定了新学制。蔡元培主政教育部不久，就邀集教育界著名人士和留学归国的留学生，讨论起草小学、中学、专门学校和大学的各项教学制度。1912年10月24日，教育部公布《大学令》。但由于新学制起草仓促，在实施过程中暴露出了一些弊端。教育部迁到北京之后，蔡元培又集中全国教育界的智慧，进一步推行教育改革。蔡元培主持召开了中华民国成立后第一次中央教育会议，会议历时一个多月。经反复讨论，最后形成了48件议案，如《教育宗旨案》、《学校系统案》、《小学教育法令案》、《中学校令案》、《师范教育令案》等等，这些决议大部分在1912年至1913年间陆续颁布实施，从而确立了中华民国教育体制的最初样式。

其四，身为教育总长，蔡元培还很十分注重社会风气的改良。1912年2月，他在上海与吴稚晖、李石曾、张继、张静江、汪精卫等人发起筹建进德会。进德会以倡导社会新道德、新风尚为目标，他们在《进德会缘起》说：“亡清之腐败，积社会之腐败而成。腐败之原因虽种种，而亦自有其最普通可约言者在焉，即‘吃花酒’、‘斗麻雀’，加之以‘讨小老婆’是也。”“若民国新建，承其流而不加注意，将腐败之根株不去，而凋敝之原气难复。因发起为进德会，广征海内外有道之士，相与为约，为社会树之风声，庶新社会可以成立，而国风丕乎其变焉。”[23] 进德会会员分为三等，“持不赌、不嫖、不娶妾三戒者为甲等会员；加以不作官吏、不吸烟、不饮酒三戒为乙等会员；又加以不作议员、不食肉为丙等会员”。

在“进德会”的倡议者中，张静江是孙中山的老朋友，又是名闻江浙的富豪；蔡元培乃国民政府教育总长；张继时任《民报》编辑，是政坛一颗冉冉升起的新星，他后来于 1913 年 4 月出任第一届国会参议院院长；而吴稚晖和李石曾也都是老同盟会会员，政治影响不可小觑。通过宣传，进德会的主张在社会上引起了强烈反响。但也有人对进德会的“八不”提出了质疑，认为进德会所主张，失之过激，像“不做官吏”、“不做议员”这两点，未免“太无政府主义了点”。

后来，南京临时政府派蔡元培为迎袁专使，汪精卫、宋教仁、魏宸组等人为欢迎员，前往北京迎接袁世凯来南京就职。在由南京去北京的轮船上，蔡元培介绍了进德会的情况。他后来这样回忆：“舟中，或提议进德会事，自李汪二君外同行者率皆当时之官吏若议员，群以官吏议员两戒为不便，乃去此两戒别组一会，即以同舟之三十余人为发起人，而宋遁初君提议名为六不会，众赞成之”。[24] 随后，进德会改成“六不会”。

随后，蔡元培由与唐绍仪、汪精卫等人发起成立了旨在改造社会的社会改良会。社会改良会的条例，除了上述进德会的“六不”基本要求外，又增加了男女平等、婚姻自由、以鞠躬拱手代跪拜礼、废除缠足穿耳之习等，有了更广泛的移风易俗的色彩。

重视道德，是作为教育家的蔡元培一以贯之的主张。后来，他做北大校长，于 1918 年在北京大学成立了“进德会”，他在《北大进德会旨趣书》中开列了以“三不”（不嫖、不赌、不娶妾）为基本条件的入会资格，会员仍分三等，任北大师生员工选择。甲种会员，不嫖、不赌、不娶妾；乙种会员，于前三戒外，加不作官吏、不作议员二戒；丙种会员，于前五戒外，加不吸烟、不饮酒、不食肉三戒。蔡元培解释，“进德会”的效用在于会员本人自愿加入，自我约束；一旦入会，会员名单会对外公布，接受社会监督。

蔡元培在北大发起的“进德会”有近现代史上的许多名人加入，甲种会员中有李大钊、陈独秀、许德珩、沈尹默、章士钊、马寅初、马叙伦、罗家伦、周炳琳、朱家华、胡适、王宠惠、辜鸿铭等；乙种会员有蔡元培、范文澜、傅斯年、钱玄同、鲁迅、徐宝璜、康白情等；丙种会员有梁漱溟、李石曾等。

当时，不仅中国京沪等地新闻媒体争相报道蔡元培发起成立“进德会”之事，就连日本东京的《日支时论》也对此举给予了高度评价，称赞蔡元培先生为“一代硕学及德望家，素为人之所知，今观此趣意书，不特可知中国有识者阶级之社会道德观，及对于社会改良之意见，并亦可借以知中国之一面也”[25]。

北大时期“进德会”由身为校长的蔡元培发起并担任会长，所以很有影响力。会员中虽有入会后不遵守当初承诺者，但总体上多为遵守戒律、严于律己者，如梁漱溟和李石曾果真一生不吃肉、不喝酒，说到做到。梁漱溟律己甚严，后来成了公认的“新儒家”宗师；又如马寅初，抗战期间屡屡揭露财政部长孔祥熙等人大发国难财。孔祥熙想拉拢他，许诺让他在财政部次长、禁烟总监中任选一职。马寅初拒绝，称：“人各有志，我早先在北大时，就已参加了蔡元培校长创建的‘进德会’，声明不要做官，孔部长的好意，恕难领受了。”蔡元培自己也身体力行，直到终老，一直遵守“不嫖、不赌、不纳妾”三条戒律，成了公认的模范会员和人师楷模。

第三节　在“二次革命”前后

1912 年 7 月，蔡元培辞去了在唐绍仪内阁所担任的教育总长职务。辞职之后，他在北京参加了同盟会夏季本部大会，在这次大会上，他以同盟会老会员的身份发表演说，提出了四点希望。其一，“不要说中华民国是同盟会人所构造而成”，“切不可自己专功，致惹社会上人之反对”；其二，希望本党所举定各干事，“均须认真实力做去，毋至议论多而成功少”；其三，“希望同志须立统一之意见”；其四，“同盟名目，万不能改，不能舍已从人，只抱定三大主义做去，务以达到民生主义为目的”。[26] 蔡元培提出这四点希望，目的在于促进同盟会的团结。

参加完北京的夏季同盟会之后，蔡元培离开北京回到了上海。当时，孙中山、黄兴等人都在上海，他们相聚讨论国家的前途命运。可是，就在这批辛亥革命的元老们议论正酣之际，张振武案爆发了。

张振武，1877 年出生于湖南竹山。他少年时期就学于湖北省师范学校，接受了不少进步思想，后在武昌黄鹤楼小学当教师。他很善于教学，常在讲课时以革命思想启发学生，唤起学生民族自尊心和爱国观念。不久他参加了共进会，帮助料理会中的财务事宜。为了革命需要，他不顾家人反对，卖掉了湖北罗田、竹山老家的田产。一些革命同志向他求援，他都尽力给予帮助。

武昌起义发生之际，张振武倡议设立军务部，总揽军队编制、人事配备、军饷支出、机关存废等事，他因此成了辛亥革命的“首义元勋”。湖北军政府成立后，张振武担任军务部副部长职务。他和黎元洪有矛盾，从而遭黎忌恨。

袁世凯任临时大总统后，邀请首义党人及将领百十人入京，聘为总统顾问，张振武便位列其中。不久袁世凯又任张振武为蒙古调查员，意在调虎离山。但张振武不满意，负气返回武汉。黎元洪托人劝说张振武赴北京就任，并赞助四千元作为旅资。张振武接受了劝说，于 1912 年 8 月 11 日，偕湖北将校团团长方维等武昌首义将校 13 人，乘火车北上。

张振武一离开武昌，黎元洪即密电袁世凯，说张振武“蛊惑军士，勾结土匪，破坏共和，昌谋不轨……伏乞将张振武立予正法，其随行方维，系属同恶相济，并乞一律处决，以昭炯戒”。要求袁世凯立即将张振武和方维二人予以捕杀。

袁世凯斟酌再三，于 8 月 15 日签发了捕杀张振武的军令，同时派出姜桂题、段芝贵执行杀人任务。当晚 8 时，张振武与鄂省在京将校一起宴请北方将校。10 时席散，张振武乘马车返归金台旅馆。当行至前门棋盘街牌楼下时，忽然伏兵四出，将其绑缚至西单牌楼玉皇阁军政执法处，未经审讯，即于 16 日凌晨 1 时将其处死，同时来京的湖北将校团团长方维也在当夜被处死。这就是当时轰动一时的“张振武事件”。

身为“首义元勋”的张振武被不明不白地杀害，举国震怒。参议院中 20 名共和党议员提出了《质问政府枪杀武昌起义首领张振武案》，并曾动议弹劾政府。

在上海的蔡元培得知“张振武事件”之后，非常愤怒，他于8月19日联合王芝祥、胡瑛等人在《民立报》刊发公告，宣布于次日在张园召开大会，商讨应对办法。公告指出：“大总统和副总统无直接杀人之权，张君振武等所得罪行，皆暗昧不明，未经裁判，即行枪毙。尤可奇者，犹复加恤赠金，掩饰耳目。此种举动，明明故意违犯约法，玩弄国民。若不讨论其究竟，无以为法律生命之保障，尚何共和政体之可言。”[27]次日，有一千多人参加了张园大会，并发起成立了法律维持会，主张用法律手段解决此事，支持参议院弹劾总统的行动。在这次大会上，蔡元培被推举为法律维持会会长，领衔致电参议院，敦请参议院负起保障共和法律之责任。

但是，在同盟会内部，人们对张振武一案的态度并不一致。蔡元培等人主张用法律的手段解决此事，但以戴季陶为首的激烈派则主张以武力解决，双方不能达成一致，论战了持续一个多月。论战期间，袁世凯在北京通过收买、拉拢议员等手段，使参议院放弃了追究，弹劾政府一事被搁置起来。随后，张振武案不了了之了。

通过张振武案，袁世凯一方面打击了革命党的势力，另一方面又借此拉拢了黎元洪。更关键的是，袁世凯此次践踏法律的行为未被追究，使其日后更加肆无忌惮。既然违法之举可以通过各种“潜规则”摆平，那么，本来就没有共和观念的袁世凯便越来越不把《临时约法》放在眼里了。

蔡元培辞职之后，已预感到中国政坛势必越来越乱，“非我辈书生所能挽救”，于是他谋划出国留学。恰好，还在蔡元培任教育部部长之时，德国莱比锡大学给教育部来函，请教育部派两人到该大学兰普莱西所主持的文明史与世界史研究所相助。蔡元培当时已经决定公费派遣两人前往，只是还没等人员确定，蔡元培就辞职了。辞职之后，蔡元培就跟主持教育部工作的范源濂写信，希望将这两个名额给自己和顾孟余。范源濂很快批准。于是，蔡元培在1912年9月偕家人一同赴德，仍住在莱比锡大学，协助兰普来西研究文明史。但时间不长，国内发生了宋教仁遇刺案，蔡元培就又听从国内同志的召唤，毅然离德回国，投入到了“二次革命”之中。

宋教仁一直就是同盟会的重要领导人物。同盟会派内阁成员与唐绍仪一同辞职之后，孙中山、黄兴两人主张革命派暂时将国事全部交给袁世凯，看他到底能治理怎样，如能治理得好，革命派乐见其成，恰好可以“功成身退”；若袁世凯实在不像样，再起来与他斗争也能理直气壮。但宋教仁不这么看，他一直主张建立责任内阁，以达“巩固共和，实行平民政治”之理想。责任内阁制的核心在于议会政治，而议会政治的重心在于政党制衡，因此宋教仁就将组织政党视为民主共和的头等大事。同盟会原来属于秘密会党，带有一定的草莽气息，宋教仁改组同盟会为国民党，使其成为堂堂正正的议会型政党。

1912 年 8 月 25 日，国民党在北京召开会议，随后孙中山被推为国民党理事长，但孙中山坚决辞去国民党理事长一职，委托宋教仁代理。由此，宋教仁成了国民党的实际党魁。宋教仁主张政党内阁，矛头直指袁世凯。对此，袁世凯也是洞若观火，他先是收买宋教仁，许愿让宋教仁当总理，但遭到了宋教仁的拒绝。宋教仁并非不想当国务总理，他是想通过堂堂正正的竞争选举，组成政党内阁之后名正言顺而得，而非由袁世凯封官许愿而得。随后，袁世凯又以物质利益诱惑宋教仁，也失败了。

1913 年初，国会选举，国民党获胜。这意味着国民党将以多数党的地位组织责任内阁，而宋教仁出任内阁总理亦成顺理成章之事。宋教仁不受拉拢收买，非要以责任内阁总理的身份来与袁世凯争权，遂就成为袁世凯的心头大患。于是，袁世凯密令国务总理赵秉钧策划暗杀宋教仁，除掉心腹大患。结果，1913 年 3 月 20 日，宋教仁在上海火车站遭刺客暗杀，随后逝世。

宋教仁被暗杀之后，舆论哗然。得到消息后，孙中山于 3 月 25 日迅速从日本回国，决定兴兵讨袁，发动“二次革命”。4 月 30 日，远在德国的蔡元培收到了汪精卫发自柏林的快信，告知“本党已宣布与袁决裂……宜速归”。于是，蔡元培结束在德国莱比锡大学的研究、学习工作，于 5 月 18 日与汪精卫一起从德国柏林启程回国，6 月 2 日，他们赶回上海，加入到“二次革命”之中。

当时，就如何解决宋教仁遇刺一事，国民党内部也有不同主张。一派以孙中山为代表，他认为，刺杀宋教仁充分暴露了袁世凯的反动面目，是可忍，孰不可忍，主张武力讨袁；另一派以黄兴为代表，主张用法律手段解决此事，不到万不得已之时不要轻易动武。动武一来过于极端，二来在军事上并无必胜把握。蔡元培是倾向于黄兴一派的，他在 6 月 8 日出席国民党上海交通部茶话会时发表演说，称“吾党只须以坚忍之决心，持稳健之步调，誓死缔造真正共和，则多数国民，必表同情，吾党则有战胜之一日者。吾同志诸公，处此危疑艰险之日，惟有运静细之心思，蓄坚实之力量，采取舆情，以维持大局，则民国幸甚”[28]。但是，孙中山坚持武力讨袁。当“二次革命”真正爆发之后，蔡元培也随之坚定地占到了孙中山一边。7 月 19 日，蔡元培与唐绍仪、汪精卫联名致电袁世凯，敦促其下台，其中称：“为公仆者，受国民反对，例当引避，而以是非付诸后日。流天下之血，以争公仆，历史所无。”[29] 在接下来的十多天里，蔡元培奋笔疾书，在《民立报》、《公论晚报》上发表十篇文章，对袁世凯口诛笔伐，以舆论配合国民党人的“二次革命”。

由于军力不济，国民党人讨伐袁世凯的“二次革命”发动不久即呈败势。1913 年 9 月 1 日，袁世凯所属张勋、雷震春部攻占了南京，“二次革命”失败。在袁军攻占南京四天后，蔡元培再次踏上游学外国之路。出国游学之前，蔡元培与吴稚晖、汪精卫等人讨论救国道路，一致认为还是要从教育青年入手，蔡元培说：“国事决非青年手足之力所能助，正不若力学之足以转移风气也。……唯一之救国方法，只当致意青年有志力者，从事于最高深之学问，历二三十年，沉浸于一学专门名家之学者，出其一言一动，皆足以起社会之尊信，而后学风始以丕变。即使不幸而国家遭瓜分之祸，苟此一种族，尚有学界之闻人，异族虐待之条件，必因有执持公理之名人为之删减。”[30] 在国事维艰之际，蔡元培对学术文教的重要性尚有如此坚定的自信，实在难能可贵。

第四节　游学法国

“二次革命”失败后，蔡元培于 1913 年 9 月 5 日携家眷（夫人黄仲玉，儿子蔡无忌、蔡柏龄，女儿蔡威廉）一同赴法国游学，他们乘坐日本邮轮，于 10 月 14 日抵达法国马赛。此后三年，蔡元培一家一直生活在法国。直到 1916 年 10 月蔡元培受邀归国出任北大校长，他们一家旅居法国的生活才宣告结束。

与以前留学德国莱比锡大学不同，蔡元培此次游学法国并没有在某所大学学习，而是致力于推动留法教育和撰述工作。在自述中，蔡元培说："1913 年秋，孑民复偕眷属赴法国，住巴黎近郊一年。欧战开始，遂迁居法国西南境，于习法语外，编书，且助李石曾、汪精卫诸君办理留法俭学会，组织华法教育会，不能如留德时之专一矣。"[31]

蔡元培所提编书一事，乃出国前与商务印书馆约定，蔡元培在国外期间，半日编写专书，书稿交商务印书馆出版，商务印书馆则付给蔡元培较高稿酬。因此，在法国旅居这三年，编写著作成了蔡元培谋生的一种重要手段，他在此期间写出了《哲学大纲》、《石头记索隐》、《拉斐尔》、《康德美学述》、《欧洲美术小史》等诸多著述。

著述之外，蔡元培还与李石曾、吴稚晖、汪精卫等人一起致力于留法教育的推广工作。1912 年春，李石曾、张静江、吴稚晖、汪精卫等人就在国内成立了留法俭学会，倡导中国青年去法国勤工俭学。当时，蔡元培还在担任中华民国教育总长，他对留法俭学会给予了很大的支持，拨借北京定安门内方家胡同顺天学堂旧址给留法俭学会。因这段源渊，到了法国之后，蔡元培自然而然就加入到留法俭学会的组织工作之中。

当时，在距巴黎不远的蒙塔尔城，聚集了一百多名中国留法学生。他们正是通过李石曾、吴稚晖等人所创办的留法俭学会来到法国留学的。蔡元培、李石曾、汪精卫等人每周都为这些留法学生做有关中西方学术问题的演讲。

在教学的过程中，他们酝酿创办一份面向旅欧华人的杂志，初名《民德报》，后更名为《学风》。蔡元培为这份杂志撰写了发刊词，在创刊词中，蔡元培指出，凭特有的诸多条件，中国本应为人类文明作出更大的贡献，但令人遗憾的是，人类近代的许多重大文明成果均为欧洲人所开创。中国人欲改变这种窘态，必须像日本人那样，承认欧洲学术的价值，努力学习欧洲文化，"吾人而无志于欧洲之学术则已；苟有其志，舍游学以外，别无他道也"[32]。

1914 年 8 月，第一次世界大战爆发。因经费紧缺，《学风》杂志不得不停刊。与此同时，不少中国在法留学生的生活也受到了战争的严重影响。如，战争爆发后，法国不少学校关闭了；另外，受战争影响，国内的汇款也难以抵达法国。于是，这批留法学生中有人提议赶快回国。了解到这一情况后，蔡元培与李石曾组织了旅法学界西南维持会，团结法国西南部的中国留学生，并与中国驻法公使胡惟德取得了联系。经协商，由维持会出面，向中国驻法使馆借款，接济未收到国内汇款的留法学生，战后归还。这一举措解决了不少留法学生的实际困难。

蔡元培同时劝说留法同学不要轻易归国，他说："夫多闻多见，次于上智；观赜观动，乃知天下。此次战局，为百年来所未有，不特影响所及，人权之消长，学说之抑扬，于世界文明中必留一莫大之纪念，而且社会之组织，民族之心理其缘此战祸而呈种种之变态者，皆足以新吾人蹈常习故之耳目，而资其研究。故使吾人稍稍蓄好奇之心，有济胜之具，虽在闾里，犹将挟策裹粮，为泰西之游，而乃不先不后，会逢其适者，反谋引避，是何故耶?"[33] 随后，蔡元培又与李石曾一起组织了旅法同学互助社，提倡同学之间互相帮助。1915 年 6 月，蔡元培又与李石曾一起在巴黎正式成立了勤工俭学会，倡导"勤于工作而俭以求学"。

提到留法学生的"勤工俭学"，就不得不提这一活动的创始人李石曾。李石曾于 1909 年在巴黎西郊创办了一家中国豆腐公司，从河北高阳招聘了一批工人到法国去做豆腐。为了让这批中国工人适应法国的生活，李石曾实行了工余办学的方式，效果极佳。既然工厂的工人可以"半工半学"，那么留学生也可以"半学半工"。受此启发，李石曾发起了"勤工俭学"运动，并于 1912 年成立了留法俭学会。为鼓励"勤工俭学"，李石曾在 1915 年编印了《勤工俭学传》的小册子，以富兰克林、卢梭等人半工半读的经历做例子，推广"勤工俭学"理念。蔡元培介入留法俭学会之后，以教育家的眼光充分肯定了"勤工俭学"的做法，并大力提倡，于是，法国留学生的"勤工俭学"活动愈发蓬勃。

到了 1919 年"五四"运动之后，赴法国"勤工俭学"运动达到高潮，当时，中国留法学生有 1600 多人，这些人中就有周恩来、陈毅、赵世炎、蔡和森、邓小平等后来的中国共产党领导人。正是在这些人的努力下，"勤工俭学"的性质发生了很大的变化，大批留法青年接受了马克思主义，并在法国成立了党小组。当然，这些都是后话了。

到了 1916 年 6 月，经种种努力，中法两国致力于推动中法教育的人士在巴黎成立了华法教育会，法国人欧乐任法方会长，中方会长则由蔡元培担任。华法教育会的宗旨是“发展中法两国之友谊，尤重以法国科学与精神之教育，图中国道德、智识、经济之发展”[34]。华法教育会日后除了组织中国学生到法国留学外，还在中法文化交流等方面做了许多开拓性工作，比如招收华工赴法。

当时，法国因参加第一次世界大战，许多工人被动员参军上了前线，工厂劳动力出现了短缺现象。法国政府与中方交涉，议定在北京设一招工局，招收华工赴法工作。这件事本来由梁士诒在天津创办的惠民公司来负责。待华法教育会成立之后，法国工部局就将此事委托给了华法教育会，蔡元培就成了此事的负责人。蔡元培是个教育家，他主持招收华工赴法，不是为了招工而招工，而是将它作为勤工俭学的一个部分，为华工学习西方先进科学文化和技术创造机会。因此，在与法国招工局签订的招募华工合同中，蔡元培不仅要求华工待遇与当地法国人相当，而且还提出，法国厂家必须对华工进行教育，在工余组织补习班，帮助华工学习法语及相关法国文化。

为达到“以工兼学”的目的，华法教育会还在巴黎开办了华工学校，以半年为期，学习法语、中文、算学、理化、工艺、卫生、修身等课程。蔡元培亲自给华工授课，并编写德育、智育讲义四十篇。其中，德育三十篇极有特色，契合受多种价值观冲击的现代人的修身需要。在这三十篇德育讲义中，蔡元培重点辨析一些疑似品格，如文明与奢侈、理信（理性）与迷信、循理与畏威、坚韧与顽固、自由与放纵、镇定与冷漠、热心与野心、尖锐与浮躁、果敢与鲁莽、精细与多疑、尚洁与洁癖、互助与依赖、爱情与淫欲、方正与拘泥、谨慎与畏葸、有恒与保守等等。

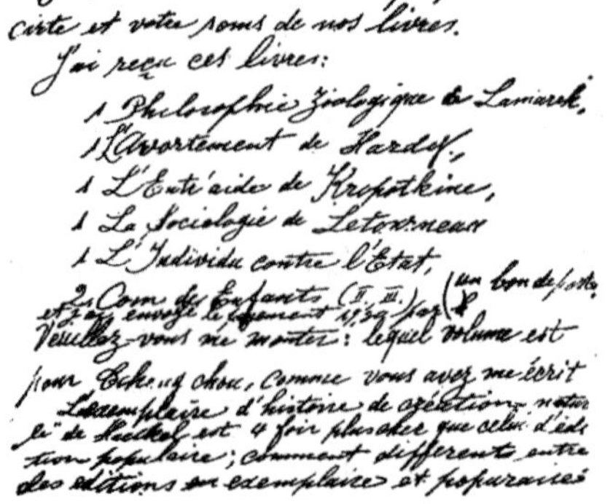
Cher monsieur [illegible]!
Je vous remercie beaucoup pour votre carte et votre soins de nos livres.
J'ai reçu ces livres:
1 Philosophie Zoologique de Lamarck,
1 L'Avortement de Hardy,
1 L'Entr'aide de Kropotkine,
1 La Sociologie de Letourneau
1 L'Individu contre l'État,
2 [illegible] des Enfants (II, III.) [illegible]
[illegible]
Veuillez-vous me montrer: lequel volume est pour [illegible], comme vous avez me écrit
[illegible] d'histoire de création naturelle de [illegible] est 4 fois plus chère que celui d'édition populaire; comment différents entre des éditions [illegible] et populaires

蔡元培法文手迹

推动中法教育活动的同时，蔡元培还与吴稚晖等人一起在法国创办了世界社，出版书籍和报刊，介绍和传播西方学术文化。蔡元培撰文，介绍世界社成立的初衷，“读人类进化史，而察其归依鹄的之趋势，殆不外乎欲合人类全体为一团，而相与致力于世界之文化……乃回顾亚东一隅，有四万万人之中华，其中不识字者，居其大多数。少数识字者之中，仅能为应用之笔札，而不足以语于学问者，又居其大多数。少数学者之中，拘牵于古代烦琐之哲学，摹拟之文词，而不敢染指于新世界之学术者，又居其中大多数。少数之致力于新学术者，求其蜕旧孳新，能与世界学术家比肩而为将来文化之导师，则又大率谦让而未遑也。……同人就学异国，感触较多，欲从各方面为促进教育之准备，爰有世界社之组织。”[35] 从这段文字中，我们可以感觉到，蔡元培先生在目睹中西方在社会生活、学术文化上的巨大差距之后，痛感中国文化落后之现状并急欲改变的强烈愿望。正是在这种思想的指导下，蔡元培先生对海外留学生组织的旨在传播西方学术和文化的团体亦给予了极大的支持。这方面最典型的例子就是他给予任鸿隽、胡适等人创办的《科学》杂志的热切鼓励。

《科学》杂志的创办过程是这样的：1914 年 6 月 10 日，在美国哈佛和康奈尔两所大学读书的中国留学生在纽约州的绮色佳小城聚会。聚会期间，任鸿隽、赵元任、杨杏佛、胡适、周仁、秉志、章元善等人倡导成立了中国科学社，意在倡导科学，以推动中国现代化进程。到了 1915 年 1 月，中国科学社创办了《科学》杂志。同在海外，他们就把这份杂志转赠给了蔡元培。蔡元培读后，立即复信任鸿隽，热情鼓励，信中说：“欲救吾族之沦胥，必以倡导科学为关键，弟等绝对赞同。……今得诸君子脱离宗教之《科学》杂志以树之的，庶有以输科学之直铨，而屏宗教之阑入，此尤弟等所助为张目者也。弟等在此，常以促进教育、改良社会之责任互相策勉。去年，曾有发行《学风》杂志之议，其内容即以科学、美术为中坚。第一期属草甫竣，而欧战发端，迄今尚未付印。出版以后，当与贵处之杂志互相应求也。”[36] 自此，蔡元培与中国科学社的诸位学者结下了良好的关系，双方均提倡将科学引入中国，这为日后五四新文化运动中所提出的“民主与科学”的启蒙主张确立了部分基调，亦为后来蔡元培主持国民政府中央研究院时与上述各位学者的合作埋下了伏笔。1915 年，蔡元培在教育界和学术界早已大名鼎鼎了，而任鸿隽、胡适等人当时还只是二十岁左右的留学生，双方的地位相差悬殊，但蔡元培一点都没有轻视这批年轻人，复信中不仅态度恳切，还一再自称为“弟”。可以想见，任鸿隽、胡适等人收到这样的复信，心中会感到多么温暖！

难能可贵的是，在主张大力学习西方文化的同时，蔡元培也提出了要善于“消化”的问题。1916 年 8 月，蔡元培在《旅欧杂志》上撰文《文明之消化》，提出一个民族要发展自己的文化，必须吸收其他民族的文化，拒绝学习，只能作茧自缚。同时，在吸收外来文化时还必须善于消化，若不善于消化，就会造成囫囵吞枣、消化不良之弊。蔡元培指出：“欧洲文明，以学术为中坚……而附属品之不可消化者，亦随而多歧。政潮之排荡、金力之劫持、宗教之拘忌，率皆为思想自由之障碍。……审慎于吸收之始勿为消化时代之障碍，此吾侪所当注意者也。”在大力倡导学习西方文化的过程中，蔡元培在那个时代就注意到了欧洲文明的一些弊端，并提醒国人要注意“消化”问题，这实在是一种远见。至于如何解决这一问题，蔡元培的建议是：“当吸收之始，即参以消化之作用，俾得减吸收时代之阻力，此亦吾人不可不注意者也。”[37]

在法国游学这段时间，蔡元培精心考察欧洲文明，对中西方文化的各自优劣有了切实的感触，这使他对中国政局的看法也较普通国人深刻得多。1916 年 6 月，复辟称帝的袁世凯暴病身亡，副总统黎元洪继任总统。此事发生后，不少国人欣喜若狂，以为帝制自此彻底终结，中国的政治问题亦随之全盘解决了。可蔡元培不这么看。他认为袁世凯复辟不仅仅是袁一个人的罪恶，袁世凯其实是中国官僚、学究、方士等各方腐败势力的代言人。袁世凯的畏强抑弱、假公济私、口蜜腹剑、穷奢极欲，代表官僚阶层的黑暗；袁世凯行冕旒之饰、跪拜之仪，祭天祀孔，这些代表着学究们的顽固；袁世凯的武庙宣誓、信从相士、以神方治病，代表着中国方士的迂怪。在袁世凯专制劣迹的背后，存在着根深蒂固的政治、文化和社会心理等诸多恶性基础，这些才是造就袁世凯这个历史丑角的温床。回顾民国创建到袁世凯称帝这段历史，蔡元培不无感慨地写道：“中华民国约法，有责任内阁之制，而当时普通心理，乃不以为然。言统一，言集权，言强有力政府。于是为野心家所利用，而演出总统制，又由总统制而演出帝制。此亦崇拜总统、依赖总统之心理有以养成之。”[38] 现在，袁世凯虽死，但培育袁世凯的社会土壤并未随之俱去。因此，认为袁世凯一死中国即可辞旧迎新的观点是不切实际的。振兴中国的根本出路，在于“由日新又新之思想，普及于人，而非恃一手一足之烈”[39]。正是基于这种认识，蔡元培在给友人蒋维乔的信中明确表示，将来回国，“必不投身政治之漩涡，而专在社会间效力”[40]。可见，蔡元培正是在旅法的三年间，借由深入审视中西文化，厘定了自己未来的人生路径，最终决定舍弃政治而投身文化教育事业。

果不出蔡元培所料，袁世凯死后，中国又陷入了北洋军阀的黑暗统治之中，政局依旧混乱。但是，蔡元培归国投身教育事业的机缘却成熟了。袁世凯死后，蔡元培的好友范源濂出任教育总长，他表示，要切实改变中国的教育现状，实行民国元年所制定的教育方针。于是，马叙伦、陈介石等人提议迎请蔡元培担任北京大学校长。范源濂遂电邀蔡元培归国，电文称：“国事渐平，教育宜急。现以首都最高学府，尤赖大贤主宰，师表群伦。海内人士，咸深景仰。用特专电敦请我公担任北京大学校长一席，务祈鉴允，早日归国，以慰瞻望。”[41]

虽然蔡元培对中国政局并不看好，但他“教育救国”的愿望更为迫切。于是，他再次听从好友的召唤，于 1916 年 10 月 2 日携家眷离开法国，在 11 月 8 日回到上海。他即将出任北京大学校长，他本人的历史功勋将由此再次提升，而北京大学乃至中国现代教育的面貌，亦因他的这个毅然决然的选择而彻底改变。此刻，一位伟大的教育家和一个全新的北大一同呼之欲出。两者的名字日后紧密联系在一起，为后人持续地深情地追忆与怀想，那不仅是中国教育史上的一段传奇，亦是兵荒马乱的民国岁月中一幅动人心魄的文化照片——它定格在后人的心中，且永不褪色。

/ 注释 /

[1] 高平叔编:《蔡元培全集》第三卷，中华书局 1984 年版，第 327 页。

[2] 蔡元培:《蔡元培自述》，北方文艺出版社 2012 年版，第 76 页。

[3] 高平叔编:《蔡元培全集》第二卷，中华书局 1984 年版，第 122 页。

[4] 高平叔编:《蔡元培全集》第七卷，中华书局 1984 年版，第 307 页。

[5] 高平叔编:《蔡元培全集》第七卷，中华书局 1984 年版，第 307 页。

[6] 高平叔编:《蔡元培全集》第二卷，中华书局 1984 年版，第 144 页。

[7] 高平叔编:《蔡元培全集》第二卷，中华书局 1984 年版，第 145 页。

[8] 高平叔编:《蔡元培全集》第二卷，中华书局 1984 年版，第 147~148 页。

[9] 高平叔编:《蔡元培全集》第二卷，中华书局 1984 年版，第 150 页。

[10] 蔡元培:《蔡元培自述》，北方文艺出版社 2012 年版，第 90 页。

[11] 蔡元培:《蔡元培自述》，北方文艺出版社 2012 年版，第 91 页。

[12] 高平叔编:《蔡元培全集》第二卷，中华书局 1984 年版，第 258 页。

[13] 高平叔编:《蔡元培全集》第二卷，中华书局 1984 年版，第 149 页。

[14] 高平叔编:《蔡元培全集》第二卷，中华书局 1984 年版，第 156 页。

[15] 陈平原、郑勇编:《追忆蔡元培》，生活·读书·新知三联书店 2009 年版，第 46 页。

[16] 祭元培:《蔡元培自述》，北方文艺出版社 2012 年版，第 88 页。

[17] 崔志海:《蔡元培评传》，红旗出版社 2009 年版，第 71 页。

[18] 崔志海:《蔡元培评传》，红旗出版社 2009 年版，第 72 页。

[19] 高平叔撰著:《蔡元培年谱长编》上册，人民教育出版社 1996 年版。

[20] 高平叔编:《蔡元培全集》第七卷，中华书局 1984 年版，第 197 页。

[21] 高平叔编:《蔡元培全集》第二卷，中华书局 1984 年版，第 134 页。

[22] 高平叔编:《蔡元培全集》第二卷，中华书局 1984 年版，第 135 页。

[23] 陶英惠编:《蔡元培年谱》上册，台湾“中央”研究院近代史研究所 1976年版，第 243 页。

[24] 高平叔编:《蔡元培全集》第三卷，中华书局 1984 年版，第 125 页。

[25] 高平叔编:《蔡元培全集》第三卷，中华书局 1984 年版，第 126 页。

[26]《民立报》1912 年 7 月 23 日。

[27] 高平叔编:《蔡元培全集》第二卷，中华书局 1984 年版，第 276~277 页。

[28] 高平叔编:《蔡元培全集》第二卷，中华书局 1984 年版，第 296 页

[29] 高平叔编:《蔡元培全集》第二卷，中华书局 1984 年版，第 308 页。

[30] 高平叔撰著:《蔡元培年谱长编》上册，人民教育出版社 1996 年版，第 528 页。

[31] 蔡元培:《蔡元培自述》，北方文艺出版社 2012 年版，第 96 页。

[32] 高平叔编:《蔡元培全集》第二卷，中华书局 1984 年版，第 339 页。

[33] 高平叔编:《蔡元培全集》第二卷，中华书局 1984 年版，第 341 页。

[34] 张允侯编:《留法勤工俭学运动》(一)，上海人民教育出版社 1980 年版，第 76 页。

[35] 高平叔编:《蔡元培全集》第二卷，中华书局 1984 年版，第 400 页。

[36] 高平叔编:《蔡元培全集》第二卷，中华书局 1984 年版，第 393 页。

[37] 高平叔编:《蔡元培全集》第二卷，中华书局 1984 年版，第 468 页。

[38] 高平叔编:《蔡元培全集》第二卷，中华书局 1984 年版，第 469 页。

[39] 高平叔编:《蔡元培全集》第二卷，中华书局 1984 年版，第 470 页。

[40] 高平叔编:《蔡元培全集》第二卷，中华书局 1984 年版，第 395 页。

[41] 高平叔编:《蔡元培年谱》，中华书局 1980 年版，第 35 页。

第五章 改造北大

第一节 群贤毕至

1917 年 1 月 4 日早上，北京大学的校工们在大学门口恭恭敬敬地等候着，他们是在迎接新上任的校长蔡元培的。不一会儿，他们就看见新校长。他是一位面容清瘦、身材中等的人，他从马车上下来，带上礼帽，不急不慢地向北京大学校门走去。早有人告知，这位就是曾当过清朝翰林的蔡元培先生。于是，在新校长走进校门之时，校工们恭恭敬敬地向校长鞠了一躬。校工们万万没有料到的

1917 年时的北京大学校门

是，身为校长的蔡元培一改其他校长不予理睬的做法，脱下头上的礼帽，也郑重其事地向校工们鞠躬回礼。

校工们受宠若惊。以前他们也依例向新上任的好几位北京大学校长鞠躬迎接，但那几位对此均置之不理。没想到，有着清朝翰林头衔的这位蔡先生反倒如此谦逊、平和，即便对校工，也平等相待。校工们对这位新校长的印象立马好了起来。北大的历史也就此掀开了新的一页。

今天的北京大学当然是一所众人皆知的名校，但在当时，北大非但不是一所名校，甚至还声名狼藉。北京大学的前身是1898年成立的京师大学堂——这是康梁维新变法的一项成果。京师大学堂成立之时，蔡元培正在清廷的翰林院任职。辛亥革命之后，蔡元培任教育总长，京师大学堂改名为北京大学，蔡元培推荐严复为北京大学校长。

严复是中国近代著名的启蒙思想家，翻译过赫胥黎的《天演论》、亚当·斯密的《国富论》等西方思想学论著。严复在北大校长的位置上仅待了八个月就离开了，此后，章士钊、胡仁源等人又担任过北大校长一职。这些人也有办好大学的良好愿望，也为之积极奔走，筹款、建校舍、扩大规模等等，然而，关于大学发展的一些根本性问题，比如大学的指导思想是什么、怎样才能把北京大学办成名校等，他们缺乏清醒认识和通盘考虑。所以，虽几经努力，北京大学仍像个衙门。教师多是一些不学无术之徒，学生也不是为求学问而来，而是将北大视为将来升官发财的跳板。校工称学生为“老爷”、“少爷”，学生视校工为“听差”。学生有事与校长接洽，要写呈文；学生之间则盛行结拜兄弟，以便日后大家“有福同享”；课余时间，学生们打麻将、吃花酒、捧名角、逛妓院。民国初年，社会风气败坏，“两院一堂”的人经常出入北京的“八大胡同”（妓院集中地），“两院”指参议院和众议院，一堂指的就是京师大学堂（即北京大学）。因北京大学当年名声很坏，所以不少朋友劝蔡元培不要就任北大校长一职，免得毁了自己的清誉。

不过，孙中山却主张不妨一试。他认为像蔡元培这样的老同志应当去那历代帝王和官僚气氛笼罩下的北京，主持全国性教育，传播先进思想。即便失败了，也算尽了力，不再遗憾。孙中山的看法很合蔡元培的心意，蔡元培一生做事，不避艰辛，知难而进，反倒是在身居高位之际，常常弃

任命狀
任命蔡元培為北京大學校長此狀
黎元洪
中華民國
范源濂

北京大学委任状

职退隐。这样的“进退观”与常人迥异，也正因如此，他才成了伟大的教育家。

蔡元培后来在《出任北大学校长》一文中说：“民国五年冬，我在法国，接教育部电，促回国，任北大校长。我回来，初到上海，友人中劝不必就职的颇多，说北大太腐败了，进去了，若不能整顿，反于自己的声名有碍。这当然是爱我的意思。但也有少数的说，既然知道它腐败，更应该进去整顿，就是失败，也算尽了心。这也是爱人以德的说法。我到底服从后说，进北京。”[1] 蔡元培在给汪精卫的信中也披露心迹：“在弟观察，吾人苟切实从教育入手，未尝不可使吾国转危为安。而在国外所经营之教育，又似不及在国内之切实。弟之所以迟迟不进京，欲不任大学校长，而卒于任者者，亦以此。”[2] 由此可见，蔡元培在就职北大校长之前是有过犹豫的，但他最终还是抱着“我不下地狱，谁下地狱”的心态知难而上，其目的就是要改造北大，为中国教育开拓出一条新路。

蔡元培一到北京，即有“小道消息”称他将出任北大校长，上海《中华新报》称：“蔡孑民先生于22日抵北京，大风雪中，来此学界泰斗，如晦雾之时，忽睹一颗明星也。”[3] 由此可见，民间对蔡元培出任北大校长还是满怀期待的。1916年12月26日，大总统黎元洪签署委任状，任命蔡元培为北京大学校长。消息传出，更是引来一片好评。天津《大公报》12月28日发表评论文章《为大学前途祝》，称：“蔡元培之大学校长，酝酿许久，始见任命……蔡君留法有年，学贯中西，今既得膺斯职，定能为教育界放一异彩。”12月29日，上海《时报》发表评论文章《欢迎蔡元培》，称：“政府昨已正式任命蔡元培氏为国立大学校长矣，此诚教育前途之一线曙光。夫国立大学，所以绾全国文明之枢纽，树全国学风之模范，其关系至巨。今蔡氏秉绩学之奇姿，以刚毅之精神而任此，我知其必大有造于教育界也。”[4]

1917 年 1 月 4 日，蔡元培正式就任北大校长之职，1 月 9 日，北京大学举行开学典礼，蔡元培发表就职演说。针对当时北大存在的不良风气，他着重提出“抱定宗旨”、“砥砺德行”、“敬爱师友”三项要求，并阐明大学的性质：“大学者，研究高深学问者也”。指出“大学生当以研究学术为天职，不当以大学为升官发财之阶梯”，突出强调学生要“抱定宗旨，为求学而来”。蔡元培还告诫学生，大学生为社会中坚，责任重大，务必要洁身自爱，力矫颓俗，对教师要尊重有加，对同学要互相友爱，共同切磋。[5] 随后，蔡元培围绕着这三项目标，对北大展开了大刀阔斧的改革。

面对被搞得乌烟瘴气的北京大学，蔡元培首先从两个方面着手进行改革：一是延聘积学与热心的教员，引起学生研究学问的兴趣；二是改革学校的领导管理体制、教学内容和教学方法，注入民主与科学的精神。

蔡元培深知，要办好一所大学，必须要有一大批有真才实学而又热心教育的老师。他认为“学课之凌杂”和“风纪之败坏”是北大的两大弊端。“救第一弊，在延聘纯粹之学问家，一面教授，一面与学生共同研究，以改造大学为纯粹研究学问之机关。救第二弊，在延聘学生模范人物，以整饬学风。”[6] 为此，他人尚未走进北大校门，就开始延聘名师、罗致英才。蔡元培在自述中说：“我到京后，先访医专校长汤尔和君，问北大情形。他说：‘文科预科的情形，可问沈尹默君；理工科的情形，可问夏浮筠君。’汤君又说：‘文科学长如未定，可请陈仲甫君。陈君现改名独秀，主编《新青年》杂志，确可为青年的指导者。’因取《新青年》十余本示我。我对于陈君，本来有一种不忘的印象，就是我与刘申叔君同在《警钟日报》服务时，刘君语我：‘有一种在芜湖发行之白话报，发起的若干人，都因困苦及危险而散去了，陈仲甫一个人又支持了好几个月。’现在听汤君的话，又翻阅了《新青年》，决意聘他。”[7]

于是，1916 年 12 月 26 日，就在教育部正式下文任命蔡元培为北大校长的那一天，蔡元培即来到北京前门外大街的一家旅馆造访陈独秀。当时，陈独秀因创办《新青年》、宣传民主科学思想而声名愈来愈大，同时，争议也很大。第一次造访陈独秀，陈独秀以要办《新青年》为由辞了蔡元培的邀请。但是，蔡元培不甘心，此后，他效仿刘备三顾茅庐，多次去旅馆找陈独秀交流。有时蔡元培去得早，陈独秀尚未起床，蔡元培就坐着在门口等候陈独秀醒来。

为蔡元培的真诚所打动，陈独秀终于同意到北大担任文科学长。但陈独秀没有拿得出手的学历，蔡元培不惜造假，为陈独秀编了一个学历，称其毕业于日本东京大学云云，材料上报教育部之后，教育部于1917年1月13日批准陈独秀担任北大文科学长（相当于文学院院长）。

陈独秀（1879 — 1942年），字仲甫，安徽怀宁人，早年曾与革命党人吴樾从事过暗杀活动，后留学日本。1915年9月，他在上海创办《青年》杂志（后改名《新青年》），自任主编。陈独秀到北京大学担任文科学长之后，《新青年》杂志社也随即迁到北京，社址就在北池子箭杆胡同9号（陈独秀自己的住所）。

《新青年》杂志社搬到北京后，胡适、钱玄同、李大钊、刘半农、沈尹默、高一涵等先后加入编辑部，他们与陈独秀轮流主编杂志，每人负责一期。《新青年》提倡民主与科学，反对旧道德，提倡新道德，反对旧文学，提倡新文学。在俄国十月革命之后，《新青年》还把马克思主义介绍到了中国，在当时的思想界产生了重大影响。

蔡元培请陈独秀任北大文科学长，不仅打开了北大文科被守旧的桐城派把持的局面，而且还借《新青年》杂志团结了一大批具有新思想的学者，北大由此成了新文化运动的策源地。

但是，陈独秀能量大，气势大，争议也多。其倡言新文学、新思想，招致守旧派的攻击，其私生活不检点，亦授人以口实。于是，不少人以陈独秀私德不佳为由，逼迫蔡元培辞退陈独秀。蔡元培顶住压力，力保陈独秀。正因有了蔡元培的极力保护，陈独秀才能在北大立住脚，且领导了轰轰烈烈的新文化运动。

继陈独秀之后，蔡元培引进北大的另一位重要的新派人物是李大钊。李大钊（1889 — 1927），字守常，河北乐亭人。他1913年毕业于天津北洋法政专科学校，同年留学日本，入早稻田大学政治系。留学日本期间，李大钊接触了马克思主义学说，并参与反对袁世凯称帝的政治活动。1916年，李大钊回国，主编《晨钟报》，后应章士钊之邀，编辑《甲寅》报。他积极参与新文化运动，撰写了一大批反对旧道德、倡导新思想的文章。

1918年初，章士钊请辞北大图书馆主任一职，同时向蔡元培推荐了李大钊，蔡元培同意了。自此，李大钊担任北大图书馆主任一职。任职期间，李大钊对北大图书馆做出了许多开创性的工作。他制定方案，建立健全了图书管理、借阅制度。他还从国内外购进大量图书，其中就包括马克思主义的经典著作。尤其重要的是，俄国十月革命之后，李大钊成了第一个在国内介绍和传播马克思主义的知识分子。

另外，李大钊在北大担任图书馆主任期间，还帮助青年毛泽东在图书馆找了个助理员的工作。毛泽东后来在接受美国记者埃德加·斯诺采访时说："我以前在（湖南）师范学校的伦理学老师杨昌济，这时是国立北京大学的教授。我请他帮助我找工作，他把我介绍给北大图书馆主任，他就是李大钊……他给了我图书馆助理的工作，工资不低，每月8块钱。"[8] 毛泽东当时在北大图书馆的具体工作是每天登记新到的图书、报刊及借阅者姓名，工作本身没多大的"技术含量"，但毛泽东利用北大良好的学习环境，参加了新闻学研究会和哲学研究会等学术团体。新闻学研究会是蔡元培在1918年10月14日发起成立的，主任导师是徐宝璜，兼职导师为著名新闻记者邵飘萍。毛泽东是新闻学会的第一期会员，并坚持听课半年，获得了蔡元培颁发的"听讲半年"证书。毛泽东后来说，新闻学研究会对他影响很大，"特别是邵飘萍，对我帮助很大。他是新闻学会的讲师，是一个自由主义者，一个具有热烈理想和优秀品质的人"[9]。毛泽东还说："我在李大钊手下，在国立北京大学当图书馆助理员的时候，就迅速地朝着马克思主义的方向发展。陈独秀对于我在这方面的兴趣也是很有帮助的。"[10]

胡适是蔡元培引进北大的另一个重要的新派人物。胡适（1891—1962），字适之，安徽绩溪人，1910年考取留美官学生，先在康乃尔大学学农学，后改学哲学，毕业后转入哥伦比亚大学，师从美国著名哲学家杜威。在留美期间，胡适虽身处异邦，但关心国内局势，经常给《新青年》投稿。1917年1月，他在《新青年》上发表《文学改良刍议》一文，提出文学改良的八点主张："一曰，须言之有物。二曰，不模仿古人。三曰，须讲求文法。四曰，不做无病之呻吟。五曰，务去滥调套语。六曰，不用典。七曰，不讲对仗。八曰，不避俗字俗语。"[11] 这篇文章在当时产生了很大的影响，成为新文化运动中的一篇经典。陈独秀很欣赏胡适，向蔡元培推荐胡适，甚至打算将文科学长一职让于胡适。蔡元培让陈独秀继续做文科学长，同时决定聘请胡适做北大文科教授。于是，陈独秀致函胡适，请其到北大任教。胡适早有回国从事教育事业的想法，接到陈独秀的邀请函后，欣然接受。1917 年 7 月，胡适回到上海，9 月 10 日抵达北京，就任北大文科教授。两天后，蔡元培设宴为其接风，这一年，胡适仅有 26 岁。

胡适到北大后，很快成为新文化运动的中坚人物。在大学里，他积极参与北大的各项改革，迅速成为蔡元培改革北大的得力助手。他到北大第一年，蔡元培即委以哲学研究所主任及英文科教授会主任之职。次年，胡适当选北大评议部评议员；1919 年，胡适又出任北大代理教务长。1919 年 2 月，胡适写出《中国哲学史大纲》(上卷)，在商务印书馆出版，蔡元培亲自为其作序推荐。胡适固然是不可多得的文化奇才，但从中亦可看出蔡元培先生对青年学者的提携和重用。正因这一点，胡适一直对蔡元培心存感激。

相较于上述几人，鲁迅算是比较晚到北大授课的文化名流了。其实，蔡元培与鲁迅早就有交往，辛亥革命之后不久，担任教育总长的蔡元培即将鲁迅招至教育部供职，此后，鲁迅长期在教育部任职。蔡元培就任北大校长之后，鲁迅与北大的关系愈发密切。1917 年 8 月，鲁迅应蔡元培之请，为北大设计校徽，他巧妙地将“北大”二字设计成一个圆形图案，既简洁古朴又寓意深刻，直到今天依然为北大所采用。自 1918 年起，鲁迅经钱玄同动员，在《新青年》发表一系列小说，如《狂人日记》、《孔乙己》、《药》等，产生了巨大影响，成为新文化运动的文学主将。

因这段时间鲁迅一直在教育部任职，北大又有规定，兼职者不能在北大任教授，所以鲁迅直到 1920 年 8 月才正式被聘为北大文科讲师，讲授中国小说史。鲁迅后来根据课堂讲义，写成著名的《中国小说史略》一书。鲁迅讲授的中国小说史，原本只是国文系的一门选修课，但鲁迅渊博的学识和生动的讲解吸引了许多旁听者。著名诗人冯至后来回忆说：“我们听他的课，和读他的文章一样，在引人入胜、娓娓动听的语言中蕴蓄着精辟的见解，闪烁着智慧的光芒。”[12]

而最能说明蔡元培慧眼识人、善于延揽人才的，莫过于他请梁漱溟到北大任教一事。梁漱溟当年只有24岁，也没有博士之类的头衔。但是，蔡元培看了他发表在1916年上海《东方杂志》(六、七、八三期）上的《究元决疑论》一文，即认为他的文章“成一家之言”，决定聘请他到北大讲授印度哲学。据梁漱溟自己回忆，当蔡元培和陈独秀二人“以印度哲学讲席相属”时，“我本不敢应承的”。结果，“蔡先生反问：‘你说你教不了印度哲学，那么，你知有谁能教印度哲学呢？’我说，不知道。蔡先生说：‘我们亦没有寻到真能教印度哲学的人。横竖彼此都差不多，还是你来吧！你不是爱好哲学吗？我此番到北大，定要把许多爱好哲学的朋友都聚拢来，共同研究，来学习好了。’他这几句话打动了我，我只有应承下来。”[13] 于是，梁漱溟在1917年冬登上北大讲坛，讲授印度哲学。

实践证明，蔡元培请梁漱溟来北大实在是英明之举。梁漱溟讲的哲学课不仅很受哲学系同学的欢迎，外系乃至社会上的好学者亦赶来旁听，一度出现了旁听者超过注册学生一倍的盛况。因旁听人数太多，学校原本安排的教室容不下，不得不安排更大的教室。对此，梁漱溟回忆：“当1923年前后，我讲儒家思想一课，来听讲的通常总在200人左右。初排定在红楼第一院某教室，却必改在第二院大讲堂才行。学年届满，课程结束，举行考试的试卷亦有90多本，此即注册的正式学生之数了。”[14]

1917年4月，经许寿裳和鲁迅推荐，周作人也被聘到北大，因时逢学期中间，不宜中间插开新课，蔡元培就先安排他在附设于大学的国史编纂处任职，待新学期开始，即聘其为文科教授，讲授《欧洲文学史》。

此外，蔡元培还聘章士钊为文科教授，讲授逻辑学；聘刘师培为文科教授，讲授中国中古文学史；蔡元培还函请老朋友吴稚晖和汪精卫来北大任教，但两人未到。不过，马叙伦、陈垣、陈大齐、萧友梅、沈兼士、徐悲鸿、熊十力、马寅初、陶孟和、王世杰、周鲠生、陈启修、高一涵等众多国内知名专家学者均受聘为北大文科、法科教授，来到了北大。

在理工科方面，蔡元培聘请物理学家夏元瑮担任理科学长，夏元瑮是当时国内第一个介绍爱因斯坦相对论的学者，很有知名度。此外，他还聘请知名学者李四光、丁燮林、颜任光、何杰、翁文灏、王星拱、李书华、丁文江、俞同奎、朱家骅、冯祖荀、秦汾以及外籍专家葛利普等为教授。

任职北大时的蔡元培

一时之间，北大风云际会，群贤毕至。有了这些学术大腕，北大的学术气氛想不活跃都不可能。

“所谓大学者，非有大楼之谓也，有大师之谓也。”能延请到一大批优秀的学者到大学任教，这是蔡元培出任北大校长后所取得的一大成就。蔡元培聘请的这批学者，他们的思想倾向并不一致，有人思想新潮，有人思想守旧，但是他们都学有专长，都对研究学术、教书育人怀抱真诚。正因如此，蔡元培的“兼容并包”才历来为人称道。对此，梁漱溟先生有过很好的评价，他说：“蔡先生一生的成就不在学问，不在事功，而只在开出一种风气，酿成一大潮流，影响到全国，收果于后世。”他还说：“关于蔡先生兼容并包之量，时下论者多能言之，但我愿指出说明的：蔡先生除了他意识到办大学需要如此之外，更要紧的乃在他天性上具有多方面的爱好，极广博的兴趣。意识到此一需要，而后兼容并包，不免是人为的（伪的）；天性上喜欢如此，方是自然的（真的）。有意的兼容并包是可学的，出于性情之自然是不可学的。有意兼容并包，不一定兼容并包的了；唯出于真爱好，而后人家乃乐于为他所包容，而后尽管复杂却维系得住。——这方是真器局，真度量。譬如在蔡先生包容中，当时发生最大作用的人，第一要数陈独秀先生，次则胡适之先生，且不论他们两位学问深浅如何，但都有一种本领，就是能以自己把握的一点意思度与众人。胡先生额脑明爽，凡所发挥，人人易晓。当时的新文化运动自不能不归功于他。然未若陈先生之精辟广悍，每发一论，辟易千人，实在只有他才能掀起思想界的大波澜。两位先生固然同得蔡先生的支持，却是胡先生为人和易平正，原不须蔡先生怎样费力支持；陈先生就不同了，他在校内得罪人不少，在校外引起的反对更多。而且细行不检，予人口实。若非蔡先生出大力气支持，便不得存立得住。若问蔡先生何以能这般出大力气支持他呢？就为蔡先生虽知他有种种短处，而终竟对他的为人抱有真爱好，对他的言论主张具有真的同意和同情。——不是蔡先生，换任何一人都不会支持他，而在蔡先生，若不是真爱他，真同情他，亦不会支持他的。”[15] 梁漱溟先生这段针对蔡元培“兼容并包”思想的论断，非常精准，值得后人注意。很多人都知道办大学要“思想自由，兼容并包”，也有人想学蔡元培先生，但都学不来，原因可能就在于此——“有意的兼容并包是可学的，出于性情之自然是不可学的。有意兼容并包，不一定兼容并包的了；唯出于真爱好，而后人家乃乐于为他所包容”。

作为新派人物，蔡元培聘请陈独秀、胡适、李大钊等人担任北大教授，这是很自然的事。但蔡元培对确有真才实学的旧派人物也不排斥，如曾经拥护袁世凯复辟帝制的刘师培、顽固守旧的黄侃、反对共和的辜鸿铭等，也都破格聘任。因倡导“思想自由，兼容并包”的学风，蔡元培时代的北大很快就出现了前所未有的“百家争鸣”的气象。只要有真才实学，各派专家学者都可在北大登台授课，各显神通。比如哲学方面，留美博士胡适在用他的新潮思想讲授《中国哲学史》，同时，旧学功底深厚的梁漱溟也在讲孔孟之道。两人的课都排在星期六下午，各讲各的观点，让学生自由选择。再比如文字学方面，旧国粹派的黄侃和新白话派的钱玄同，观点针锋相对，大唱对台戏。有一次钱玄同在讲课，对面教室里黄侃也在讲课。黄侃大骂钱玄同的观点如何如何荒谬，不合古训；而钱玄同则毫不在乎这些，你讲你的“之乎者也”，我讲我的“的了吗呢”。

不过，“思想自由，兼容并包”绝不意味着没有原则。蔡元培请刘师培讲六朝文学，但不允许他提倡帝制，请辜鸿铭讲英国文学，但决不允许辜提倡复辟、反对共和。对此，陈独秀曾说：“北京大学教员中，像崔怀庆、辜汤生、刘申叔、黄季刚四位先生，思想虽说是旧一点，但是他们都有专门学问，和那班冒充古文家、剧评家的人不可同日而语。蔡先生对于新旧各派兼收并蓄，很

蔡元培手迹

有主义，很有分寸，是尊重讲学自由，是尊重新旧一切正当学术讨论的自由；并不是毫无分寸，将那些不正当的猥亵小说，捧角剧评和荒唐鬼怪的扶乩剑侠，毫无常识的丹田术数，都包含在内。……他是对于各种学说，无论新旧都有讨论的自由，不妨碍他们个性的发达；至于融合与否，乃听从客观的自然，并不是在主观上强求他们的融合。我想蔡先生的兼收并蓄的主义，大概总是如此。”[16] 当有的学生对聘任留长辫、穿马褂的辜鸿铭和“筹安会”出身的刘师培为北大教授想不通时，蔡元培对他们说：“我希望你们学辜先生的英文和刘先生的国学，并不要你们也去拥护复辟或君主立宪。”可见，蔡元培在实行“兼容并包”方针时是多么有气度，有智慧。

在聘请有才华的教授之外，蔡元培还顶住压力，撤了一批不称职的教员，如英文系教员徐佩铣，道德败坏，人称“探艳团”团长，蔡元培首先就将这个害群之马裁撤了。不仅如此，对于那些托中国驻外使馆介绍来的外籍教员，蔡元培也辞退了很多，蔡元培的这种做法得罪了很多人，他在自述中说：“那时候各科都有几个外国教员是托中国驻外使馆或外国驻华使馆介绍的，学问未必都好，而来校既久，看了中国教员的阑珊，也跟着阑珊起来。我们斟酌了一番，辞退几人，都是按照合同上的条件办的。有一法国教员要控告我；有一英国教习竟要求英国驻华公使朱尔典来同我谈判，我不答应。朱尔典出去以后，说：‘蔡元培是不要再做校长的了。’我也一笑置之。”[17]

经蔡元培的一番整顿，北京大学的教师队伍发生了重大变化，不仅全国许多著名的专家学者被招至北大，而且教师队伍也迅速实现了年轻化。据 1918 年初统计，北大共有教员 217 人，其中教授 90 人，教授的平均年龄还不到 40 岁。最年轻的教授徐宝璜，只有 25 岁。胡适、刘半农也只有二十七八岁。身为文科学长的陈独秀还不到 40 岁。有了这样一支年轻而富于活力的教师队伍，北大过去的陈腐之气一扫而光。

第二节　教育改革

蔡元培重视教育，尤其重视大学教育。他曾说：“没有大学教育，中学师资哪里来？没有好中学，小学师资哪里来？”[18] 辛亥革命之后，蔡元培出任教育总长，他于1912年亲自制定《大学令》，其中规定：大学以教授高深学术，养成硕学闳才以应国家之需为宗旨；大学分为文、理、法、商、医、农、工七科，以文、理、工三科为主；大学设校长一人，总辖大学全部事务。各科设学长一人，主持一科事务；大学设评议会，以各科学长及各科教授互选若干人为会员，校长自为议长；大学各科设教授会，以教授为会员，学长自为议长。这份《大学令》明确规定了大学的性质、结构和管理体制，奠定了中国近现代大学的基本框架，这其中也透露出了蔡元培大学教育思想的若干特点。当上北大校长之后，蔡元培自然而然地将他的这些大学教育思路贯彻下去。而蔡元培改革北大的逐项措施，亦可看做是他教育思想的具体落实。概括地讲，蔡元培改革北大包括以下几个方面的内容。

其一，破除学生读书做官的旧观念，贯彻“大学学生当以研究学术为天职”的思想。蔡元培在自述中说，他当年在京师大学堂译学馆的时候就知道北大的学生对学术并无兴趣。“他们平日对于学问上并没有什么兴会，只要年限满后，可以得到一张毕业文凭。教员是自己不用功的，把第一次的讲义，照样印出来，按期分散给学生，在讲坛上读一遍，学生们觉得没有趣味，或瞌睡，或看看杂书，下课时把讲义带回去，堆在书架上。等到学期、学年或毕业的考试，教员认真的，学生就拼命地连夜阅读讲义，只要把考试对付过去，就永远不再去翻一翻了。要是教员通融一点，学生就先期要求教员告知他要出的题目，至少要求表示一个出题目的范围；教员为避免学生的怀恨与顾全自身的体面起见，往往把题目或范围告知他们了。于是他们不用功的习惯，得了一种保障了。尤其北京大学的学生，是从京师大学堂老爷式学生嬗继下来（初办时所收学生都是京官，所以学生被称为老爷，而监督及教员都被称为中堂或大人）。他们的目的，不但在毕业，而尤注重毕业以后的出路。所以专门研究学术的教员，他们不见得欢迎。要是点名时认真一点，考试时严格一点，他们就借个话头反对他，虽罢课也在所不惜。若是一位在政府有地位的人来兼课，虽时时请假，他们还是欢迎得很，因为毕业后可以有阔老师做靠山。这种科举时代遗留下来的劣根性是于求学上很有妨碍的。”[19] 为了扭转北大的学风，蔡元培上任后的第一次演说，就强调："大学学生，当以研究学术为天职，不当以大学为升官发财之阶梯。"[20]

不仅如此，蔡元培还强调，大学也不是"职业教育机关"。他认为，"学术"可以分为"学"和"术"两个方面，二者虽关系密切，但学习的旨趣是不同的。"学为基础，术为支干"，"学"必借"术"以应用，"术"必以"学"为根基。"文、理，学也。虽亦间有间接之应用，而治此者以研究真理为目的，终身以之。所兼营者，不过教授著述之业，不出学理范围。法、商、医、工，术也。直接应用，治此者虽亦可有永久研究之兴趣，而及一程度，不可不服务于社会；转以服务时之所经验，促其术之进步。与治学者之极深研几，不相侔也。[21] 正因"学"与"术"的培养目标不同，因此，"在大学，则必择其以终身研究学问者为之师，而希望学生于研究学问以外，别无何等之目的。其在高等专科，则为归集资料，实地练习起见，方且于学校中设法庭、商场等雏形，则大延现在之法吏、技师以教之，亦无不可"[22]。鉴于此，蔡元培认为，如果只为将来谋个好职业，图个生活滋润，那就应该读各种专科学校，而进大学的目的，就是"为求学而来"，千万不要认为大学乃"职业教育机关"[23]。正因如此，蔡元培主政北大之后，对教员和学生都提出了更高的要求。对教师而言，必须改变只给学生"灌输固定知识"的做法。大学教师不但自己要有研究学问的兴趣和能力，还要能够启发学生，使学生也产生研究学问之兴趣；对学生而言，则必须改变靠死记硬背应付考试的做法，要学会在教师的指导下，主动地研究学问。蔡元培的这种大学教育理念可概括为"学术为本"。此种理念，不要说在新旧思想交替的民国时期，即便在今天，很多大学可能也认识不那么清楚，或者虽有认识也不能完全贯彻。

但是蔡元培决心很大，在他主持北大的五年间，每年的开学典礼，他都要将这种"学术本位"办学理念发挥一遍。如1918年9月20日，蔡元培在开学演说中说："大学为纯粹研究学问之机关，亦不可视为贩卖知识之所。学者当有研究学问之兴趣，尤当养成学问家之人格。"[24] 1919年9月20日，他又在开学演说中说："诸君须知，大学并不是贩卖毕业证书的机关，也不是灌输固定知识的机关，而是研究学理的机关。所以，大学的学生并不是熬资格，也不是硬记教员讲义，是在教员指导之下自动地研究学问的。”[25] 到了1920年，学风有所转变，这一年的开学典礼上，蔡元培说：“一年以来，觉得学生方面近来很有觉悟：把过去硬记讲义、骗文凭的陋见渐渐打破了，知道专研学术是学生的天职。”[26] 1921年10月11日，蔡元培在开学演讲中又说：“至于大学学生，本为研究学问而来，不要误以为这学问机关为职业教育机关，但能图生活上便利，即为知足。”[27] 1922年10月5日，蔡元培在开学典礼演讲中再次强调：“本校的宗旨，每年开学时候总说一遍，就是‘为学问而求学问’。”[28] 蔡元培之所以反复阐述其“学术本位”的办学宗旨，为的就是要割除科举时代以读书作升官发财跳板的旧观念，高扬纯正的求学理念，让大学师生均看重学问，真正做到以学为本，以学为乐。

其二，为贯彻“学术本位”的办学宗旨，蔡元培在学科设置、课程设置及教学制度方面做了许多调整。

在管理体制上，蔡元培贯彻教授治校、民主办学的原则，改变过去北大事务由校长、学监主任等少数几个人决定的做法。1917年，蔡元培到北大不久就主持设立了评议会。评议会是北大最高的权力机构，负责制定学校的各种章程、规定，同时还负责审核学校的财物预算、决算，还有权决定学科的废立。除校长和各科学长为评议会成员外，其余评议员由各科教授民主选举产生。到1919年，评议员的产生有了更明确的规定，每五名教授得评议员一人，评议员由教授投票选出。1917年12月，蔡元培主持召开了评议会会议，决议各科再设教授会，负责决策本系事务，如课程的设置、学生成绩的考核方法等等。教授会成员由各科教授和讲师组成，每两年改选一次。

为进一步贯彻教授治校、民主管理的领导体制，北大还在1919年成立了组织委员会，由蒋梦麟、顾孟余、胡适、马叙伦等人组成，主管学校的改组、整顿事宜。应该说，蔡元培建立的这套大学管理体制为北大的蓬勃发展提供了制度上的保障。对此，顾孟余曾说：“先生长校数年，以政治环境关系，在校之时少，而离校之时多。离校之时，校务不但不陷停顿，且能依照计划以进行者，则以先生已树立评议会及各种委员会等之制度。”[29] 对此，蔡元培自己亦深有体会。1920年10月，蔡元培远赴欧洲考察教育，离校之前，他与师生话别，说：“我这次出去，若是于本校不免发生困难，我一定不去。但是现在校中组织很周密，职员办事很能和衷，职员与学生间，也都是开诚布公，我没有什么不放心的事了。”[30] 能用三年的时间，将一所偌大的高等学府管理到这等程度，良好的制度建设确实功不可没。蔡元培此次赴欧洲考察历时九个月，若非有良好的民主管理机制，北大岂不乱了套？一些管理者之所以不愿意实行民主管理机制，很重要的一项担心就是制度管理会束缚自己的手脚，甚至担心，制度都健全了，管理者也就没有用了。这些人不明白，用制度管理不仅比“人治”靠谱，而且也比“人治”省心。有了好的制度，一个团体能良性运作，“一把手”在与不在，团队都可正常运作，这样的管理，“一把手”省得费心，员工省得闹心，岂不更妙？西方人说“最好的管理就是让人感觉不到管理”，说的其实也是这个道理。蔡元培虽然没有像现在的一些老总们那样参加过管理学培训班，但他以自己大公无私、民主开放的气度，在九十多年前就实践了管理学的真谛。这一点不也是很值得今人学习的吗？

其三，蔡元培启动学制改革，调整了北大的学科设置。蔡元培没来北大之前，北大是文、理、法、商、工五科并立，并无重点学科。蔡元培任北大校长后，坚决主张将北大办成致力于学理研究的文、理两科的大学，而将偏于“术”的法、商、工等科停办或转入其他大学。1917 年 1 月 27 日，蔡元培在国立高等学校校务讨论会上提议，大学宜专设文、理两科，其他法、医、农、工、商等科可设独立的专科学校。他批评说，中国的高等教育模仿日本，既在大学设法、医、工、商各科，同时又设各科专门学校，专科所学虽程度稍浅，但科目并无差别，“同时并立，义近骈赘。且两种学校之毕业生，服务社会，恒有互相龃龉之点。”[31] 蔡元培还提到，诸科并举，学校往往无此能力，“欲以有限之经费，博多科之体面”，其势必捉襟见肘，各科都办不好。鉴于此，蔡元培顶住各方压力，以壮士断腕的勇气，停办了北大商科，将工科并入北洋大学，甚至还计划将法科分出去，成立独立的法律专科大学，但这一计划因遭法科师生的反对而未实现。不过，经此调整之后，北大有了更大力量充实文、理两科，文科除原有的中国哲学、中国文学、英国文学外，先后增设了中国史学、法国文学、德国文学、俄国文学等多门学科；理科除原有的数学、物理、化学之外，亦新增地质学。于是，北大就慢慢地建成了特色鲜明的以文、理为主的综合性大学。

加强文、理两科的同时，蔡元培还提出了“沟通文理”的主张。他认为，文科的史学、文学均与科学有关，哲学更是以自然科学为基础。同样，理科各学都与哲学有关，有些学科彼此交叉，根本无法截然分开。比如，心理学从前依附哲学，而现在用实验法，似应划入理科；近年的教育学和美学也趋向使用实验法，亦与心理学有差不多的情况；再如地质学，人文方面应属文科，而地质勘测等又属理科。蔡元培认为，若文理界限过于森严，则弊端甚大。那样，文科学生“因与理科隔绝之故，直视自然科学为无用，遂不免流于空疏”，而理科学生则“以与文科隔绝之故，遂视哲学为无用，而陷于机械的世界观”。于是，他主张“沟通文理，合为一科”[32]。

蔡元培在当时如此重视文、理两科，目的就是要改变当时学界普遍存在的重术轻学、重工轻文的倾向。1918 年，他撰文细说主张大学专设文、理两科的理由，“除国立北京大学外，其他公立、私立者，多为法、商等科，间亦兼设法科、工科，均无议及文、理二科者，足为吾国人重术轻学之证。至于兼设文、理、法、工、商各科之北京大学，则又以吾国人科举之毒太深，升官发财之兴味本易传染，故文、理诸生亦渐渍于法、商各科之陋习。而全校之风气，不易澄清，于是有学术分校之议。”[33] 蔡元培还认识到，中国近代在学习西方的过程中同样犯有重术轻学的毛病。他说：“中国羡慕外人的，第一次是见其枪炮，就知道他的枪比我们的好。以后又见其器物，知道他的工艺也好。又见外国医生能治病，知道他的医术也好。有人说：外国技术虽好，但是政治上只有霸道，不及中国仁政。后来才知道外国的宪法、行政法等，都比中国进步。于是要学他们的法学、政治学，但是疑他们道学很差。以后详细考查，又知道他们的哲学亦很有研究的价值。他们的好处都知道了，于是出洋留学生，日多一日，各种学术都有人研究了。然而留学生中，专为回国后占地位谋金钱的也很多。所以学工业，预备做技师。学法律，预备考法官，或当律师。学医学，预备行医。只从狭义做去，不问深的理由。……中国固然要有好的技师、医生、法官、律师等等，但要在中国养成许多好的技师、医生等，必须有熟练技能而又深通学理的人回去经营，不是依样画葫芦的留学生做得到的。……要是但知练习技术，不去研究学术，或一国之中，练习技术的人虽多，研究学科的人很少，那技术也是无源之水，不能会通改进，发展终属有限。”[34] 今天我们再读蔡元培的这段论述，依然觉得有切中肯綮之感。这一方面固足以证明蔡先生之远见卓识，另一方面是不是也说明：九十多年前国人所犯的毛病，今人依然在犯？

其四，蔡元培还将北大的学制由年级制改为选科制。年级制秩序感强，但其缺点也很明显，蔡元培称，年级制“使锐进者无可见长，而留级者每因数种课程之不及格，须全部复习，兴味毫无，遂有在教室瞌睡、偷阅他书及时时旷课之弊。而流弊又传染于同学”[35]。蔡元培认为，教育应崇尚自然，尊重学生个性，“与其守成法，毋宁尚自然；与其求划一，毋宁展个性”。于是，蔡元培在 1917 年 11 月提议北大改年级制为选科制。选科制规定本科学生读满 80 个单位的学分即可毕业，其中三分之二必修，三分之一选修。选修课程既可以是本系的，也可以是其他系的。这样，学生便可根据自己的兴趣爱好选学相关课程，学习的积极性和主动性遂大大提高。北大的选科制度改革方案报经教育部批准后，于 1919 年正式实行。实行的过程中又暴露出一些问题，如有的学生完全从自己的兴趣出发选修课程，忽视对基础理论和基础知识的学习，有的学生则为了凑满学分，专选容易结业的课程学习。发现问题之后，蔡元培提出，教师要加强对学生选科的指导，学生只有相对的选择自由，并无绝对选择自由。学生一定完成必修课，然后才可选择。所选课程亦要经指导教师审定，因“教员知道选何者有益，选何者无益，如走生路，若无人指引，易入歧路”。并且蔡元培还特别说明，选科制教育只适用于高等教育，普通教育和师范教育不易采用，至多只可采用其精神。可见，作为教育家，蔡元培很会拿捏“度”，在选科制的问题上，他既照顾到了学生个人的兴趣爱好，同时也强调了教育的某些强制性特征。教育是一门艺术，其难点就在于此，教育者既要“因材施教”，承认、接受甚至尊重每个受教育者不同个性，并鼓励他们发挥自己的特长，但同时又不能过于放任。若完全不顾及受教育者的个性，教育活动就会千篇一律，则学校等同于工厂，学生等同于工厂生产出来的“产品”；若让受教育者完全由着性子发展，而没有必要的强制性，那教育的目的也无从实现，实则等于放弃了教育。这是一种矛盾统一的关系，能拿捏好“度”的人，就是好的教育家，反之，若拿捏不好“度”，则“宽严皆误”，处处碰壁，费力不讨好。

其五，蔡元培为女性争取平等的教育权利，在北大实行了男女同校。中国近代女子教育问题最先是由西方传教士倡导的。早在鸦片战争之前，德国传教士郭士立的妻子温施娣在澳门收容了几个穷人家的女孩，开办女子读书班，这是传教士在中国开展女子教育的最初尝试。1840 年，英国东方女子教育促进会的阿尔德小姐在宁波创办了一所女塾，这是中国本土最早的一所教会女子学校。到了 19 世纪下半叶，西方来华传教士大量来到中国，他们以基督教的伦理来审视中国的妇女问题，认为男女“都是上帝的子民”。可是，中国男子有受教育的权利，而女子没有，这实在不平等。于是，一些传教士相继创办教会女学，免费招收穷苦人家的女孩进校读书。

教会女学创建之初，其目的主要是为了吸收信徒和培养女布道师。但到后来，教会女学的规模不断扩大，教会女校在教学内容、教学管理、教学方法上都取得了很大的进步，其培养目标已经不再是为了吸收信徒和培养女布道师了，而是为培养兼通中西文化的世俗人才。

在教会女学的刺激之下，国人也开始逐渐重视女子教育。1898 年，梁启超联络经元善、严晓舫、汪穰卿等于 1898 年在上海创办了经正女学，这是中国人自办的第一家女子学校（比传教士创办的女学晚了 50 多年）。

到蔡元培主持北大期间，北大成了新文化运动的策源地。新文化运动的健将们提倡民主与科学，反对封建礼教，相应的就主张妇女解放，力促女子和男子享有同等的教育权利。蔡元培本人也历来主张给予女子以充分的教育权利，他曾说，女子不受教育，不唯女子本人受害，也使家庭受害。女子在家中，既为人妻又为人母，女子自身素质的高低，直接关系着整个家庭的幸福。女子不受教育，不但不能成为丈夫的左膀右臂，反而会牵制丈夫，使其无法专心事业。不仅如此，女子不受教育，还影响下一代。因人自孩童时起，受教育于母亲最多。“与小儿周旋之人，未有比母亲长久而亲热者。苟母亲无学问，则小儿之危险何如乎？”任北大校长之后，蔡元培曾于 1919 年 3 月 15 日在北京青年会做《贫儿院与贫儿教育的关系》的演讲，演讲中他再次主张效仿西方国家，改变男女不平等的状况，实行男女同校。“外国的小学和大学，没有不男女同校的。美国的中学，也大多数男女同校。”[36]

受新文化运动思潮的影响及蔡元培演说的鼓励，一名叫邓春兰的女子站了出来，呼吁北京大学招收女生，实行男女同校。邓春兰是甘肃循化人，其父毕业于北京大学，思想开通，当时是甘肃教育厅的一名科长。邓春兰的丈夫蔡晓舟亦是北大学生，经常给她介绍当时新文化运动的种种情况。受父亲和丈夫的双重影响，邓春兰也思想活跃。1919 年 5 月 19 日，在报纸上看了蔡元培《贫儿院与贫儿教育的关系》的演讲稿之后，她写信给蔡元培，请求北大招收女子入学，她在信中说："春兰早岁读书，即慕男女平等之义，盖职业、政权，一切平等，不惟提高吾女界人格，合乎人道主义，且国家多一半得力分子，岂非自强之道？……今阅贵校日刊，知先生在贫儿院演说，仍主张男女平等。然则我辈欲要求于国立大学增女生席，不于此时，更待何时？"[37] 她最后还表示，自己愿"为全国女子开一先例。如蒙允准，春兰即负笈来京。"然而，当时正是五四运动期间，蔡元培已经辞职离校了，并没有收到邓春兰这封言辞恳切的信。

邓春兰并未放弃，6 月份，她又发出《致报界诸先生转全国女子中学毕业暨高等小学毕业诸同志书》，再次为女性争取与男子一同上大学的权利。一时之间，大学开女禁，实行男女同校，成了社会关注的一项重要议题。

到 1919 年 12 月，一个名叫谢楚桢的女子又给蔡元培写信，要求北大招收女生。这时，五四运动的风潮已过，经北大师生的执意请求，蔡元培已回到北大。蔡元培回信给谢楚桢，说大学规程并没有规定"女子不能进校"，只要女生来报考，且成绩合格，北大"断没有不准考的理"。于是，1920 年春，北大果然招收了 9 名女旁听生，到了这年秋天就正式招收女生，开了我国大学男女同校的先河。

北大实行男女同校之后，新派人士自然欢欣鼓舞，可旧派势力则视之如洪水猛兽。北洋军阀张作霖、曹锟等人甚至放言，要武力干预此事，甚至将蔡元培给抓起来。为了避免遭到军阀的迫害，老朋友李石曾从中斡旋，让蔡元培赴欧美各国考察大学教育状况，暂避风头。于是，蔡元培在 1920 年 11 月下旬离开北大，前往欧洲考察。

蔡元培虽暂时离开了北大，但男女同校的风气一经开启，就再也无法阻挡。尽管守旧势力很反感，但形势比人强，继北大之后，南京、上海等地大学也先后招收女生，接着，一些地方的中学也纷纷效仿，女子教育以势不可挡之势在全国铺开了。

第三节　思想自由新气象

伟人之所以不同于常人，并非因他们有三头六臂，而是因他们身上有着常人难以企及的恢弘气象。更难得的是，他们还可以把这气象传染给别人，影响社会。蔡元培就是这样的人，在担任北大校长期间，他为北大乃至中国的学界开创了一种新气象。后人将北大这种新气象概括为“思想自由，兼容并包”八个字。北大的这种新气象，不只催生了新文化运动，还为北大营造了良好的学术氛围，比如，自由讲学、聘请名家来北大演讲、大学课堂允许外人旁听、倡导平民教育等等。

关于思想学术自由，蔡元培在《我的办学方针》中说：“孑民以大学为囊括大典，包罗众家之学府，无论何种学派，苟其持之有故、言之成理者，兼容并包，听其自由发展，曾于《北京大学月刊》之发刊词中言之：‘大学者，囊括大典，网络众家之学府也。《礼记·中庸》曰：“万物并育而不相害，道并行而不相悖。”足以形容之。如人身然，官体有左右也，呼吸之有出入也，骨肉之有刚柔也，若相反而实相成。各国大学，哲学之唯心论与唯物论，文学、美术之理想派与写实派，计学之干涉论与放任论，伦理学之动机论与功利论，宇宙论之乐天观与厌世观，常樊然并峙于其中，此思想自由之通则，而大学所以大也。’”[38] 正因蔡元培从心底认为“思想自由”是大学所以成其“大”的关键，所以北大才能在蔡元培时代出现了学术自由、百家争鸣的文化盛况。需要指出的是，“思想自由”还在客观上为马克思主义在中国的传播提供了方便。

蔡元培本人并不认可马克思主义，但他认为马克思主义应该加以研究。因此，他允许在北京大学成立马克思主义研究会，同意北大图书馆购买英、日文版的马克思主义经典著作。并且，蔡元培非常欣赏的两位教授陈独秀、李大钊后来都成了中国共产党的主要创始人。李大钊甚至还在北大讲坛上系统地讲述过马克思主义。

北京大学“马克思学说研究会”成员合影

罗章龙在《追忆蔡孑民校长》一文中回忆，马克思学说研究会成立于1920年，1921年7月中国共产党成立之后，邓中夏、罗章龙、刘仁静等19位发起者（这19人当时均是北大学生）决定在《北京大学日刊》上公开刊登启事，招募会员。罗章龙将启事写好后，与另一同学一起去找校长蔡元培，要求刊登这则启事。蔡元培听了他们的汇报后，就同意了。马克思学说研究会在北大会议厅召开正式成立大会，还邀请了蔡元培，蔡元培到会后还与会员合影留念。

马克思学说研究会成立之后，需要活动场所，蔡元培又同意给他们两间房子，一间当办公室，一间当图书馆。当时，北洋政府和各路军阀处处防“赤化”，反“激进党”，但蔡元培顶住压力，依然在北大给马克思主义以生存空间。这一点是难能可贵的。因此，罗章龙才说：“北大在我国革命史上产生不可磨灭的影响，也是我国最早学习和传播马克思主义，最早成立共产党小组的地方，也是我党建党初期党员最多之地。这些均与蔡先生做校长分不开。要是没有蔡先生这样民主，对待革命事业、对待新思想这样竭尽全力支持的校长，那么，北大也就不会有这么大的贡献：蔡先生不聘请李大钊、陈独秀等到北大工作，那么共产党的活动就不会在北大展开；蔡先生不支持革命事业，不支持进步力量，北大也不会成为五四运动、新文化运动的发祥地，不会成为最早在我国传播马克思主义、最早成立共产主义小组的地方！”[39]

什么是包容？这才是真包容。现在的很多人嘴上说包容，可在实际行动中，他却只能“包容”自己的亲近。不是“自己的人”，他无论如何都容不下。这样的人，根本不懂包容的真谛。包容之深意压根不在你容纳多少志同道合者，而在于对“异己”力量是不是能给予足够的理解、接纳甚至是尊重。西哲有言：“我不同意你的观点，但我誓死捍卫你说话的权利。”这才是包容的真义。蔡元培先生本人并不认可马克思主义，当时的北洋政府亦认为传播马克思主义是搞“赤化”。在这种情况下，马克思学说研究会之类的组织按说很难在北大有立足之地，但是，蔡元培先生有大格局，大气象，他认为马克思主义既为一种学说，就有研究之必要，就应准其在北大生存——虽然自己并不认同这种思想，虽然准其在北大传播还可能给自己带来“麻烦”。

马克思学说研究会其实只是蔡元培时代北大众多学术社团中的一个。蔡元培任北大校长期间，积极扶持各种社团，鼓励学生在课余成立学会，让学生们根据自己的兴趣自由选择。据不完全统计，北大在蔡元培时代成立的社团有进德会、哲学研究会、经济学会、史学会、教育研究会、孔子研究会、新闻学研究会、戏剧研究会、文学研究会、音乐研究会、书法研究会、歌谣研究会、风俗调查会、数理学会、生物学会、化学会、地质学会、马克思学说研究会、学术演讲会、平民教育演讲团、校役夜班、平民夜校、雄辩会、体育会、静坐会、武术会等几十个。这些犹如群星闪烁的社团，组织五花八门的活动，创办各类刊物，不仅极大地丰富了北大学生的业余生活，而且也引领时代潮流，成为中国新式大学校园文化的绝好注解。

为更好地贯彻“思想自由、兼容并包”的办学思想，蔡元培主持下的北大还积极邀请学者和社会名流来校讲演。当时北大的各类讲演、讲座，有学校组织邀请的，也有各系、各研究所组织邀请的，但数量最多的还是各学会社团组织的。这些讲演的内容，既有专题性的学术报告，也有通俗性的知识介绍，甚至还有消遣娱乐性的文艺演出（如乐器表演）。这些异彩纷呈的讲演、讲座，使北大校园内充满了浓浓的学术氛围。为让大家有直观感受，在这里不妨举几个例子。

1917 年 11 月，蔡元培邀请著名画家陈师曾在北大讲《中国的文人之画》。陈师曾（1876 — 1923），名衡恪，是著名历史学家陈寅恪之兄。他早年留学日本，攻读博物学，归国后从事美术教育工作。他善诗文、书法，尤长于绘画、篆刻。其山水画注重师法造化，从自然景观中汲取创作灵感；写意花鸟画风格雄浑，富有情趣；人物画注重神韵，带有速写和漫画的色彩。因此，陈师曾当时被公认为是北京画坛最有名望的画家。陈师曾的演讲由蔡元培亲自主持，陈师曾亦携带石涛等人的画作十余幅现场展览。结果，这次讲演听众极多，场面火爆。这次演讲不久，蔡元培即发动对绘画感兴趣的同学，成立了画法研究会。

由于各类学会、社团众多，当年中国学术界的诸位名家几乎都被北大请去做过讲演。梁启超、胡适、辜鸿铭、徐悲鸿等文化名流更是北大讲坛的常客。有意思的是，即便一些很“偏门”的学术，只要研究者确有心得，亦有机会在北大发表演讲，并受到欢迎。蒋维乔在北大讲演静坐法即是一例。

蒋维乔（1873 — 1958），江苏武进人，他早年留学日本，回国后致力于教育事业，是蔡元培的好朋友。他们曾一起创办中国教育会及爱国学社，后来蒋维乔担任过江苏省教育厅厅长、东南大学校长等职。蒋维乔青少年时衰弱多病，吃了很多药物都不管用。后来，他自己看养生书，开始采用静坐养生法，经过坚持练习，其体魄日益康健。1914 年，蒋维乔总结自己多年静坐的实践经验，写成《静坐法》一书，连印 6 版，畅销全国乃至东南亚，欧美诸国亦有译本。新中国成立后，蒋维乔应上海市卫生局之邀，主持气功训练班，是中国倡导科学气功静坐法的第一人。

1917 年 11 月 18 日，是一个星期天，蔡元培邀请老朋友蒋维乔在北大法科大讲堂演讲静坐法。因蒋维乔对静坐坚持多年，深有体悟，又善于从养生学的角度加以阐发，这场演讲会亦产生轰动。北大随即成立静坐会，参加静坐会的同学每日下午四时至五时集中练习静坐，早晚则自己练习，但不能影响功课。静坐对强健体魄、修身养性均有裨益，对养成平和淡定的性格、专注缜密的思维能力亦帮助很大。

应邀到北大演讲的，不但有国内名人，还有国外著名学者，如美国哲学家杜威、孟禄，英国哲学家罗素，印度诗人泰戈尔，德国汉学家卫礼贤，法国学者维勃吕尔，日本学者福田德三等都被邀请到北大做过演讲。

北大邀请专家学者、社会名流来校演讲，极大地丰富了北大的学术思想。学生们通过聆听这些专家学者的演讲，眼界大开。学子们不仅从这些学术大家的演讲中了解到各学科最前沿的发展状况，而且还从这些学术大家的身上领略到学者的风范和学术的魅力。这对转变北大乃至全国学界的风气，意义重大。著名历史学家吕思勉曾说：“孑民先生主持北大，所以能为中国的学术界开一新纪元，就由其休休有容的气度能使各方面的学者，同流并进，而给予学者以极大的自由，使学生与各种高深的学术都有接触，以引起其好尚之心。讲学看似空虚无用，其实风气的转变，必以此为原因。”[40]

需要说明的是，蔡元培倡导成立学会社团，延请名家来校演讲等举措，不仅让北大学生受益，很多慕名来到北大的旁听生亦从中获益多多。当时的北大课堂是对社会开放的，一些因贫困不能进北大的好学之人可随意进北大课堂听课，这些人被称为北大旁听生。后来人们称赞蔡元培时代的北大，其中重要的一项理由就是：北大的旁听生中后来都出了不少人才。比如，著名作家沈从文，当年就是北大的一名旁听生。

沈从文（1902 — 1988），原名沈岳焕，湘西凤凰县人。他小时候只读过两年私塾，十五岁就去当兵。当兵五年之后，沈从文在 1922 年脱下军装，来到北京。他渴望上大学，可是仅受过小学教育，又没有钱。最后便选择在北京大学旁听。那时，沈从文做着留学日本的梦想，所以，他在北大旁听最多的课是日文。此外，沈从文也经常旁听国文、历史、哲学等

1920 年 10 月，蔡元培与杜威等合影

课。旁听时间长了，沈从文也就不拿自己当外人了，有一次他居然冒充注册生，参加了一次正式考试，结果还得了考试成绩优异的奖金，这成了他在北大旁听生涯中的一件趣事。

沈从文一边在北大旁听，一边如饥似渴地阅读北大图书。经不断努力，他这个“乡下人”了解了许多从前未曾听说的东西，思想境界豁然开朗。另外，北大里的名人讲演亦让他受益多多。有一次辜鸿铭发表演讲。他身穿一件绸袍，头戴青缎子加珊瑚顶瓜皮小帽，背后还拖着一条辫子。这模样一上台就引起了学生们的哄堂大笑。但辜鸿铭不以为然，他从容不迫地对学生们说：“你们不要嘲笑我这小小的‘尾巴’，我留下这并不重要，剪下它极容易；至于你们精神上那条辫子，依我看，想去掉它可不容易。”[41] 辜鸿铭这段话对沈从文影响极大。沈从文自己做了教授之后，仍经常对学生引述这段话，以说明剪掉“精神辫子”之艰难。沈从文晚年去美国各大学演讲，仍一再引用辜鸿铭的这段掌故。

沈从文在北大旁听，还得以结交了一大批文学青年，如胡也频、丁玲、刘梦苇、黎锦明、陈炜谟、冯至等。他们经常一起聚会，探讨文学，这对沈从文的文学写作也大有帮助。更关键的是，在北大旁听期间，沈从文还结识了著名作家郁达夫。郁达夫不仅在文学上对沈从文多有指点，在生活也给予关照。据说，一个寒冷的冬日，郁达夫冒雪去探访沈从文，发现沈从文衣衫单薄，就解下自己淡灰色的羊毛围巾为沈从文系上。郁达夫还请沈从文吃饭，并留下了一些钱。这让生活困窘的沈从文十分感动。郁达夫赏识沈从文的文学才华，将其介绍给徐志摩、陈西滢等人，随后，沈从文又陆续结识了闻一多、吴宓、胡适、凌叔华、叶公超、杨振声、林徽因、朱光潜等文化名人，他的文学才华也由此得到了施展的机会。此外，北大哲学系教授林宰平还帮助沈从文谋到了一职，在香山慈幼院图书馆当管理员，自此，沈从文在北京有了安身之所。

蔡元培在北大开创的旁听生自由听课的风气，满足了穷苦青年的求知欲望，使很多青年才俊借此走上了成功之路。与沈从文情形相似的还有著名翻译家曹靖华。他在《回忆蔡元培先生》一文中说：“他在北大办学时民主，首倡学校为社会开门，教授为社会服务的作风，这是最值得纪念的。他长北大时，社会上的各行各业人士都可进入沙滩红楼（北大）听课。那些求知欲望甚为强烈，但由于贫困而上不起大学的青年，诸如商店的营业员、工厂的学徒等，都可以随意进入北大听课，学习文化知识。这在中国教育史上是空前绝后的……拿现在的话说，就是大学要为社会开门，要为社会培养人才。蔡先生做了一件了不起的事情。我是蔡先生的学生。当时我因交不起学费，而去北大作为旁听生学习俄语，后经李大钊同志的帮助，我作为注册的学生可以长期地在北大学习。要是没有蔡先生首倡，我们这班青年是无法进北大的，也就无法学习文化知识。当时，柔石、胡也频、李伟森等青年也是这里的旁听生。”[42]

作为开门办学的另一举措，蔡元培还在北大办起了校役夜班和平民夜校。1918 年 3 月，蔡元培亲自发起组织了北大校役夜班，为北大的校役（工友）提供学习机会。蔡元培在校役夜班开学典礼上发表演说：“在常人之意，以为学校为学生而设，与校役何涉。不知一种社会，无论小之若家庭、若商店，大至若国家，必须此社会之各人皆与社会有休戚相关之情状，且深知此社会之性质，而各尽其一责任。故无人不当学，而亦无时不当学也。”1920 年初，北大学生会又在校内办起平民夜校，招收住在北大附近的工人和农民子弟读书。蔡元培对此极表赞同，平民夜校开办那天，他与陈独秀到场祝贺。他说：“今日为北京大学学生会平民夜校开学日，此事不惟关系重大，也是北京大学准许平民进去的第一日。从前这个地方是不许旁人进去的，现在这个地方人人可以进去。……‘平民’的意思，是‘人人都平等的’。从前只有大学生可以享受大学的教育，旁人都不能够，这便算不得平等。现在，大学生分其权利，开办这个平民学校，于是平民也能到大学去受教育了。”[43]

孔子办教育，就提倡“有教无类”，其用意便是尽可能地让更多的人享受教育权利，以让文化知识得以最广泛的传播。但由于人类社会的种种不如意，教育（尤其是大学教育）始终都有一定的门槛，教育资源的分配也一直存在着不公平的现象。这种情况在今天依然存在，蔡元培当年对此更是深有感触。但他之难能可贵在于：他要尽最大可能与社会大众分享教育资源而不是设法垄断教育资源以便自己谋利。这既是蔡元培值得敬仰之处，亦是自私之人与大公无私者的重要分界线。孔子说：“君子成人之美，小人成人之恶。”愿意将好处尽可能与大众分享的人，其胸襟广阔，心地光明，因此永远值得人们尊重。相反，好事不肯与他人分享，甚至总想将公众资源据为己有，“吃独食”的人，则势必因存心险恶而遭到世人的唾弃。

第四节　新文化运动

1915 年 9 月，陈独秀在上海创办《青年杂志》(后改称《新青年》)，此事被视为新文化运动的开端，但是，新文化运动之所以能成为一场声势浩大、影响深远的思想启蒙运动，则与蔡元培关系密切。

1917 年，蔡元培将陈独秀聘请到北大，《新青年》杂志社也迁到了北京。同一年，胡适也被蔡元培聘为北大教授，随后，李大钊、钱玄同、刘半农、沈尹默、高一涵等《新青年》的作者也相继加盟北大，北大由此成了新文化运动的策源地。

陈独秀任北大文科学长及《新青年》杂志迁到北京，对新文化运动来说绝对是一个重要的里程碑。原因在于，来北京之后，《新青年》的作者队伍发生了变化。以前，《新青年》的作者以陈独秀的老乡安徽人为主，来北京后，北京的众多教授学者为其撰稿，层次和影响都得到了提升。另外，在《新青年》的影响下，北大一些进步师生也相继创办了新派刊物，如《新潮》、《每周评论》、《国民》等，这些刊物互相影响，进一步扩大了新文化运动的声势。

1917 年，蔡元培虚岁五十，陈独秀三十八，胡适二十六，三个人都是属兔的，因此，有人戏称新文化运动是“三只兔子发起的”。这话虽是戏称，但它确实概括了三个人在新文化运动中所起的不同作用：蔡元培容量大，兼容并包；陈独秀气魄大，雄视古今；胡适能量

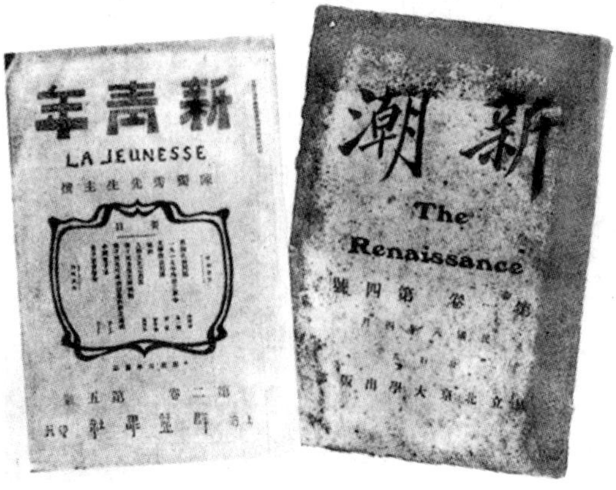

《新青年》《新潮》杂志

大，纵横中外。这些人因缘际会，聚集在北大，于是一场以“民主与科学”为口号的思想启蒙运动就轰轰烈烈地开展起来了。

新文化运动提倡“民主与科学”，反对专制和愚昧，提倡新道德，反对旧道德，提倡新文学，反对旧文学，提倡白话文，反对桐城派古文。这些主张受到了广大青年知识分子的欢迎，但是遭到了守旧人士的反对。桐城派古文家林纾先生就是其中的一位。

林纾，字琴南，是我国近代著名的文学家和翻译家。他虽不懂外文，但他与魏易、陈家麟等留学海外的才子们合作，翻译了180余部西洋小说，如英国作家狄更斯的《块肉余生录》、英国哈葛德的《天女离魂记》、俄国托尔斯泰的《恨缕情丝》、西班牙塞万提斯的《魔侠传》、英国司哥特的《撒克逊劫后英雄略》等等。这些西洋小说向中国民众展示了丰富的西方文化，开拓了人们的视野。由此，林纾被公认为“译界泰斗”。不过，林纾思想守旧，对新文化运动持反对态度。1919年2月17日，他在上海《新申报》上发表文言文小说《荆生》，对北大的新派人物进行影射、诋毁。他以皖人田其美影射陈独秀，以狄莫影射胡适，以金心异影射钱玄同，说这些人“去孔子”，“灭伦常”、“废汉字”。然后又写了一名叫“荆生”的“伟丈夫”，将他们打下山去。

随后，林纾又给蔡元培写了一封公开信《致蔡鹤卿太史书》，指责陈独秀、胡适等人“覆孔孟，铲伦常”，“尽废古书，行用土语为文字”，“侈为不经之谈”，同时还警告蔡元培“以守常为是”，“为国民端其趣向”。[44]

面对林纾的发难，蔡元培从容作答。针对林纾所谓“覆孔孟，废伦常”之说，蔡元培反问：北大教员中，是否有人以“覆孔孟，铲伦常”教授学生？北大教授中，是否有人曾在校外发表过“覆孔孟，铲伦常”的言论？反问之后，蔡元培开始摆事实，他说，在北大的讲义中，已出版的有胡适的《中国哲学史大纲》、崔怀瑾的《论语足徵记》、《春秋复始》几部，在哲学研究会中，梁漱溟也就孔孟思想多有阐发。在这些出版物及北大教员的言论中，“尊孔者多矣，宁曰覆孔？”北大教授在校外发表言论，本可置之不论，但考察之下，也只有《新青年》偶有对孔子学说的批评，但也是对孔子教会等托孔子学说以攻击新学说者而发，“非直接与孔子为敌也”。因此，林纾称北大“覆孔孟”之说根本不成立。至于“废伦常”，蔡元培说，儒家五伦之中，“君臣一伦，不适于民国，可不论”。其余父子有亲、长幼有序、夫妇有别、朋友有信，在中学以下修身教科书中，都有详细阐述（蔡元培自己所著《中国伦理学史》中就多有阐述）。尽管大学伦理学中涉及不多，“然未有以父子相夷、兄弟相阋、夫妇无别、朋友不信，教授学生者”。至于仁、义、礼、智、信五常，“伦理学中之言仁爱，言自由，言秩序，戒欺诈，而一切科学皆为增进知识之需。宁有铲之之理?”然后他又问林纾，“试问有谁何教员，曾于何书、何杂志，为父子相夷、兄弟相阋、夫妇无别、朋友不信之主张者? ……公能证明之欤?”[45]

针对林纾所说“尽废古书，行用土语为文字”的批评，蔡元培从三个方面作答。首先，北大预科国文所用课文，选用的范文和学术文章，“皆古文也”。学生每月所练习的作文，也都是文言文。大学本科开设的中国文学史、西洋文学史、中国古代文学史、近代文学等等，已编成而付印的讲义，也“皆文言也”。何谈“尽废古书”? 要说白话文著作，也仅有胡适的《中国哲学史大纲》而已，而这部书中所引古文，也多属原文，而非白话。其次，蔡元培指出，北大教员的讲义都采用文言文，但他们走上讲台，却必须用白话讲解，学生才能理解接受。“吾辈少时，读《四书集注》、《十三经注疏》，使塾师不以白话讲演之，而编为类似集注、类似注疏之文言以相授，吾辈岂能解乎?”[46] 最后，蔡元培驳斥林纾所谓白话文乃“引车卖浆者所操之语”的说法。他说，白话与文言，只是语言形式不同而已，并无高低贵贱之分。严复用文言所译《天演论》、《法意》、《原富》等书，原文均是白话；你林纾用文言所翻译的那些小说，原文也是白话。难道译本是文言，译本竟会“高于原本乎?”事实上，无论是文言文还是白话文，要做好，都需要很高的文学素养。蔡元培举例说，北大教育中，善做白话文如胡适、钱玄同、周作人等，都是博览群书，很有学问者，并不是“非能做古文，而仅以白话文藏拙者”[47]。

经蔡元培层层反驳，林纾等人对新文化运动的攻击失败了。难能可贵的是，读了蔡元培的公开信之后，林纾又写《再答蔡鹤卿书》，在报上公开认错，“足见我公宗圣明伦之宗旨，始终未背也”。为此，陈独秀还写了一篇《林琴南很可佩服》的文章，称："林琴南写信给各报馆，承认他自己骂人的错处，像这样勇于改过，倒很可佩服。但他那热心卫道宗圣明伦和拥护古文的理由，必须要解释得十分详细明白，大家才相信咧！"[48]

若说林纾对北大及新文化运动的攻击尚属笔墨官司的话，那么北洋政府教育部对北大的指责，可就带有"政治高压"的色彩了。1919年3月，北洋政府教育部指责北大的《新潮》杂志言论过于激烈，要求蔡元培约束北大师生的言行。对此，蔡元培给教育部部长傅增湘写信，重申北京大学"兼容并包"的办学宗旨，然后指出，北京大学学生所办《新潮》杂志，言论"间有殊于旧贯者，容为外间误会之所集。然苟能守学理范围内之研究，为细密平心之讨议，不涉意气之论，少为逆俗之言，当亦有益而无弊"[49]。此外，守旧势力还要求蔡元培辞退陈独秀，约束胡适。对此，蔡元培极力维护这两人，表示："北京大学一切的事，都在我蔡元培一人身上，与这些人毫不相干。"[50]不仅如此，蔡元培还在北京《导报》上发表《洪水与猛兽》一文，以回击守旧势力对北大的种种指责。他说，历史上一个学者攻击别派学说，总是袭用"甚于洪水猛兽"这句话，"现在旧派攻击新派，也用他"。"我以为用洪水来比新思潮，很有几分像。他的来势很勇猛，把旧日的习惯冲破了，总有一部分的人感受痛苦；仿佛水源太旺，旧有的河槽，不能容受他，就泛滥岸上，把田庐都扫荡了。"然而，中国现在的状况是守旧势力像猛兽，"算是洪水和猛兽竞争。要是有人能把猛兽驯服了，来帮同疏导洪水，那中国就立刻太平了"[51]。

在新文化运动中，蔡元培还积极参与推广白话文的活动。1917年2月，蔡元培与梁启超、严修、张一麐等人一起发起组织了中华民国国语研究会，呼吁民国学校的教科书采用白话文。1919年11月17日，蔡元培又在北京女子高等师范学校作《国文之将来》的演说，指出："白话是用今人的话来传达今人的意思，是直接的。文言是用古人的话来传达今人的意思，是间接的。间接的传达，写的人与读的人都要费一番翻译的工夫，这何苦来？"他还指出，用白话代替古文，在文学发展史上是符合规律的一种现象。欧洲16世纪以前，写的说的，都是拉丁文，但从宗教改革时代开始，路德等人就用德国当时通用的国语翻译《旧约》和《新约》，以后又有许多文学家提倡国民文学，随着学术的发展，拉丁文便逐渐被本国文字所代替了。白话文取代文言文也是同样的道理。司马迁写《史记》，就没有沿用《尚书》的语言，用的也是当时的白话文。因此，“我们现在不必模仿古文，亦不必作那种图案的文章；凡是记述说明，必要用白话才对。虽现在白话的组织不完全，可是我们决不可错了这个趋势”[52]。

蔡元培还积极提倡科学。1917年，他为中国科学社创办的《科学》杂志写《祝科学》一文，指出：“民之初生，有神话而已。进而有宗教，进而有哲学，是为学之始。学有二道：曰沉思，曰实验。哲学之始，深思多于实验，虽有形之物，亦皆以悬想定之。及实验之法既备，反自然现象，皆分别钩稽，成为系统之学，而哲学之领土半为所占，是为科学之始。至于今日，则精神界之现象，亦得以研究物质之道理之，而建设为科学，如心理学是；而实验教育学、实验美学亦遂缘是而发生有成立科学之希望。循是以往，凡往昔哲学之领域，自玄学以外，将一切为科学所占领，科学界之发展，未可限量，科学社诸君勉乎哉。”[53] 蔡元培还说：“科学发达之后，一切知识道德问题，皆得科学证明，与宗教无涉。”“吾人读古人之书，其中所言苟非亲身实验证明者，不可轻信；……一次实验之结果，不能即断其必是，故必继之以再三。使数次实验之结果如不误，则可以证古人之是否。”[54] 以今天的眼光来看，蔡元培对科学的看法显然太乐观了，科学不可能取代哲学，更不可能取代宗教，科学虽然作用甚大，但认为“一切知识道德问题，皆得科学证明”，显然是做不到的。但在当时，蔡元培这些鼓吹科学的言论显然符合新文化运动推崇“民主与科学”的基调。

不过，有一点亦需说明，蔡元培虽在新文化运动中极力保护陈独秀、胡适等新派人物，但蔡元培在很多问题上与陈、胡等人的看法还是不一样的。陈独秀、胡适等人宣传提倡新道德、新文化，更多的是将道德文化看做是实现民主的一种手段，而蔡元培则更倾向于把新文化和新道德看做是人的健全发展的内在需要。蔡元培强调，教育的目的是培养人的人格，“是帮助被教育的人，给他能发展自己的能力，完成他的人格，于人类文化上能尽一分子的责任”[55]。双方革新文化的目标虽然不冲突，但侧重点并不相同。可以说，陈独秀和胡适的视角是革命家和思想家的视角，而蔡元培则是教育家的视角，革命家和思想家的着眼点是改造国家，而教育家的着眼点则是提高人的素养。

对待科学的看法也如此，在“民主与科学”的口号之下，新文化运动中的很多人都认为科学是万能的，它不仅能解决客观世界的问题，甚至还能解决人生观、价值观的问题。这一问题，集中体现在科学与玄学发生论战之际。

1923 年 2 月 14 日，张君劢在清华大学为一些即将赴美学习科学的学生作了题为《人生观》的演讲，对“科学万能”的思想倾向提出批评。在演讲中，张君劢指出，科学观与人生观是不同的，“科学为客观的，人生观为主观的。”“科学可以以分析方法下手，而人生观则为综合的。”“科学为因果律所支配，而人生观则是自由意志的。”“科学起于对象之相同现象，而人生观起于人格之单一性。”同时他还总结了人生观的特点：“人生观之特点所在，曰主观的，曰直觉的，曰综合的，曰自由意志的，曰单一性的。”张君劢在这次演讲中还比较了中西文化的差别，他认为，人们应当思索东西方文化各自的优缺点，“西洋之有益者如何采之，有害者如何革除之”[56]。这些观点，在今天看来无疑是正确的。但是，在当时却引发了一场大论战。

丁文江首先撰文批评张君劢，说他是“玄学鬼附身”。丁文江认为，不能用主观与客观来区别科学与人生观，人生观同样是有是非标准的，“有统一的公例”，而人类今日最大的责任，就是要“把科学方法应用到人生问题上去”。随后，梁启超、胡适、陈独秀、瞿秋白等许多文化名人都加入了论战，这便是中国 20 世纪 20 年代著名的科学与玄学论战。科学派的主将是胡适和丁文江，玄学派的主将则是张君劢与梁启超。论战到了后期，陈独秀提出了“唯物史观”，试图以马克思主义同时挑战科学派与玄学派，胡适自然不同意，于是又发生了新的论战。这场论战最后虽没有什么明确的结果，但它在中国思想史上影响深远，有人说它是科学主义、人文主义和马克思主义在中国的一次正面思想交锋。

在这场科学与玄学的论战中，蔡元培的态度十分耐人寻味。他虽然此前一直极力倡导科学，也热心赞助科学事业，但他坚持捍卫玄学，他说：“人类求知的欲望，绝不能以综合哲学与实证哲学为满足，必要侵入玄学的范围。”“我们固然要研究各种科学，但不能就此满足，所以研究融贯科学的哲学，但也不能就此满足，所以又研究根据科学而又超越科学的玄学。”[57] 在人生观的问题上，他不认为有一种科学的人生观就够了，他提出了“美育代宗教”的主张，认为“美”可以作为一种形而上的超越科学的追求对象。他说：“大凡生物之行动，无不由于意志，意识不能离开知识与情感而单独进行。凡道德之关系功利者，伴乎知识，恃科学之作用；而道德之超越功利者，伴乎情感，恃美术之作用。”蔡元培还举例说：“常常看见专治科学、不涉美术的人，难免有萧索无聊的状态……因为专治科学，太偏于概念，太偏于分析，太偏于机械的作用了。譬如人是何等灵变的东西，照单纯的科学家眼光，解剖起来，不过几根骨头，几堆筋肉。划分起来，不过几种原质。要是科学进步，一定可以制造出人，与现在制造机械一样。……一人的生死，国家的存亡，世界的存毁，都是机械作用，并没有自由意志可以改变他的，抱了这种机械的人生观与世界观，不但对自己竟无生趣，对于社会毫无爱惜，就是对于所治的科学，也不过是‘依样画葫芦’，绝没有创造的精神。”[58] 蔡元培还指出，美感具有与现实利益无关的超越性，会使导致人类罪恶的“占有性冲动”逐渐减少，而使人类崇高的“创造性冲动”逐渐扩展，从而将人类引入一种崇高的境界。

蔡元培提出“美育代宗教”的主张，看到了单纯科学主义的可怕，表现出了他对人类道德和心灵情感的终极关怀。但是，“美育代宗教”是一种门槛极高的理想，无论是在当时还是在今天，都无法真正地落实。原因很简单，若要让社会上的绝大多数人都拥有较高的艺术欣赏水平，能对“美”有一种宗教般的热爱，这几乎是不可能的事。换言之，能信奉“美”并把欣赏“美”、创造“美”当做终生追求的人，注定是社会中的极少数。加之“美”对人们行为的指导性和约束性远较道德与宗教低得多，所以，它很难在普通民众中大面积普及。因此，当时就有不少学者对“美育代宗教”的提法不以为然，认为蔡元培的这个主张不切实际。现在亦有学者认为，蔡元培“美育代宗教”的主张过高地估价了“美育”的功能。

最后，在如何看待中西方文化上，蔡元培的态度也与陈独秀、胡适等人不一样。在陈独秀、胡适等当时激进的知识分子看来，中国传统文化与西方文化是两种格格不入的文化体系，他们往往将传统与“旧”、“落后”

甚至是“迷信”联系在一起，同时将西方文化看成是“新”的，是“现代”的，是“进步”的和“科学”的。但蔡元培不是这样，他基本是一个文化调和（或融合）主义者，他相信人类既有共同的经历，就会有普遍的原理，中西文化的差别仅仅是进步的迟速和各自的侧重点有所不同的差别。他说：“主张保存国粹的，说西洋科学破产；主张输入欧化的，说中国旧文明没有价值。这是两种极端的主张。”[59] 他既反对用“西学”打倒“中学”，亦反对用“中学”抵制“西学”，“是故鉴旧学之疏，而以新学进之，则可；谓既有新学，而一切旧日之经验皆得吐弃之，则不可”[60]。

因反对将中西方文化截然对立，所以蔡元培在提倡学习西方文化的同时，也十分重视向西方介绍和传播中国文化。他说：“现在西洋各国，对于中国从来的文明，极想知道，正从事搜集中国的典籍，供他们学者研究。我们一方面注意西方文明的输入，一方面也应该注意将我固有文明输出。”[61] 蔡元培还指出，当代学者的一个重要的使命就是“为中西文化作媒介”，“以西方文化输入东方”，“以东方文化传布西方”，以增进文化的交流。这些都反映出了蔡元培在新文化运动中所持的中西方文化应互相学习、共存共荣的主张。今日观之，蔡元培的这种文化观念，视野更开阔，也更有远见。在多元文化大发展的今天，试图用一种文化去取代其他文化，显然是行不通的，也是不必要的。最好的方法就是互相学习，取长补短，共同提高。

第五节　在五四运动中

五四运动是中国现代史上的一件大事。它是新文化运动持续发展的一个高潮，但同时也标志着新文化运动的转向。在五四运动之前，中国的文化思潮是思想启蒙，而在五四运动之后，中国的文化思潮变成了“救亡图存”。对此，李泽厚先生曾写过一篇文章《启蒙与救亡的双重变奏》，详细阐述了这其中的演化过程。

五四运动的起因和经过是这样的：1919 年 1 月，第一次世界大战战胜国在法国巴黎召开所谓的“和平会议”。中国在第一次世界大战中加入了协约国阵营，因此也参加了这次会议，中国代表在“和平会议”上提出了废除外国在中国的势力范围、撤退外国在中国的驻军及取消“二十一条”等要求，但巴黎和会拒绝了中国代表提出的要求，竟然决定将德国在中国山东的特权转让给日本。此消息传到中国后，北京学生群情激愤，学生、工商业者、教育界和许多爱国团体纷纷通电，斥责日本的无礼行径，并且要求中国政府坚持国家主权。但是，在4月30日，英、美、法、日、意等国不顾中国民众呼声，签订了《凡尔赛和约》，在和约中，仍将德国在山东的特权转让给了日本。

5月1日，北京大学的一些学生获悉和会拒绝中国要求的消息。于是，学生代表在北大西斋饭厅召开紧急会议，决定5月3日在北大法科大礼堂举行全体学生临时大会。

5月3日晚，北京大学学生举行大会，高师、法政专门、高等工业等学校也有代表参加。学生代表发言，情绪激昂，号召大家奋起救国。最后定出四条办法：1.联合各界一致力争；2.通电巴黎专使，坚持不在和约上签字；3.通电各省于1919年5月7日举行国耻纪念游行示威运动；4.于5月4日齐聚天安门广场举行学界大示威。

5月4日，北京高校3000多名学生代表冲破军警阻挠，聚集天安门游行示威。他们打出“誓死力争，还我青岛”、“拒绝在巴黎和约上签字”、“废除二十一条”、“外争国权，内惩国贼”等口号，要求惩办交通总长曹汝霖、币制局总裁陆宗舆、驻日公使章宗祥。学生游行队伍冲进曹汝霖住宅，痛打了章宗祥，还放火烧了曹宅，引发了“火烧赵家楼”事件。随后，军警予以镇压，并逮捕了学生代表32人。

事情发展到这个份儿上，蔡元培的心情是很纠结的。作为北大校长，蔡元培一直不反对学生关心政治，他还一度说过“读书不忘救国”的话。甚至，在五四运动的初期，他还起到了某种引导的作用。

《凡尔赛和约》4月30日签订，消息传到国内之后，蔡元培在5月2日召集学生代表开会，号召大家奋起救国。5月3日，当获悉政府已同意在巴黎和约上签字的消息后，蔡元培立刻召来罗家伦、傅斯年、康白情、段锡朋等学生代表，将最新消息告知了他们。胡适在日记中谈到“五四”运动，说：“巴黎和会中国代表团失败的消息传来，徐世昌（当时的大总统）主张签字，陆徵祥、王正廷、伍朝枢皆主张签字。汪大燮其时为外交委员会主席，他于五月二日夜、三日夜去看蔡元培，说以此时形势，学生不能不有点表示。蔡赞同其说，故四日有大游行，遂有火烧赵家楼的故事。”[62] 可见，在明确知道政府已经无所作为的情况下，蔡元培是很希望学生站出来有所行动的。

但是，也有五四运动的参加者后来回忆说，5 月 4 日学生出门游行时，蔡元培校长曾出来加以劝阻。比如，张国焘就回忆说：“五月四日上午十一时左右，当北大同学在神马庙第一院集合，准备向天安门出发时，蔡元培校长出来劝止。他沉痛地向我们说，示威游行并不能扭转时局，北大因倡导学术自由，颇为守旧人物和政府所厌恶，被视为鼓吹异端邪说的洪水猛兽。现在同学们再出校游行，如果闹出事来，予人口实……我和其他几位同学连请带推地将蔡校长拥走，游行队伍在一片欢呼声中，蜂拥着向天安门出发了。”[63] 但在蔡元培自己的回忆中，他明确表示自己并未阻止 1919 年 5 月 4 日的学生游行。他说：“民国七年（1918 年）夏间，北京各校学生曾为外交问题，结队游行，向总统府请愿。当北大学生出发时，我曾力阻他们。……到八年五月四日，学生又有不签字于巴黎和约与罢免亲日派曹、陆、章的主张，仍以结队游行为表示，我也就不去阻止他们了。”[64]

针对同一事件，张国焘的回忆和蔡元培本人的说法互相矛盾。为什么会出现这种情况？有人分析，是张国焘将两次游行的情况记混了，他误将 1918 年夏天蔡元培阻止游行之事，“移植”到了 1919 年 5 月 4 日。我觉得，这一分析是比较切合实际的。以蔡元培的性格，他不可能在 5 月 2 日、5 月 3 日还号召学生起来抗争，到了 5 月 4 日反而又出面极力阻拦。再者，1919 年 5 月 4 日的游行之前，有军警在校门口阻止学生出校，学生冲破了军警阻拦。张国焘回忆“五四”时其他细节绘声绘色，但却只字未提军警阻拦之事，其原因很可能是将 1919 年的游行与 1918 年的游行记混了——1918 年的游行有蔡元培阻拦而无军警阻拦，1919 年的游行有军警阻拦而无蔡元培阻拦。

五四运动的发展很快出乎了所有人的预料，包括蔡元培。尤其是在游行的过程中发生了火烧赵家楼这样的暴力事件，这显然不符合蔡元培的初衷。而 32 名学生代表被捕，更是把蔡元培推到了风口浪尖上。学生被捕当日，教育部就发布训令，要求蔡元培“严尽管理之责”，对不遵守约束，参加示威游行的学生“应立予开除”。但蔡元培并没有执行这条训令。5 月 4 日当晚，北大学生在三院礼堂开会，商讨营救被捕学生的办法，蔡元培亲临会场，他一面慨然应允全力营救被捕学生，一面却劝学生不要再有激烈举动，以免予人口实。

参加完学生的聚会之后，他又去拜访老朋友孙宝琦，希望孙宝琦出面帮忙营救被捕学生。当时，孙宝琦是招商局董事会会长，在北洋政府有良好的人脉关系。

5 月 5 日，教育部再次明令北京各校校长查明带头游行的学生，并将其一律开除。青年学生也针锋相对，决定举行十天的罢课，以示抗议。当天下午，蔡元培与北京其他 12 所高校校长在北大开会，商讨营救学生的方案。最后各校校长达成一致认识：“此事乃多数市民运动，不可让被拘少数学生负责，若指此次运动为学校运动，亦当由各校校长负责，应先推举代表往警厅要求释放学生，如警厅不允，则往教育部，教育部不允，则往总统府，总之，不释放此少数学生，誓不终止。若政府不能容纳众议，虽致北京教职员全体罢职亦在所不惜。”[65] 此次会议还成立了以蔡元培为首的校长团，专门负责营救学生。

5 月 6 日，蔡元培率校长团去与警察总监吴炳湘交涉，提出释放学生的要求。经交涉，吴炳湘同意释放被捕学生，校长团各位校长也承诺，学生明日一律复课。5 月 7 日，被捕学生被释放。

在蔡元培等人竭力营救被捕学生之际，北洋政府方面亦在商讨如何对付这次学生运动。北洋政府国务总理钱能训在 5 月 4 日夜召开紧急内阁会议，会上北京警备司令段芝贵、京师警察总监吴炳湘等人都认为此次学生运动是受蔡元培指使的，主张撤免蔡元培北大校长的职务，有的甚至说要解散北京大学。

教育总长傅增湘与蔡元培关系不错，出面为蔡元培辩解，结果遭钱能训斥责，钱能训说：“汝谓蔡鹤卿校长地位不能动摇，假若蔡死则何如?”[66] 于是，释放了被捕学生之后，北洋政府在 5 月 8 日决定撤免蔡元培北大校长职务。

营救出被捕学生之后，蔡元培即于当日提出辞职。他的辞职信是一篇淋漓尽致的声讨宣言，名为《不肯再任北大校长的宣言》，其中说："为了北京大学校长是简任职，是半官僚性质，便生出许多官僚关系，那里用呈，那里用咨，天天有一大堆无聊的照例的公牍。要是稍微破点例，就要呈请教育部，候他批准。什么大学文、理科叫本科的问题，文、理合办的问题，选科制的问题，甚而小到法科暂省学长的问题，附设中学的问题，都要经那拘文牵义的部员来斟酌。甚而部里还常常派了什么一知半解的部员来视察，他报告了，还要发几个训令来训饬几句。我是个痛恶官僚的人，能甘心仰这些官僚的鼻息么？我将进北京大学的时候，没想到这一层，所以两年有半，天天受这个苦痛。现在苦痛受尽了，好容易脱离了，难道还肯投入去么？"批评完官僚习气，蔡元培又批评了北洋政府用强权干涉思想自由："思想自由，是世界大学的通例。德意志帝制时代，是世界著名开明专制的国，他的大学何等自由。那美、法等国，更不必说了。北京大学，向来受旧思想的拘束，是很不自由的。我进去了，想稍稍开点风气，请了几个比较有新思想的人，提倡点新的学理，发布点新的印刷品，用世界的新思想来比较，用我的理想来批评，还算是半新的。在新的一方面偶有一点儿沾沾自喜的，我还觉得好笑。那知道旧的一方面，看了这点半新的，就算'洪水猛兽'一样了。又不能用正常的辩论法来辩论，鬼鬼祟祟，想借着强权来干涉。于是，教育部来干涉了，国民院来干涉了，甚至什么参议院也来干涉了，世界上有这种不自由的大学么？还要我去充这种大学的校长么？……北京是个臭虫窠，无论何等高尚的人物，无论何等高尚的事业，一到北京，便都染了点臭虫的气味。我已经染了两年有半了，好容易逃到故乡的西湖、鉴湖，把那个臭气味淘洗净了。难道还要我再作逐臭之夫，再去尝尝这气味么？"[67] 蔡元培在辞职之际，一吐愤懑之气，表现了他的铮铮铁骨。

为显示辞职决心，5 月 9 日一早，蔡元培即悄然离京南下。南下途中，他又想到应对北大的同学们有所交代，遂文风大变，以谦和、平实的语调给北大同学写了一封公开信，称："仆深信诸君本月四日之举，纯出于爱国之热忱。仆亦国民之一，岂有不满于诸君之理？惟在校言校，为国立大学校长者，当然引咎辞职。仆所以不于五日即提出辞呈者，以有少数学生被拘警署，不得不立于校长之地位，以为之尽力也。今幸承教育总长、警察总监之主持，及其他校长之援助，被拘诸生，均经保释，仆所能尽之责，止于此矣。如不辞职，更待何时？至一面提出辞职，一面出京，且不以行踪告人者，所以避挽留之虚套，而促继任者之早于发表，无他意也。北京大学之教授会，已有成效，教务处亦已组成，校长一人之去留，决无妨于校务。惟恐诸君或不见谅，以仆之去职，为有不满意于诸君之意，故特在途中，匆促书此，以求谅于诸君。”[68]

蔡元培辞职离校的消息传开之后，北京各校的代表即在北大开会，迅速发起了挽留蔡元培校长的活动。他们先以北大全体学生名义发函，呈请政府挽留蔡元培：“此次学生行动纯出至诚，乃本校校长过自引咎，呈请辞职，并已离校赴津。生等闻知，不胜惶恐，谨于本日决议全体停课待罪，无论何种谴责甘受无辞。若令校长得留，则生等虽去校之日犹怀补过之思，否则非惟贻教育前途以莫大之危险，且恐激起全国舆论之非难。伏乞万勿允准辞职，以维学务而平舆情。”[69] 同一天，北大学生代表前往教育部面见教育总长傅增湘，请其设法挽留蔡校长。同时，北大的教职员工也推举李大钊、马叙伦、马寅初、康宝忠、徐宝璜、王星拱、沈士远等八人为代表，到教育部面陈挽留蔡元培的决心，并表示如蔡元培不留任，则北大教职员“即一致辞职”。

北大之外，其他各校也加入到了“挽留蔡校长”的活动中。5 月 11 日，北京专科以上学校教职员工一致签名上书，请求挽留蔡元培。就连中等专科学校学生联合会也上书总统和教育部，说：“此次学生运动纯属学生之公意，出自至诚，责无旁贷……与各校校长绝不相关，尤非北京大学校长一人所能行任其咎。且蔡校长德高望重，海内宗风，自其入长大学，招致贤哲，成绩斐然。不特亲立门墙者咸受熏陶，即异校弟子，亦得常亲教泽，全国舆论尤极推崇……自蔡校长辞职，学界震动，函电纷驰，惊惶万状，加以谣言纷起，大有不可终日之势。大总统、总长素重教育，万望俯顺众情，对于北大校长辞职，万勿批准，并迅下明令，切实慰留，保此教育一线之曙光。”[70]

本来，北洋政府是很乐见蔡元培离开北大的，甚至他们把北大校长的新人选都找好了。可万万没想到，蔡元培在教育界极有威望，各校师生纷纷提请挽留，一时之间，“挽蔡”又成了一件不容回避的公共事件。此时，北洋政府也知道事情难办了。下令挽留蔡元培，殊非本意，若不挽留，则众怒难犯。犹豫之间，北洋政府便有两天的时间没有表态。[71]

到了5月13日，北京各高校校长见政府毫无表示，遂集体递交辞呈，以示与蔡元培共去留之决心。医专校长汤尔和、工专校长洪熔甚至在递交辞呈的当天也离开了北京。

在广大师生和社会舆论的压力之下，北洋政府只好让步。大总统徐世昌于5月14日签发了挽留蔡元培的命令。但在同一天，他又下了两道弹压学生的命令，在第二天又将同情蔡元培的教育总长傅增湘免职。这表明北洋政府挽留蔡元培完全是迫于压力，缺乏诚意。但不管怎么说，“挽蔡”活动毕竟得到了政府的确认，教育部随即派人到上海与蔡元培协商复职一事。教育部来迎请，蔡元培当然就要谈条件了，他表示：“政府果曲谅学生爱国愚诚，宽其既往，以慰舆情，元培亦何敢不勉任维持，共图补救。”[72]

但蔡元培并没有立刻回京复职，而是以养病为由回到杭州小住，一直到6月中旬，北洋政府解除了曹汝霖、陆宗舆、章宗祥三人的职务之后，蔡元培才完全同意复职，同时函告北大师生，自己因病不能到京，先委托蒋梦麟到校代理校务。

答应复职之后，蔡元培于7月23日发表《告北大学生暨全国学生书》，一方面肯定学生们在五四运动中所体现出来的爱国热忱，另一方面指出“学生不能因政治问题牺牲学业”。他说：“吾国人口号四万万，当此教育万能、科学万能时代，得受教育者，百分之几，得受纯粹科学教育者，万分之几。诸君以环境之适宜而有受教育之机会，且有研究纯粹科学之机会，所以树吾国新文化之基础，而参加于世界学术之林者，皆将有赖于诸君。诸君之责任，何等重大。今乃为参加大多数国民政治运动之故，而绝对牺牲之乎？”[73]

养病近两个月之后，蔡元培于9月12日返回北大复职。9月20日，北大师生在法科大礼堂集会，热烈欢迎蔡元培返校。蔡元培因五四运动而辞职及随后的“挽蔡”活动才正式结束。

在整个五四运动期间，蔡元培营救出被捕学生即宣告辞职，以自己的引咎辞职换得学生安全，其牺牲精神可歌可泣；蔡元培辞职后，各校师生奋力发起“挽蔡”活动，并最后获得了成功，其情感人至深。校长爱护学生，学生敬重校长，为此甚至不惜与当局对立，此事足以令人惊叹、唏嘘。

可是，经过五四运动，蔡元培北大校长的位置还是比以前更难做了。原因有两个方面。其一，五四运动之后，北洋政府视北大为“眼中钉，肉中刺”。身为北大校长的蔡元培必然首当其冲，常与北洋政府相互抵牾。其二，“五四”之后，北大的一些学生也愈发不好管束，他们的心思转到了政治和社会运动上，不肯安心于学问，甚至动辄就想用罢课之类的方法解决问题，甚至在后来还用这种方法对付他们曾经无比尊重的校长蔡元培。

蔡元培是一位教育家，他虽赞同学生的爱国热情，但他并不赞同用罢课游行等方法搞学潮。他在 1920 年 5 月撰文《去年五月四日以来的回顾与今后的希望》，提出了“学生运动得不偿失”的观点。他说：“人人都知道罢工、罢市损失很大，但是罢课的损失还要大。全国五十万中学以上的学生，罢了一日课，减少了将来学术上的效能，当有几何！要是从一日到十日，到一月，他的损失，还好计算么？况且有了罢课的话柄，就有懒得用工的学生，常常把这句话作为运动的目的，就是不罢课的时候，除了若干真好学的学生以外，普通的就都不能安心用工。所以从罢课的问题提出以后，学术上的损失，实已经不可限量。至于群众运动的缘故，引起虚荣心、依赖心，精神上的损失，也着实不少。”他还说：“学生对于政治的运动，只是唤醒国民注意。他们运动所能收的效果，不过如此，不能再有所增加了。他们的责任已经尽了。现在一般社会也都知道政治问题的重要，到了必要的时候，他们会对付的，不必要学生独担其任。现在学生方面最重要的是专心研究学问。试问现在一切政治社会的大问题，没有学问，怎样解决？有了学问，还怕解决不了吗？”最后，他劝告学生：“打定主义，无论何等问题，决不再用自杀的罢课政策。”[74]

不过，一些北大学生显然没听校长的劝告。五四运动之后，挟爱国胜利之余威，北大的学生组织力量十分强大，因此学生的许多事情学校干涉不得。发展到后来，学生们越发放肆起来，宿舍是自行分配，甚至可以住亲眷，学校也不能过问。这种风气发展到后来，就发生了讲义费风波。

原来，北大各院系所使用的讲义都是免费提供的。到了 1922 年，因学校经费紧张，蔡元培提议收取讲义费，以讲义费补助一部分购买图书之款项。蔡元培的建议在北大评议会上获得通过。但没想到，这一建议遭到了学生们的强烈反对。10 月 17 日下午，数百名学生到会计科请愿，预科法文班学生冯省三甚至号召大家“到会计科去把讲义券烧了”，结果，会计科的门被毁坏。第二天，学生们又到校长室请愿。蔡元培与学生代表谈判，先答应三日之内的讲义费不收，此后是否收费，待评议会决议再定。若评议会决议仍须收费，则这三日的讲义费由蔡元培个人为大家负担。但学生们不接受校长的方案，坚持要求立即废止讲义费。学生群情激奋，喊声如雷。

蔡先生终于被激怒了。他冲出校长室，对学生们大喊：“你们这班懦夫！有胆的就请站出来与我决斗。如果你们哪一个敢碰一碰教员，我就揍他！”（因学生们曾追打过代总务长沈士远）

蔡校长毕竟德高望重，学生们还是有所忌惮的。他们为蔡校长要决斗的气势所威慑，始作鸟兽散。

但经此风波之后，蔡元培对学生们的不可理喻十分痛心。他当天就写下辞呈，其中说：“此种越轨举动，出于全国最高学府之学生，殊可惋惜。废置讲义费之事甚小，而破坏学校纪律之事实大，涓涓之水，将成江河，风气所至，将使全国学校共受其祸。言念及此，实为痛心。此皆由元培等平日训练无方，良深愧惭。长此以往，将愈增元培罪戾。迫不得已，惟有恳请辞职，迅予批准，并克日派员接替，不胜迫切待命之至。”[75]

蔡元培提出辞职之后，总务长蒋梦麟、代总务长沈士远、图书馆主任李大钊、出版部主任李辛白、数学系主任冯祖荀等也宣布“随同蔡校长辞职，即日离校”。

至此，学生们才发现“玩”大了。最后，胡适出面调解，先让学生派代表去请蔡校长，诚恳道歉，真心挽留；然后北大评议会又通过决议，开除讲义费风波中带头闹事的学生冯省三。在多方挽留之下，蔡元培于 10 月 24 日重新返校任校长，而校评议会也作出决议，暂缓收取讲义费。

1922 年 10 月 25 日下午，回校复职的蔡元培在师生大会上发表演说：

"我这一回的辞职，有多数的人都说我'小题大做'。但是我对于十八日的暴举，实在看得很重大。……我还记得二十年前革命主义宣传最盛的时候，学生都怀着革命的思想，跃跃欲试，就在学校里面试验起来。说学生是学校的主人翁，譬如一国的国民；教员是学生的公仆，譬如国家的政府；国民可以革政府的命，学生就可以革教员的命。那时候长江一带，这样试验革命的学校，不知有多少。他的导火线都很简单，大半为记分不公平或饭菜不好等小问题，反对一个教员或一个庶务员，后来迁于全体教职员，闹到散学。……现在政治上的失望与改革的热诚，激动人的神经，又与二三十年前差不多了。学生在学校里面要试验革命的手段又有点开端了。我希望有知识的大学学生，狠要细心检点。"[76]

在讲义费风波中，一些北大学生以罢课请愿等手段对付学校和校长，蔡元培也以辞职的方式予以回应，双方都使出了"杀手锏"。正因如此，有些人认为蔡元培"小题大做"了，没必要与学生动这么大的气，甚至不惜闹到决裂的份儿上。就事论事，不能说这种说法没道理。可若前后联系，我们就会发现，讲义费风波实是"压垮骆驼的最后一根稻草"。此事之前，蔡元培就已经处于内外交困之中了。

在一个军阀混战的乱世，北大校长的位置不好坐。"五四"运动中，蔡元培极力替学生承担，不惜以辞职相抗，这自然可得师生拥戴。可守旧的军阀早就记恨蔡元培了，他们总想找碴"收拾"蔡元培。1920 年秋天，北大正式招收女生。此事让曹锟和张作霖等人大为不满，他们甚至扬言要将蔡元培抓了，"看管起来"。为缓和矛盾，蔡元培只好于 1920 年 11 月赴欧美考察，避一避"风头"。

政治高压之外，校内的情况也日益恶化。当时国内军阀连年混战，国家财政多被用作军费，教育支出严重不足，北大的教育经费也被严重挪用。资金不足，有时甚至到了拖欠教师薪水的程度。自 1919 年 12 月起，北京小学的教员就为讨欠薪而罢课，后来，北大的教员也参与到了讨薪运动中。1921 年，北京专科以上八所学校教职员相继罢课，向北洋政府开展"索薪斗争"。6 月 3 日，八所学校的教职员工和学生数百人去新华门向政府请愿，要求给教师发放薪水，结果与军警发生了冲突。北大代理校长蒋梦麟、北大教授马叙伦、沈士远等被打伤。蔡元培当时在欧洲考察，听说此事之后感到很痛心。

为解决教育经费和教育独立的问题，蔡元培殚精竭虑，在1922年提出了教育独立的主张和建立大学区制的构想。所谓教育独立，就是要让教育超越党派，保持独立的资格，不受各政党和教会的影响。所谓大学区制则是贯彻教育独立原则的具体措施，做法是：将全国划分为若干大学区，每区成立一所大学，由大学办理本区的中小学教育、社会教育、成人教育等各项教育事务；大学事务，由大学教授组成的教育委员会主持，大学校长也由教育委员会选出；各大学校长组成高等教育会议，处理各大学区之间的事务；教育总长必须经高等教育会议承认，不受政党内阁更迭的影响；各区教育经费，从本区税收中抽取，特别贫困地区才由中央政府拨款补助。蔡元培的这个主张，一方面是要争取教育事业的独立地位，一方面也包含了解决教育经费不足的办法，各区教育经费从本区税收中抽取，就避免了军阀政府对教育经费的截留和挪用。可惜的是，蔡元培的主张并不为当局所采纳。

大学区制建不成，教育经费就还控制在北洋政府手中。为了帮助教员讨薪，蔡元培在1919年底到1922年8月间又两次以辞职相抗，逼迫北洋政府认真对待教育经费问题。辞职虽经挽留，但北大教育经费不足的问题始终没有得到解决。万不得已之下，蔡元培才想出了向学生收取讲义费的办法，不想此事又引来了学生的强烈反对，酿成了“讲义费”风波。这一连串的压力，如何不让蔡校长着急上火？蔡元培素以温文尔雅、谦谦君子的风度著称，若非身心俱疲、内外交困，怎么会大光其火，公然要与学生“决斗”？

蔡元培在“讲义费”风波中以辞职相抗，其实并不是他故作姿态，而是他确实不愿再当这种内外交困的北大校长了。于外部而言，固然是得罪了北洋政府的政客和军阀；于内部而言，学生们也不领情，为了个人的一点利益（讲义费）就请愿罢课，追打老师，围堵校长室。此种情形之下，蔡元培心痛万分，继而萌生退意，实属一种正常的反应。蔡元培固然是伟大的教育家，但越是深爱学生的教育家，越受不了学生不领情还反戈一击的做法，正所谓“爱愈深则伤痛越深”是也。

退意已生，任何一个机缘都可以让人辞职离去。对今人如是，对蔡元培亦如是。“讲义费”风波中，经各方极力挽留，蔡元培答应回到北大继续担任校长，但他心已受伤，退意已生，剩下的不过是等待一个新的离开机缘罢了。

很快，这个机缘就来了。这就是发生在 1923 年 1 月的“罗文干事件”。

第六节 辞 职

蔡元培最终辞职离开北大的导火线是“罗文干案”。

罗文干，字钧任，广东番禺人，1888 年出生于当地的一个富裕家庭，1904 年赴英国留学，入牛津大学，专攻法律，四年后毕业，获得法学硕士学位。回国后，罗文干长期从事司法工作。1913 年任北京政府总检察厅检察长。此后十多年间，罗文干当过北京大学的法官讲习（类似于今天的兼职教授），历任司法部次长、大理院院长等职务，在 1922 年案发之时，官至财政总长。

罗文干能够当上财政总长，与吴佩孚关系密切。1922 年 4 月，第一次直奉战争爆发，直系军阀获胜，直系首领就是有“秀才将军”之称的吴佩孚。吴佩孚虽是军阀，但很爱国，1919 年“五四”运动时他曾通电支持学生；1921 年，吴佩孚又通电主张劳动立法，保护劳工；1922 年，他在自己所辖制的京汉、京绥、京奉、津浦、正太五条铁路建立了工会组织。因上述表现，当时国内的知识界对吴佩孚普遍心存好感。

自辛亥革命到吴佩孚率领直系入主北京，这十多年中，中国内战不断，人们已厌倦了军阀们争权夺利的战争。于是，中国的知识界希望借助相对开明的吴佩孚，来组建一个“好人政府”。于是，在 1922 年 5 月 7 日，胡适就在丁文江的鼓励下创办了《努力周报》，随后于 5 月 14 日发表了一篇《我们的政治主张》的政论文章，文章提出：把建立一个公认的“好政府”作为改革中国政治最低限度的要求，所谓好政府即“宪政的”、“公开的”、“有计划的”政府。文章称：“中国所以败坏到这步田地，虽然有种种原因，但好人自命清高确是一个重要的原因。因此，政治改革的第一步就是“好人须寓有奋斗的精神。凡社会上的优秀分子，应该为自卫计，为社会国家计，出来和恶势力奋斗”[77]。这篇宣言式的文章还就中国的政治问题提出了具体建议，如南北议和、裁军、裁官、直接选举、财务公开等。《我们的政治主张》是胡适写的，但发表时是16人联名，蔡元培位列首位，然后是王宠惠、罗文干、汤化龙、李大钊等。这16人的政治主张后来被概括为“好人政府”。这篇宣言发表之后，直系军阀吴佩孚、孙传芳纷纷发表通电响应，支持成立“好人政府”。

经蔡元培、胡适等一批知识分子的张罗，1922年9月19日，“好人政府”组成。黎元洪任总统，王宠惠任国务总理，罗文干也跻身内阁，任财政总长。

民国以来，各届政府的财政情况都很差，全都是靠借外债过日子，“好人政府”成立后也是这样。为了解决财政问题，王宠惠、罗文干等人就和西方国家秘密洽商，拟用整理旧债作幌子，向英、美、德、法四国银行团进行一笔1亿元的新借款。听说中国要向外借款，意大利公使首先提出签订奥款展期合同的要求，接着英国公使也与外交总长顾维钧接洽，想要促成这笔交易。为了尽早拿到外国银行的钱，罗文干事急从权，在办理奥款手续时不够完备，此事直接引发了罗文干案。当时，曹锟与吴佩孚争权夺势，遂就罗文干借款时手续不完备一事向“好人政府”发难。曹锟指使众议院议长吴景濂以罗文干擅自与奥国签订贷款合同为由，控告其贪污受贿，并于1922年11月18日迫使总统黎元洪下令逮捕了罗文干。

按照当时法律，就算内阁成员有违法之举，逮捕令也需要经过内阁同意才能生效。而总统黎元洪仅凭一面之辞直接下令逮捕阁员，不但越出了总统职权范围，更是对责任内阁制度的严重破坏。为表抗议，王宠惠率“好人政府”阁员全体辞职。随后，张绍曾组阁，彭允彝出任教育总长。

罗文干案经过一个多月的侦察之后，检察厅认为罪名不成立，罗文干被无罪释放。但一些政客仍然置法律于不顾，新任教育总长彭允彝为讨好吴景濂和曹锟，居然在内阁会议上提出：由国务院作为公诉人，申请地方检察厅对罗文干案再行侦查。结果，1月15日，罗文干刚刚出狱四天就再次入狱。

吴景濂等人借陷害罗文干搞垮“好人政府”，此事已使蔡元培等大失所望，现在，新上任的教育总长居然公开干涉司法独立。蔡元培忍无可忍，再次选择了辞职。他在给总统黎元洪的辞呈中说："窃元培承乏国立北京大学校长，虽职有专司，然国家大政所关，人格所在，亦不敢放弃国民天职，漠然坐视。数月以来，报章所记，耳目所及，举凡政治界所有最卑污之罪恶，最无耻之行为，无不呈现于中国。国人十年以来最希望之司法独立，乃行政中枢竟以威权干涉而推翻之。最可异者，钧座尊重司法独立之命令朝下，而身为教育最高行政长官之彭允彝，即于同日为干涉司法独立与蹂躏人权之提议，且已正式通过国务会议。似此行为，士林痛恨！佥谓彭允彝此次自告奋勇，侵越权限，无非为欲见好于一般政客，以为交换同意票之条件耳。元培目击时艰，痛心于政治清明之无望，不忍为同流合污之苟安。尤不忍于此种教育当局之下，支持教育残局，以招国人与天良之谴责。惟有奉身而退，以谢教育界及国人。谨此呈请辞职，迅予派员接替，立卸仔肩。"[78]

随后，蔡元培于 1 月 19 日在《晨报》上发表《辞去北大校长职务声明》："元培为保持人格起见，不能与主张干涉司法独立、蹂躏人权之教育当局再生关系，业已呈请总统辞去国立北京大学校长之职，自本日起，不再到校办事，特此声明。"[79]

辞职之后，蔡元培离京南下，到达天津时，他接受记者采访，称辞职不是因为自己与罗文干的私人关系，亦非与彭允彝闹意气之争，而是践行"不合作主义"，不肯与腐败政府和政客同流合污，"余平生仅知是非公道，从不以个人为单位。余之不平，纯为中央行政机关无端干涉司法所致。对于罗君，虽相交有素，然当其柄权时，每与相遇，余皆正言厉色，责备内阁之毫无政策，在京诸友可以证明予言者，颇不乏人……即有余所鄙视之人，为政府无端蹂躏，余亦视力之所及，起而抗争……至与彭允彝争意气一节，尤属一面之辞。彭氏为人，除觉其政客臭味太重外，余亦不甚注意，惟其身居教育当局，越俎干涉司法，其用心何在，不难想见。假使余所敬爱之人，一旦身居高位，有此蹂躏人权以图自利之举动，余亦不惜与之绝交，正其罪恶，不稍假借"[80]。

蔡元培在自述中详细阐述他离开北大的原因，他说："罗案初起，我深恶吴景濂、张伯烈的险恶，因为他们为倒阁起见，尽可用质询弹劾的手续，何以定要用不法行为，对于未证明有罪的人，剥夺他的自由？我且深怪黎总统的大事糊涂，受两个人的胁迫，对于未曾证明有罪的人，草草地下令逮捕，与前年受张勋压迫，下令解散国会，实在一样糊涂。我那时候觉得北京住不得了，我的要退的意思已经很急迫了。”[81] 他还说：“我是一个比较还可以研究学问的人，我的兴趣也完全在这一方面。自从任了半官式的国立大学校长以后，不知道一天要见多少不愿意见的人，说多少不愿意说的话，看多少不愿意看的信。想每天腾出一两点钟读读书，竟做不到，实在苦痛极了。而这个职务，又适在北京，是最高立法机关行政机关所在的地方。只见他们一天一天地堕落：议员的投票，看津贴有无；阁员的位置，禀军阀意旨；法律是舞文的工具；选举是金钱的决赛；不计是非，只计利害；不要人格，只要权力。这种恶浊的空气，一天一天地浓厚起来，我实在不能再受了。我们的责任在指导青年，在这种恶浊气里面，要替这几千青年保险，叫他们不受外界的传染，我自忖实在没有这种能力。所以早早脱离关系，让别个能力较大的人来担任这个保险的任务。”[82]

对于蔡元培的辞职，陈独秀在《向导》周刊上撰文，说：“革命的事业必须建立在广大民众积极努力的力量上面，依赖少数人消极的拆台政策来打倒恶浊的政治，未免太滑稽了，太幼稚了，而且太空想了。”[83] 就社会而论，此语不能说没道理，但就蔡元培本人而言，辞职之举无疑是他坚守道德理想、维护个人操守的有效手段。不与恶势力和恶人同流合污是蔡元培先生一生的做人底线。因恪守这条底线，他一生多次辞职。可以说，辞职既是他人格高洁的直接体现，亦可说辞职是保护自己精神纯净、捍卫人格尊严的一种利器。别人多是在不断的谋职、升职中体现人生价值，而蔡元培则恰好相反，他每每从别人艳羡的高位上急流勇退，通过辞职彰显出他高贵的品格和高远的人生境界。比如，1898 年，蔡元培时任翰林院编修，那是封建社会里很多读书人梦寐以求的位子，获此殊荣，升官发财、封妻荫子之类的事近乎水到渠成。可是，那一年戊戌变法失败了，“戊戌六君子”喋血菜市口，蔡元培对清廷彻底失望。他本不是维新人士，本可以继续当他的翰林院编修，但他还是辞职了。他以辞去翰林院编修的方式与腐败的清廷彻底划清界限，从此走上了革命之路；1912 年 7 月，为抵制袁世凯专制独裁，蔡元培坚决辞去教育总长的职务，袁世凯以“我代四万万人坚留总长”挽留，蔡元培以“元培亦对四万万人之代表而辞职”相拒；1917 年 7 月，张勋复辟，蔡元培向总统黎元洪提出辞职，以示抗议。张勋复辟闹剧很快失败，蔡元培旋即复任；1919 年“五四运动”爆发后，部分游行学生被捕，蔡元培营救出被捕学生之后，宣布辞职，后经社会各方的极力挽留，蔡元培才重新回北大复职。

辞职，辞职，再辞职，辞职可以说是蔡元培人生中的家常便饭。对于辞职的意义，他当然深有体悟，他说：“《易经》说：‘小人知进不知退。’我国近年来的许多纠纷的事情，都是由不知进退的小人酿成的。而且，退的举动，并不但是消极的免些纠纷，间接的还有积极的努力。”[84]“小人知进不知退”，一语即可揭破蔡元培屡次辞职的心灵密码——蔡元培是君子，无论如何都不肯与小人同流合污，万不得已之际，辞职就成了他保全自己常用的一招了。反观今日，“知进不知退”者如过江之鲫，“知得不肯舍”者更是不可胜计。“知进不知退”的小人太多，社会风气焉能不坏？此种情形之下，我们理应弘扬蔡元培先生“知进知退”的君子风范，理应坚持人生理想，恪守道德底线，而所有的坚持，所有的恪守，其最底线就是不与小人同流合污。在这个意义上，蔡元培先生的多次辞职之举实在值得令人玩味、学习。

第七节　出　国

1923 年 7 月 20 日，蔡元培从上海登上轮船，启程赶赴欧洲，此时，他已经 56 岁了，但仍要到欧洲游学。

从 1923 年 1 月从北大辞职，到现在启程出国，这半年的时间他是在上海度过的。在上海期间，他除了会见亲朋，还完成了人生中的另一件大事：迎娶周峻为妻。

蔡元培一生娶过三位妻子，第一任妻子王昭，两人共同生活十年，育有两子。长子阿根早夭，次子无忌两度留学法国，获兽医学博士。1900 年，王昭病逝。之后，蔡元培娶黄仲玉女士为妻。黄夫人与蔡元培生下了长女威廉和三子柏龄，夫妻感情甚洽。两人相守 21 年后，黄夫人于 1921 年病逝。当时，蔡元培正在前往欧洲考察的途中，得知夫人病逝的消息后，悲痛欲绝，写下了一篇祭文，称颂黄夫人“善书、善画、善为美术之天才”，“孝于亲，睦于弟妹，慈于子女”，“常克勤克俭，以养我之廉，以端正子女之习惯”，“爱我以德，无微不至”。文章字字血泪、情真意切，后来被收入了中学课本，成为抒情散文的典范。

到 1923 年，黄夫人去世已经两年，蔡元培依旧孑然一身，亲友们就设法为其寻觅伴侣。回到上海后，张元济、徐珂等朋友热心为其张罗，蔡元培开出条件：1.原有相当认识；2.年龄略大；3.须谙熟英语而能为工作助手者。巧的是，经张元济留心，有一个人恰好完全符合蔡元培的这三项条件，此人便是张元济聘请的家庭教师周峻（教张元济之子张树年）。

周峻，字养浩，江苏江宁人，曾毕业于蔡元培创办的爱国女学，自然与蔡元培“原有相当认识”；她当年 33 岁，尚待字闺中，属“年龄略大”者；她还精通英文，足以担当蔡元培的“工作助手”，另外她还擅长书画，这一特长亦为蔡元培所喜。

蔡元培在上海有一好友徐珂，两人曾是乡试同年，徐珂之妻何墨君曾在蔡元培创办爱国女学时出任“监学”，何墨君一直赏识周峻，两人关系甚好。鉴于此种情况，张元济便让徐珂、何默君夫妇出面做媒。因蔡元培在年龄上比周峻大二十多岁，周家还特为此事开家庭会议商量，周峻对蔡元培素有敬仰之心，遂表示“愿意”。

于是，1923 年 7 月 10 日，蔡元培与周峻女士在苏州留园举行结婚典礼。婚后十天，蔡元培即启程远赴欧洲，不过这次他是携家眷同行，除夫人周峻外，还有长女威廉，三子柏龄及周纪霆、周纪兴两位内侄。

蔡元培一家经法国马赛抵达比利时布鲁塞尔。初到比利时，夫人周峻和女儿蔡威廉在布鲁塞尔美术学校注册入学，蔡柏龄则与周纪霆、周纪兴一起就读沙洛埃劳工大学。不过，蔡元培和妻子、女儿并没有在比利时久留，原因是布鲁塞尔美术学校规定，凡是过去没有画过人体模特者，须补习一年。周峻学习国画山水花鸟，本不必画人体模特；

蔡元培与夫人周峻合影

蔡威廉虽画油画，但当时已有相当基础，亦不须补习。后打听到法国的美术学校无此项规定，于是，蔡元培便带着妻女移居到了法国。在法国，周峻去了巴黎美术学校，蔡威廉则去了里昂美术学校，蔡元培本人则寓居斯特拉斯堡，专事写作，《五十年来中国之哲学》、《简易哲学纲要》等著述，就是蔡元培在此期间完成的。

著述之外，蔡元培还展开外交努力，促成了庚子赔款的“退还”事宜。1900 年，义和团运动进入高潮，随后八国联军侵入北京，镇压了义和团。清廷与十一国谈判，签订了《辛丑条约》，向各国赔偿战争损失白银四亿五千万两。因 1900 年是庚子年，所以这笔赔款亦称庚子赔款。1908 年，美国决定退还其所得庚子款的半数，用以建立清华大学（留美预备学校），逐年输送中国学生赴美留学。美国这样做的主要目的是为了改善同中国的关系。可是，欧洲各国对退还庚子赔款一事迟迟不表态，法、荷、比等国都在看英国的态度。英国一直推迟到 1922 年才表示愿意退还庚子赔款。可是，在华的英国教会和英国商人则表示，英国退还中国的庚子赔款，应用于维护英国在华所办的教育和医学事业。面对这样的变故，北大英文系教授杨荫庆出面，组织了留英学生退款兴学会，意在建议用退款在中国兴办教育事业，而不要将这笔钱完全交给英国在华人员掌控。为达目的，杨荫庆还编写了《讨论退款兴学案大纲》。

蔡元培来到布鲁塞尔之后，留英学生退款兴学会就派人前来拜访，讨论庚子退款事宜，希望蔡元培能介入此事。与此同时，国内的教育界人士和教育机构也敦请北洋政府授权蔡元培为处理庚子退款的全权代表，赴英国交涉此事。

这笔退款数额巨大，事关中国教育事业的发展，蔡元培遂于 1924 年 3 月底接受使命，偕夫人周峻由巴黎赴伦敦交涉此事。到伦敦后，蔡元培先与《泰晤士报》、《每日电讯报》、《观察家报》等英国重要媒体接触，阐述中方对庚子退款的态度及理由。随后又拜访英国著名的文化友人，请他们为此事出力。

4 月 4 日，蔡元培拜访罗素夫人，4 月 5 日，蔡元培拜访牛津大学校长沙特尔，向他们阐述退款用于中国教育事业的主张。4 月 14 日，蔡元培在罗素夫人的陪同下，前往英国外交部，会晤英国外交部东方司司长瓦特罗勒。在交谈中，瓦特罗勒告诉蔡元培，英政府为庚子退款一事组织的调查委员会人选多系商人，退款的用途也并未规定用于教育事业。蔡元培力陈，请英国政府多选教育界名人为调查委员，另外又力荐将此款用于文化教育事业。随后，蔡元培又草拟了一份《处理英庚赔款的备忘录》，后来，这份备忘录成了处理英国庚子赔款的重要蓝本。1925 年，英国国会正式通过“中国赔款案”，决定将庚子赔款余额全部退还中国，并规定用于教育文化事业。同时成立咨询委员会，由八名英国人和三名中国人组成。到 1930 年，中英两国政府正式换文，共同设立管理庚子赔款的董事会，由中方教育部部长朱家骅任董事长。

1924 年，蔡元培（中）在法国参观

在英国交涉完庚子赔款事宜之后，蔡元培返回了法国。在法国，他协助留法学生举办了旅法中国美术展。此外，还于 1924 年的 8 月间到维也纳出席第六届国际世界语大会，随后又到瑞典斯德哥尔摩参加国际民族学会议。他甚至还于 1924 年 11 月到德国汉堡大学报名入学，打算在那里学习和研究民族学。

但是，国内局势的变化使得蔡元培无法安心在国外治学。1925 年，先是孙中山先生在 3 月 12 日去世，消息传到欧洲，蔡元培赶紧赶赴英国伦敦，参加悼念活动。接着，“五卅运动”发生，外国报纸不明真相，大肆渲染中国的“排外倾向”，甚至将此运动比做当年的“义和团”，主张英国和日本当局继续使用武力镇压中国的工人运动。蔡元培赶紧撰文《为国内反对日英风潮警告列强》，驳斥这种说法。蔡元培指出：这次中国反对英、日等国的风潮，完全是帝国主义压迫的结果，远因在于鸦片战争中英国强迫中国签订不平等条约，近因则是日本工厂对华工的苛刻对待。蔡元培说：“在二十世纪，日日以‘公道’、‘人道’作号召的欧洲人，对于英、日这种不公道、不人道的惨剧，竟不肯提议纠正，反似乎有偏袒英、日的倾向，真令我骇怪到万分。”[85]

另外，蔡元培此次旅欧，虽在他自己来说是辞去北大校长之后的举动，但在北大方面，则一直极力挽留。当初蔡元培愤然辞职之际，北大师生就发起过“驱彭挽蔡”运动，意思是驱逐教育总长彭允彝，挽留蔡元培继续当北大校长。在这种情况下，北京政府一直没有批准蔡元培的辞职请求。也就是说，旅欧期间，蔡元培虽然已经不过问北大之事了，但他名义上依然是北大校长。因此，北大代理校长蒋梦麟及北大评议会屡次来电，劝说蔡元培继续回北大主持校务。蔡元培不满北洋政府，厌恶北京的政客，为此愤然辞职。可是，看见北大师生一直真诚地邀请自己回校，蔡元培又有一些心动。于是，在1926年春，当教育部又一次电催其回国时，他终于踏上了归国之旅，意在重回北大复职。

可是，回国之后，蔡元培发现北伐战争已如箭在弦，一场关乎国家命运的大革命已然拉开大幕。在此情形之下，蔡元培已经不可能回北大了，他转而投入到了政治运动之中。

/ 注释 /

[1] 蔡元培:《蔡元培自述》，北方文艺出版社2012年版，第98页。

[2] 高平叔编:《蔡元培全集》第三卷，中华书局1984年版，第26页。

[3]《中华新报》1917年1月1日。

[4] 高平叔撰著:《蔡元培年谱长编》(上)，人民教育出版社1996年版，第632~633页。

[5] 高平叔编:《蔡元培全集》第三卷，中华书局1984年版，第5页。

[6] 高平叔编:《蔡元培全集》第三卷，中华书局1984年版，第11页。

[7] 蔡元培:《蔡元培自述》，北方文艺出版社2012年版，第99页。

[8] 埃德加·斯诺著:《西行漫记》，生活·读书·新知书店1979年版，第126页。

[9] 埃德加·斯诺著:《西行漫记》，生活·读书·新知书店1979年版，第127页。

[10] 埃德加·斯诺著:《西行漫记》，生活·读书·新知书店1979年版，第129页。

[11] 白吉庵、刘燕云编:《胡适教育论著选》，人民教育出版社1994年版，第41页。

[12] 许广平编:《鲁迅回忆录》，上海文艺出版社1978年版，第84页。

[13] 梁漱溟:《五四运动前后的北京大学》，《追忆蔡元培》，陈平原、郑勇编，

生活·读书·新知三联书店 2009 年版，第 121 页。

[14] 梁漱溟:《五四运动前后的北京大学》，陈平原、郑勇编，《追忆蔡元培》，生活·读书·新知三联书店 2009 年版，第 124 页。

[15] 梁漱溟:《纪念蔡元培先生》，陈平原、郑勇编，《追忆蔡元培》，生活·读书·新知三联书店 2009 年版，第 115 页。

[16] 陈独秀:《致胡适》，周天度著，《蔡元培传》，人民出版社 1984 年版，第 103 页。

[17] 蔡元培:《蔡元培自述》，北方文艺出版社 2012 年版，第 103 页。

[18] 高平叔编:《蔡元培全集》第七卷，中华书局 1984 年版，第 197 页。

[19] 蔡元培:《蔡元培自述》，北方文艺出版社 2012 年版，第 100 页。

[20] 蔡元培:《蔡元培自述》，北方文艺出版社 2012 年版，第 101 页。

[21] 高平叔编:《蔡元培全集》第三卷，中华书局 1984 年版，第 149 页。

[22] 高平叔编:《蔡元培全集》第三卷，中华书局 1984 年版，第 150 页。

[23] 高平叔编:《蔡元培全集》第四卷，中华书局 1984 年版，第 94 页。

[24] 高平叔编:《蔡元培全集》第三卷，中华书局 1984 年版，第 191 页。

[25] 中国蔡元培研究会编:《蔡元培全集》第三卷，浙江教育出版社 1997 年版，第 700 页。

[26] 高平叔编:《蔡元培全集》第三卷，中华书局 1984 年版，第 443 页。

[27] 高平叔编:《蔡元培全集》第四卷，中华书局 1984 年版，第 95 页。

[28] 高平叔编:《蔡元培全集》第四卷，中华书局 1984 年版，第 263 页。

[29] 顾孟余:《忆蔡孑民先生》，陈平原、郑勇编，《追忆蔡元培》，生活·读书·新知三联书店 2009 年版，第 362 页。

[30] 高平叔编:《蔡元培全集》第三卷，中华书局 1984 年版，第 450 页。

[31] 高平叔编:《蔡元培全集》第三卷，中华书局 1984 年版，第 130 页。

[32] 高平叔编:《蔡元培全集》第三卷，中华书局 1984 年版，第 331 页。

[33] 高平叔编:《蔡元培全集》第三卷，中华书局 1984 年版，第 150 页。

[34] 高平叔编:《蔡元培全集》第四卷，中华书局 1984 年版，第 42 页。

[35] 高平叔编:《蔡元培全集》第三卷，中华书局 1984 年版，第 332 页。

[36] 高平叔编:《蔡元培全集》第三卷，中华书局 1984 年版，第 266 页。

[37] 高平叔撰著:《蔡元培年谱长编》(中)，人民教育出版社 1996 年版，第 234 页。

[38] 蔡元培:《蔡元培自述》，北方文艺出版社 2012 年版，第 115 页。

[39] 陈平原、郑勇编:《追忆蔡元培》，生活·读书·新知三联书店 2009 年版，第

211 页。

[40] 吕思勉：《蔡孑民论》，中国蔡元培研究会编，《蔡元培纪念集》，浙江教育出版社 1998 年版，第 543 页。

[41] 金林祥：《思想自由　兼容并包——北大校长蔡元培》，山东教育出版社 2004 年版，第 183 页。

[42] 陈平原、郑勇编：《追忆蔡元培》，生活·读书·新知三联书店 2009 年版，第 220 页。

[43] 高平叔编：《蔡元培全集》第三卷，中华书局 1984 年版，第 380 页。

[44] 高平叔编：《蔡元培全集》第三卷，中华书局 1984 年版，第 272 页。

[45] 高平叔编：《蔡元培全集》第三卷，中华书局 1984 年版，第 268~269 页。

[46] 高平叔编：《蔡元培全集》第三卷，中华书局 1984 年版，第 270 页。

[47] 高平叔编：《蔡元培全集》第三卷，中华书局 1984 年版，第 270~271 页。

[48] 陈独秀：《独秀文存》，安徽人民出版社 1987 年版，第 494 页。

[49] 高平叔编：《蔡元培全集》第三卷，中华书局 1984 年版，第 285 页。

[50] 傅斯年：《我所景仰的蔡先生之风格》，陈平原、郑勇编，《追忆蔡元培》，生活·读书·新知三联书店 2009 年版，第 165 页。

[51] 高平叔编：《蔡元培全集》第三卷，中华书局 1984 年版，第 392 页。

[52] 高平叔编：《蔡元培全集》第三卷，中华书局 1984 年版，第 458 页。

[53] 高平叔撰著：《蔡元培年谱长编》(中)，人民教育出版社 1996 年版，第 5 页。

[54] 高平叔编：《蔡元培全集》第三卷，中华书局 1984 年版，第 56 页。

[55] 高平叔编：《蔡元培全集》第四卷，中华书局 1984 年版，第 177 页。

[56]《清华周刊》第 272 期。

[57] 高平叔编：《蔡元培全集》第三卷，中华书局 1984 年版，第 253 页。

[58] 高平叔编：《蔡元培全集》第三卷，中华书局 1984 年版，第 33 页。

[59] 高平叔编：《蔡元培全集》第五卷，中华书局 1984 年版，第 283 页。

[60] 高平叔编：《蔡元培全集》第三卷，中华书局 1984 年版，第 65 页。

[61] 高平叔编：《蔡元培全集》第四卷，中华书局 1984 年版，第 94 页。

[62] 转引自崔志海著：《蔡元培传》，红旗出版社 2009 年版，第 125 页。

[63] 张国焘：《我的回忆》第一册，东方出版社 1991 年版，第 50 页。

[64] 高平叔编：《蔡元培全集》第六卷，中华书局 1984 年版，第 353 页。

[65] 蔡晓舟、杨景公编：《五四爱国运动》上册，中国社会科学出版社 1979 年版，第 458 页。

[66] 蔡晓舟、杨景公编：《五四爱国运动》上册，中国社会科学出版社 1979 年版，第 170 页。

[67] 高平叔编:《蔡元培全集》第三卷，中华书局 1984 年版，第 298 页。

[68] 高平叔编:《蔡元培全集》第三卷，中华书局 1984 年版，第 295~296 页。

[69] 中国社会科学院近代史研究所近代史资料编辑组:《五四爱国运动》上册，中国社会社会科学出版社 1979 年版，第 461 页。

[70] 中国社会科学院近代史研究所近代史资料编辑组:《五四爱国运动》上册，中国社会社会科学出版社 1979 年版，第 462 页。

[71] 中国社会科学院近代史研究所近代史资料编辑组:《五四爱国运动》上册，中国社会社会科学出版社 1979 年版，第 465 页。

[72] 高平叔编:《蔡元培全集》第三卷，中华书局 1984 年版，第 297 页。

[73] 高平叔编:《蔡元培全集》第三卷，中华书局 1984 年版，第 312 页。

[74] 高平叔编:《蔡元培全集》第三卷，中华书局 1984 年版，第 385 页。

[75] 高平叔编:《蔡元培全集》第四卷，中华书局 1984 年版，第 270 页。

[76] 高平叔编:《蔡元培全集》第四卷，中华书局 1984 年版，第 274~275 页。

[77] 胡适：《胡适的日记》，中华书局 1985 年版，第 352 页。

[78] 高平叔编:《蔡元培全集》第四卷，中华书局 1984 年版，第 309 页。

[79] 高平叔编:《蔡元培全集》第四卷，中华书局 1984 年版，第 310 页。

[80] 高平叔编:《蔡元培全集》第四卷，中华书局 1984 年版，第 312 页。

[81] 蔡元培:《蔡元培自述》，北方文艺出版社 2012 年版，第 129 页。

[82] 蔡元培:《蔡元培自述》，北方文艺出版社 2012 年版，第 128 页。

[83] 1923 年 1 月 24 日《向导》，陈独秀《评蔡校长辞职》。

[84] 蔡元培:《蔡元培自述》，北方文艺出版社 2012 年版，第 126 页。

[85] 高平叔编:《蔡元培全集》第五卷，中华书局 1984 年版，第 47 页。

第六章 主持中研院

第一节　从参与北伐到主持大学区改革

1926 年 7 月 9 日，蒋介石以国民革命军总司令的身份在广州东校场誓师北伐，为这位国民党政坛新星压阵的正是蔡元培的两位老朋友，一位是张静江，时任国民党中央执行委员会主席，他坐在轮椅上检阅了誓师队伍，一位是吴稚晖，时任国民党中央监察委员，他代表国民党中央向蒋介石授旗。

蔡元培的两位老朋友都与蒋介石走得如此之近，那么，此时蔡元培又在干什么呢？

他也在帮助蒋介石。他在江浙一带搞联省自治，以策应北伐。他先在浙江策动“浙江自治”，使浙江省省长夏超宣布“自治”，接受广州国民政府任命，所属部队亦脱离军阀孙传芳，易帜为国民革命军第十八路军。相应的，策动浙江自治的蔡元培、马叙伦、邵元冲、许宝驹、王孚川等人担任了浙江省政务委员会委员。

浙江一省“自治”，显然还无法撼动有着“五省联军总司令”之称的军阀孙传芳。于是，蔡元培等人又开始策划苏、皖、浙三省联合自治。“联省自治”思想在民国时期一度很有市场，原因在于，经过辛亥革命之后十几年的军阀混战，人心思定。于是有人设想：既然现在没人有能力迅速统一全国，那么不妨先各省自治、然后联省自治，某一地区治理得好，也能保一方百姓平安。在历史上，义和团运动及随后的八国联军侵略中国的事件中，两江总督刘揆一、湖广总督张之洞等人就联手结成“东南互保”，他们与外国人谈判，保证外国人在自己辖区内的安全，不使义和团侵犯外国人的生命和财产安全，外国人亦不要进这些区域进行武装干涉。结果参与“东南互保”的中国东南部及西南部诸省，就避免了动乱和战火。在辛亥革命时，江苏省都督程德全率先宣布“自治”，脱离清廷，以苏浙官绅为主体的立宪党人与革命党人结盟，促成了南北议和。几次重大的历史关头，江浙地区每每以“自治”求自保，使整个地区免于战火荼毒。现在，蒋介石在广州誓师北伐，国民党与北洋军阀的战争已然爆发，江浙地区宣布“自治”，脱离北洋军阀控制，亦不失为明智之举。

可是，军阀孙传芳并不是那么好对付的，他密令上海军警逮捕策动苏、皖、浙三省联合自治的人士。如此一来，蔡元培、杨天骥、董康、褚辅成、沈钧儒等人就成了孙传芳通缉捉拿的对象。得到消息后，这些人赶紧从上海逃亡浙江宁波。但此时宁波已成战场，孙传芳的军队与宣布“自治”的浙江夏超的军队展开激战。绍兴、萧山很快失守，夏超兵败被俘，随即被杀害。夏超部溃军正退往宁波。蔡元培等人一看，宁波绝非久留之地，赶紧再次逃亡。蔡元培经象山去福州，然后到厦门。待北伐军收复浙江之后，蔡元培等人才重新回到浙江杭州。此时已经是 1927 年 2 月 26 日。而在此前的 2 月 21 日，国民党中央已经决定，组建上海临时政治委员会，派蔡元培、吴稚晖、钮永建、何应钦、杨树庄、陈果夫、郭泰祺、杨杏佛为委员，该会为上海最高行政机关。在张静江未到杭州之前，由蔡元培代理委员会主席之职。

3 月 21 日，张静江抵达杭州。蔡元培与之相见，将主席一职让于张，算是“交差”。不料，张静江力邀蔡元培随他一同去上海，说“有要事相商”。既然老朋友相邀，蔡元培等人也就随张静江来到了上海。

在上海，蒋介石正期待着这批国民党元老的到来。

3月26日晚，蒋介石从九江赶到上海。他不待休息，即与张静江、吴稚晖、蔡元培、李石曾等人会谈，寻求“国民党四老”对自己下一步行动的支持。次日，蒋介石再次召集大家开会，讨论具体的“清党”方案。

就这样，蔡元培和他的老朋友张静江、吴稚晖、李石曾等人深度介入了蒋介石与共产党决裂的“清党”行动。

3月28日，蒋介石和“国民党四老”召开国民党中央监察委员会常务会议，蔡元培任会议主席，会上通过了吴稚晖弹劾共产党的提议，主张“取消共产党人在国民党之党籍”。此后，蔡元培便站在蒋介石一面，积极支持所谓的“清党”行动。

蔡元培本是学界泰斗，是众人敬仰的教育家，现在怎么突然与蒋介石走得这么近，且支持他的“清党”行动呢？

这要从蔡元培的思想倾向和政治主张说起了。1926年年初，《京报》发起征集“十位新中国柱石”活动，经过两个多月的征集，蔡元培名列榜首。其当选理由当然是改革北大卓有功勋。巧的是，此次征选揭晓之际，恰是蔡元培从欧洲回到上海之时，于是，上海《国闻周报》记者严慎予便来采访蔡元培，请他就中国当前的政治、教育诸问题发表看法。蔡元培谈了三点：政治上，赞成联省自治，因为“欲冀一人者出，统一天下，如河清难矣，则唯盼各省于小范围内自治”。教育上，希望摒弃浮躁、喧嚣之现象，“学生究在‘学’的时代，不宜多问外事，信任何种主义，不必强人以同。共和国家，言论自由与思想自由，尤为绝对之原则”。思想上，共产主义“为余所服膺”，但“以愚观之，克鲁泡特金之互助论，一方增进劳工之智识与地位，一方促起资本家之反省，双方互助，逐渐疏濬，以使资本家渐有觉悟，以入作工之途，则社会不致发生急剧之变化，受暴烈之损失，实为最好之方法。”[1]。这番表态是蔡元培的真实心声。他是一位自由派的知识分子，思想上倾向于改良，而非革命，所以一直不认同马克思的阶级斗争学说，认为“斗争”会导致社会剧烈的动荡，使国家“受暴烈之损失”。因此，当共产党领导下的工人、农民以疾风骤雨的方式掀起大革命时，蔡元培尤其觉得有“清党”之必要。这可以说是蔡元培与蒋介石合作的一个重要的思想基础。

此外，还要谈一谈蔡元培与蒋介石两个人的私人关系。与蔡元培相比，蒋介石显然是国民党中的“小字辈”，1905 年，蔡元培被孙中山任命为同盟会上海分会会长之时，蒋介石还在保定陆军学校学习；1907 年，当蔡元培的革命生涯告一段落，赴德国留学之时，蒋介石才在日本结识陈其美加入同盟会，正式成为“革命新兵”。但此后，蒋介石进步很快。他先是因刺杀陶成章而颇得陈其美赏识；1922 年，孙中山在广州被陈炯明叛军围困，蒋介石闻讯，即冒险登上永丰舰，保护孙中山的安全。此举让孙中山对蒋介石刮目相看。1924 年，蒋介石被孙中山任命为黄埔军校校长兼粤军参谋长。

1925 年孙中山逝世之后，国民党内部开始出现派系纷争。当时，核心人物是胡汉民、汪精卫、廖仲恺三人。结果，左派的廖仲恺被刺杀，调查之下，胡汉民的堂弟胡毅生竟是主谋，胡汉民被迫引退，“出国考察”。于是在 1926 年初，汪精卫成了国民党的一号人物。蒋介石此时因掌控军队，并成功领导了第二次东征也声名鹊起，成了二号人物。随后，汪精卫和蒋介石两个人的矛盾也爆发。两人争斗的结果是，汪精卫负气出走，蒋介石胜出。

但蒋介石深知，自己是国民党里的“小字辈”，资历和声望尚不足以驾驭全党，于是，他借助北伐，将李济深的粤军和李宗仁、白崇禧的桂军整合一处，共同打击北洋军阀；而在政治上，他则依靠张静江、吴稚晖、蔡元培、李石曾这“国民党四老”来维持政局。而“四老”之所以选择支持蒋介石，最直接的原因就是他们均不认同共产党奉行的阶级斗争学说，害怕“赤化”，害怕共产党领导的工农运动用暴力摧毁江浙一带的工商实业。

蔡元培与张静江、吴稚晖、李石曾等人早就是朋友，对于蒋介石这位军政新星也是早有耳闻。蒋介石对蔡元培那当然更是倾慕已久，1924 年，他还特意委托汪精卫请蔡元培为自己的亡母撰写墓志铭。蒋介石是个孝子，他请蔡元培为母写墓志，足见他对蔡元培的敬重。

正因以上种种，蔡元培从欧洲回国之后才与蒋介石越走越近，最终成了帮助蒋介石“清党”的重要帮手。在“四老”的帮助之下，1927 年 4 月 12 日，蒋介石在上海发动政变，与共产党彻底决裂。镇压了上海的工人运动之后，国民党于 4 月 18 日在南京宣布成立国民政府。

南京国民政府成立之后，蔡元培被奉为党国元老，先后担任国民政府委员及常委委员、中央政治会议委员、中央监察委员及监察院院长、代司法部部长等职，可以说一直身居高位。但他所倾心的，还是办教育。南京国民政府刚成立不久，蔡元培、李石曾、汪精卫三人即为教育委员会委员，行使教育部的职权。蔡元培之所以将汪精卫拉进教育委员会，目的就是希望建立全国统一的教育机构。汪精卫是武汉方面的代表，有了汪精卫的加入，这个“教委”才足够包容，也更能调动国民党各方力量。当然，蔡元培与汪精卫私交不错，此时拉汪精卫进“教委”，亦有调解蒋介石与汪精卫关系之意。

重新管理全国的教育和学术事务，蔡元培很快就推出新的改革举措：不在国民政府内设教育部，而是组织中华民国大学院。两者的差别即在于，大学院要力去官僚化，在机构设置上精兵简政，“但求办事上能增加效率，不因人设事，不致成衙门化”。大学院设院长一人，总理全院事务，院里仅设秘书处和教育行政处两个下属机构，两个处各设秘书长一人，秘书若干人。1928 年 6 月 17 日，南京国民政府任命蔡元培为大学院院长。在大学院前冠以“中华民国”是蔡元培有意为之，其意在表明此大学院是辛亥革命所创建的“民国”之延续。在当时，中国并存南京、武汉、北京三个政府，蔡元培主持的大学院想超越政治争斗之上，以“中华民国”整合全国教育资源。

大学院秘书处秘书长由许寿裳担任。许寿裳是浙江绍兴人，曾留学日本，是鲁迅的好朋友，亦是深得蔡元培信任的旧部。教育行政处秘书长则由杨杏佛担任。杨杏佛是江西玉山人，早年就读于上海公学，后赴美国入康奈尔大学、哈佛大学学习，获机械工程学学士及工商管理学硕士。他曾与任鸿隽、胡适等人一起创建中国科学社，担任过《科学》杂志主编。从美国归国后，杨杏佛担任过孙中山的秘书。孙中山逝世后，他担任孙中山丧事筹委会筹委处主任干事，主持了南京紫金山中山陵的设计、建造。

大学院成立之初，蔡元培即提倡将科学化、劳动化、艺术化作为新的教育方针。他解释说，科学化是指教育不止传授一般的科学知识，更重要的是帮助学生树立科学的态度和方法，对一切事物，都不轻信，不盲从，明辨慎思，详考博征，“养成科学头脑”；劳动化就是打破劳力与劳心的成见，二者同时并进。蔡元培说："人之动作，非仅凭脑，脑部之外，尚有手足。苟只凭用脑力研究学问而不劳力，则身体上不能获得平均之发达，以致年龄愈大，脑力愈衰。劳力者一字不识，仅以力量工作，有如蜂、蚁，结果恐永无进步。是故研究教育事业，必须脑力、劳力同时互用，否则不能有良好结果。……脑力与劳力同时并进之好处，非独养成身体发达之平均，而最大关键，乃在打破劳动阶层与智识阶层之界限。"[2]艺术化则是要培养学生的艺术兴趣，"人生由小而长，而老，而死，苟无艺术之调和，则一世生活，真无兴趣之可言"[3]。

蔡元培还想努力做到教育独立。1912 年，蔡元培在担任中华民国教育总长时，便提出共和时代教育应当"超轶于政治之外"。到了北洋军阀时期，北京所有的高校无不受政治影响。军阀混战、经费不足以及一次次的学潮，都对教育活动构成了严重干扰。身为北大校长的蔡元培深受其苦，为此，他曾在 1922 年撰写《教育独立议》一文，详谈自己的教育独立思想，他说："教育是要个性和群性平均发达的。政党是要制造一种特别的群性，抹杀个性。例如，鼓励人民亲善某国，仇视某国；或用甲民族的文化去同化乙民族。今日的政党，往往有此等政策，若参入教育，便是大害。教育是求远效的；政党的政策是求近功的。……若把教育权交与政党，两党更迭的时候，教育方针也要跟着改变，教育就没有成效了。所以，教育事业不可不超然于各派政党以外。"[4] 现在，蔡元培负责南京国民政府的教育事宜了，他终于可将当年的教育独立思想付诸实施了。

按照大学院拟定的"大学区组织条例"，全国依省及特别区划定若干个大学区，以省或特别区的名字命名，如浙江大学、江苏大学等，每个大学区设校长一人，总理区内一切学术和教育行政事务，大学区设评议会，为本区教育立法机关；设研究院，为本区研究专门学术之最高机关；设高等教育部，管理本部各学院，区内大学和专门学校及留学事项；设普通教育部，管理区内公立中小学；设扩充教育部，管理区内劳农学院、劳工学院及社会教育事项。这个条例经国民政府核准后，先在浙江、江苏两省试行。

同时，蔡元培还提议南京国民政府将商标注册费一半归中央，一半归地方，但全部用于教育，以促进全国教育之发展。此提案获得通过后，蔡元培以大学院院长的身份督促有关部门严格执行。

大学区制试行之后，时任浙江省教育厅厅长的蒋梦麟成为浙江大学区校长。蒋梦麟是蔡元培的门生，“五四”运动之后，他即是蔡元培在北大的得力助手。后来，蔡元培离开北大赴欧，蒋梦麟以北大代理校长之职，管理校务。现在，试行大学区制，将浙江大学交给蒋梦麟，蔡元培自然是十分放心的。蒋梦麟上任之后也是励精图治，将浙江省原有的几所专科学校加以整合，先成立第三中山大学，然后再将其改为浙江大学。

江苏大学校长则由张乃燕担任。张乃燕是张静江的侄子，早年留学英国和瑞士，后在复旦、北大任教。南京国民政府成立后，张乃燕任江苏教育厅厅长。张乃燕是“书生问政”型的人物，他以东南大学为基础，合并河海大学、江苏政法大学、江苏医科大学、上海商科大学、南京工专、上海商专、苏州工专、南京农校，成立第四中山大学。这是一所实力雄厚的大学，不过在更名为江苏大学的过程中却出了闹剧。当大学院发表训令，通知第四中山大学更名为江苏大学时，原东南大学的师生竟群起反对，要求更名为“南京大学”，理由是南京是国民政府的首都，“全国人才，咸集于斯，学术中心，舍斯谁属?”为了校名，该校师生还六次前往大学院请愿，后经吴稚晖、马饮冰等人调解，大学院再次发表训令，将“江苏大学”更名为“中央大学”，这才安抚了原东南大学师生“受伤的心灵”。

蔡元培还大力推动艺术院校的建设。1927 年组织大学院时，蔡元培即特设“全国艺术教育委员会”，同年 10 月即在上海创办国立音乐院，并亲任校长，由萧友梅任教务主任。萧友梅，字思鹤，广东香山人，生于 1884 年，早年留学日本，入东京帝国大学学习钢琴和声乐。他在日本留学时加入同盟会，并用自己的住所掩护过孙中山，后曾任孙中山秘书。蔡元培任北大校长时，曾聘其为北大音乐研究院导师。1927 年张作霖控制北京后，萧友梅南下，接受蔡元培的委托，创办国立音乐院。萧友梅受命之后，即提出一个“五年建校计划”，每年招生 50 人，经费每月 3000 元，以后按招生人数分年递增，五年后招生 250 人，经费每月 15000 元，如此就解决了经费短缺的问题。至于建院所需 6000 元建筑费，蔡元培请杨杏佛为之督办，杨杏佛原来任过孙中山秘书，在国民政府有良好人脉，很快就搞到 3000 元，国立音乐院随即在上海建成。1927 年 11 月，蔡元培辞去院长一职，萧友梅随后接任。后来，这所音乐院成了中国音乐教育的一座圣殿，培养出了冼星海、贺绿汀、谭小麟、张曙、吕骥、李德伦等众多中国现代音乐家。

蔡元培创办的另一所艺术院校为国立杭州艺术专科学校。1927 年 11 月 27 日，在大学院艺术委员会第一次会议上，蔡元培提出创办国立艺术大学的提案，并认为艺术大学的校址宜设在西湖边上。提案通过后，1928 年 3 月，国立艺术院在杭州成立，著名画家林风眠任院长，林文铮任教务长。国立艺术院后更名为国立杭州艺术专门学校（即浙江美院及中国美院之前身），为中国美术教育的重镇，培养出了很多享誉中外的艺术大师，如潘天寿、黄宾虹、刘开渠、吴大羽、颜文梁、李苦禅、李可染、常书鸿、董希文、吴冠中、朱德群、赵无极等等。

创建艺术院校的同时，国立武汉大学的筹建也列上了议事日程。当时，桂系势力掌控着湖北、湖南、广西等地，李宗仁任国民政府武汉政治分会主席，他很想为当地做点实事，于是，湖北教育厅厅长刘树杞呈请大学院，拟以武昌中山大学为基础，合并其他学校，建成"武汉大学"。蔡元培非常重视此事，不仅批准了提案，还精心选择筹建人员，特将李四光派往武汉。

李四光，湖北黄冈人，他 15 岁即到日本留学，1911 年武昌起义爆发时，他年仅 23 岁便被推选为湖北军政府实业司司长。后来，他又去英国伯明翰大学学习地质，回国后任北大地质系教授、主任、校评议会评议员，是蔡元培改革北大时的一位得力助手。国民政府大学院成立后，蔡元培聘请李四光为中央研究院筹备员，在上海筹建地质研究所并担任所长。此番回家乡筹建大学，李四光非常高兴，打点行装即赶赴武汉。考察之后，李四光认为，武昌中山大学原址为张之洞所建方言学堂之旧址，过于狭窄，不利于长远发展，应在武昌郊外另选新址。可是，另选新址需要一大笔钱，这笔钱从何而来呢？蔡元培写信给李宗仁，请其予以支持。接到蔡元培的请求，李宗仁批了一大笔钱，武汉大学的筹建经费就此解决。

后经李四光勘察，选定武汉东湖珞珈山为新校址，随后聘请美国著名建筑设计师凯尔斯进行规划设计，最终建成了一所依山傍湖、风景秀美的大学。

应该说，蔡元培在 1927 年至 1928 年间主持的大学区制教育改革是卓有成效的。但是，大学区制最终还是失败了。失败的原因很复杂，胡适将其总结为六点："模仿失当，变更太骤；政治不稳，基础未固；留学派别之争，主要是留日派势力大，反对激烈；蔡元培与李石曾等发生裂痕，失去支持；教育独立与党化教育不符，经费不足。"[5] 其实，这些原因之中，最根本的就是蔡元培所提倡的教育独立思想与蒋介石所奉行的党化教育思想相抵触。

国民党在 1924 年"一大"之后就开始在广东推行党化教育政策，政府机关要求官员和职工都加入国民党，学校也随之效仿，鼓励学生入党。1924 年 9 月，广州市教育局局长宣布，教育局所属官员和教职工已全部入党，以后广州市将实行"党的教育"。到 1925 年，广州公立学校决定在各校开设"孙文主义"课程，并在周一举行纪念仪式和政治报告会。1927 年，蒋介石主政南京之后，在教育上继续推行"党化教育"。以胡适为首的自由派知识分子对党化教育提出了严厉批评，在 1928 年 5 月举行的全国教育会议上就这个问题发生过激烈争论，党化派和自由派几乎分裂。无奈之下，蔡元培只好从中调和，"党化教育"之说被删除，但代之以"三民主义教育宗旨"。

与此同时，主张教育独立的蔡元培与一心想集权的蒋介石阵营的关系也开始疏离。1928 年 2 月，在国民党的二届四中全会上，经亨颐、丁惟汾等人提交《设立教育部案》，提出大学院应立即废止，而改以教育部。他们称，国民政府之所以舍教育部而改名大学院，据蔡院长云，仅因与腐败官僚有联想，大可不必！其他部岂可任其腐败？应一律改为什么院？改设教育部，有其重要理由：1.可统一官制；2.大学制与普及教育本旨不合；3.教育行政机关不应专管学术；4.大学制实验结果是专注学术，忽视教育；5.小学迁就大学，国民经济能力不足，初等教育基础落空。

经亨颐是浙江上虞人，曾任浙江第一师范校长，创办了著名的春晖中学，是东南诸省中小学教育界的代表人物。他提出此议案，是站在中小学教育的立场上反对蔡元培的"大学教育"理念（即以大学统揽其他教育）。丁惟汾，山东日照人，曾留学日本，回国后任山东法政专门学校校长，同时为国民党中央执行委员，担任中央党部青年部长，他是代表新的党务官僚，拥护蒋介石的“集权”，借此向蔡元培的“教育独立”思想发难。

经亨颐、丁惟汾的提案虽在国民党二届四中全会上没有被通过，但他们汇集了一大批不满蔡元培“大学区教育改革”的人。到 1928 年 8 月，国民党召开二届五中全会，他们再次提出《设立教育部案》，进一步陈述废除大学院的理由。这次，反对派的意见占了上风，大学院失去了支持。

蔡元培无奈，只好再次辞职，1928 年 8 月 17 日，他请辞中央政治会议委员、国民政府委员、大学院长、代理司法部长等诸多职务，仅保留中央研究院院长一职，随后，携家眷离开南京，返回了上海。昙花一现的大学区制改革由此宣告失败。对此，蔡元培在自述中说：“(大学区制）行了年余，常有反对的人，甚至疑命名‘大学’有蔑视普通教育的趋势，提议于大学院外再设一教育部的。我遂自动地辞职，而政府也就改大学院为教育部；试办的三个大学区，从此也取消了。”[6] 言辞之间，饱含惋惜与无奈。

第二节　主持中央研究院

蔡元培退居上海之后，南京方面为他的去留煞费苦心。其一，蔡元培德高望重，无人愿意背负“逼蔡”的恶名；其二，南京国民政府内部派系林立，也需要蔡元培这样的“温和派”在中间调解各方关系。最后，还是吴稚晖和李石曾出面，推荐蔡元培担任监察院院长，这样，一来可“安抚”蔡元培，二来可用擢升作为蔡元培离职的堂皇说辞。当时，整个南京国民政府由行政院、立法院、司法院、监察院、考试院五院组成，蒋介石任国民政府主席，胡汉民任立法院院长，王宠惠任司法院院长，戴季陶任考试院院长，在此情形之下，蔡元培位列监察院院长，实属高位。但蔡元培已退居上海，心思不在监察院，经协商，他在监察院仅为挂职，监察院的具体事务由副院长陈果夫负责。

蔡元培此时的主要精力用于主持中央研究院的各项工作。1927 年 10 月，尚在大学院刚成立之际，蔡元培便依“组织条例”聘中央研究院筹备员三十多人，在 11 月 20 日成立了筹委会和各个专门委员会，决定设立理化实业研究所、社会科学研究所、地质研究所、观象台等研究机构，次年

任中央研究院院长时的蔡元培

2月，又决定增设历史语言研究所。1928年4月，中央研究院脱离大学院而独立，改称国立中央研究院，蔡元培被任命为院长。原来所设观象台分为天文、气象两个研究所，理化实业研究所也分为物理、化学、工程三个研究所。

蔡元培主持中央研究院，依然像他主政北大时一样，广揽人才，将各种学有所长的学者聚集麾下。地质研究所因事关中国矿藏的储藏、勘探和开采，对经济发展十分重要，所以蔡元培十分重视，他再次请李四光前来筹建。李四光办事雷厉风行，他到上海后，让人做了三块“地质研究所”的牌子，然后带上两名助手，满上海跑，到处找地方。先在闸北宝通路租用了几间民房，开始办公，后迁到霞飞路，后人员增多，又不得不迁到沪西曹家渡小万柳堂。地质所的条件虽然简陋，但工作却有条不紊，所内汇聚了丁文江、翁文灏、朱家骅、徐渊摩、李捷、孟宪民等一大批地质学家。他们组成多个地质调查组，分赴各地进行考察。李四光自己致力于华东石炭一二叠地层研究，在此基础上开创了地质力学，科学地解释了东亚的地质构造及地质运动。

物理所由丁西林负责筹建并担任所长。丁西林，江苏泰兴人，早年就读于上海南洋公学，后赴英国伯明翰大学学习物理，1919年获硕士学位回国。他回国后进入北大物理系任教，后担任物理系主任。丁西林是个通才，他除了搞物理研究外，还能写剧本。1923年，他所创作的独幕剧《一只马蜂》，讽刺世态炎凉，一时间脍炙人口。后来，他又陆续创作了《亲爱的丈夫》、《酒后》、《北京的空气》、《压迫》等喜剧，成为中国现代著名的喜剧作家。丁西林筹建物理研究所，聘请了严济慈、胡刚复、吴有训、施汝为、饶毓泰等一批著名的物理学家加盟，这些人通力合作，展开物理学研究，成效十分显著。

化学研究所则由王琎担任所长。王琎是福建闽侯人，1909 年赴美留学（首批庚款赴美留学生），毕业于里海大学化学系。1915 年回国，之后在浙江高等工业学校筹建了我国首个化学工程系。王琎曾用化学分析的方法，测定出汉代五铢钱的成分。化学研究所创办之初，即将吴学周、柳大纲、赵燏黄、沈慈辉等人引进，这些人日后都成为中国化学界的精英。

工程研究所的所长则由周仁担任。周仁是周峻的弟弟，蔡元培的内弟，他早年就读于上海南洋公学，后与胡适、竺可桢等人同船赴美，入康奈尔大学学习，攻读机械学和冶金学，获硕士学位。归国之后曾任上海交通大学教授、校长。蔡元培主持中央研究院之后，“举贤不避亲”，让自己的内弟来筹建工程研究所。

社会学研究所由王世杰担任所长。王世杰是湖北崇阳人，早年就读于天津北洋大学矿冶系，后赴英国留学，获伦敦政治经济学院法学博士学位。1920 年，王世杰应蔡元培之邀，回国任北大教授兼法律系主任。社会学研究所下设经济学组、法制组、民族学组、社会学组，蔡元培还担任民族学组组长。后王世杰被南京国民政府任命为法制局局长，社会学研究所便由杨端六代理所长。

历史语言研究所的所长是大名鼎鼎的傅斯年。傅斯年是山东聊城人，在北大读书时与罗家伦等人创办《新潮》杂志，后因指挥“五四”学生游行而名噪一时。从北大毕业后，傅斯年赴美留学，后又留学德国和英国，分别获得过哲学和历史学博士学位。傅斯年回国后，任广州中山大学文学院院长，兼国文和历史两个系的系主任。为迁就傅斯年，蔡元培特将历史语言研究所放在广州。傅斯年，人称“傅大炮”，能做学问，也有管理才能，做事敢做敢当。他一上任就大刀阔斧，开展了对河南殷墟的发掘工作。

殷墟是商王朝后期的都城遗址，位于河南安阳洹河两岸。此地在 19 世纪下半叶就挖掘出甲骨文，但古董商人为了垄断财源，秘而不宣，直到 1908 年罗振玉才访知甲骨文出土于此。其后，王国维等人破译了甲骨文，断定甲骨文为殷商时的国家档案。可是，当时内战不已，殷墟一直处于被劫掠的危险境地，这让不少考古学家坐立不安。傅斯年接手历史语言研究所之后，决定发掘殷墟，抢救这批国宝。傅斯年将此计划报给蔡元培，蔡元培批准了该计划，并选定考古学家李济主持殷墟的考古发掘。

1928年11月底，李济赶赴河南安阳殷墟发掘现场。他发现，此前的发掘因缺乏科学的考古知识，把一些珍贵的商代人头骨、陶片扔回坑里埋掉了。李济立即叫停。他带队在殷墟区域做了初步田野调查，然后给蔡元培写了一份比较详细的工作报告称，如果考古组能用三五年的时间对这里进行发掘，不但会有考古学上突破性进展，而且还会为中国以后的考古工作培养一大批人才。他同时恳请蔡元培帮忙，希望在河南驻军的冯玉祥能在次年春天挖掘工作重新开始时派军队保护考古现场。

接到李济的报告后，蔡元培立即写信给冯玉祥，商请拨借洹河岸边袁氏花园（当年袁世凯的旧居）之一部作为考古队的办公室，同时请冯玉祥派军队保护挖掘现场。冯玉祥接到信后，于第二年2月派出一连士兵抵达安阳，专门保护考古工地。从这时起到抗战前，李济主持的殷墟考古挖掘工作前后有16次之多，共获甲骨24918版，商王朝的历史有了考古文物的佐证，由传说而变为信史。李济也因此被誉为“中国现代考古学之父”，而参与殷墟考古挖掘的董作宾、郭宝钧、梁思永、吴金鼎、夏鼐、冯汉骥、尹达、胡厚宣、石璋如等人，日后均成为中国考古学界的重量级人物。

在主持中央研究院的过程中，蔡元培跟他在北大当校长时一样，力行民主管理。研究院内的一些重大事情，如预算决算、规章制度、国内外学术交流等，均由院务会议讨论决定。院务会议每月举行一次，会议由院长、总干事、文书主任、会议主任、各所所长等人组成。对此，当时任社会科学研究所社会学组组长的陈翰笙曾回忆说：“蔡先生是院长兼社会科学研究所所长，但所内的具体工作，全都放手让我主持，从不干扰。重要事务，由我去向他报告，他仔细地、认真地、虚心地

1930年7月1日，蔡元培（前排右6）
主持中研院第一届院务年会合影

听取报告，先征求我的处理意见，然后由他提出具体办法来同我商榷。他在青岛休养，我去信请教时，他都是亲笔回答，具体而切实，从没有训人的口吻，他不仅对我是这样，他对中央研究院每一个工作人员，不论职务的高低，都以谦虚诚恳的态度平等相待。”[7] 对于蔡元培主持中央研究院时的管理风格，胡适亦有评说，他曾比较蒋介石与蔡元培两个人的领导作风，说：“我与蔡孑民先生共事多年，觉得蔡先生有一种长处，可以补蒋先生之不足。蔡先生能充分使用他手下的人，每委人以一事，他即付以全权，不再过问；遇到困难时，他却挺身负其全责；若有成功，他每啧啧归功于主任的人，然而外人每归功于他老人家。因此，人每乐为之用，又乐为尽力。迹近于无为，而实则尽人之才，此是做领导的绝大本领。试看他近年用杨杏佛，杏佛是个最难用的人，然而蔡先生始终得其用。中央研究院的粗具规模，皆杏佛之功也。杏佛死后，蔡先生又完全信托于丁在君。在君提出的改革方案有不少的阻力，但蔡先生一力维持之，使在君得行其志。”[8] 翁文灏对此亦有评说：“蔡先生主持中央研究员的主要办法，是挑选纯正有为的学者做各研究所的所长，用有科学知识并有领导能力的人做总干事，延聘科学人才，推进研究工作。他自身则因德望素孚，人心悦服，天然成为全院的中心。不过他只总持大体，不务琐屑干涉，所以总干事、各所长以及干部人员，均能行其应有职权，发挥所长。对于学术研究，蔡先生更充分尊重各学者的意见，促其自行发扬，以寻求真理。因此种种，所以中央研究院虽然经费并不甚多，却能于短时期内得到若干引起世界学者注目的成绩。”[9]

对于中央研究院所取得的成绩，蔡元培自己也是满意的。1935 年 11 月 4 日，他在国民党中央党部作题为《中央研究院与中国科学研究所之概况》的报告，在报告结尾，他说：“大家觉得中国现在内忧外患的过程中，可以悲观的事实在太多，可是我们仔细观察一下，便知进步的地方未尝没有。开始提倡到现在，还不过区区数十年的科学事业，便是比较可以‘引以自慰’的一端。……即以中央研究院而论，二十一年三月，法兰西学院赠与白里安奖金；二十三年七月，波斯的亚细亚学院聘为名誉会员，都可引为例证。一国国势的增长，和科学事业的进步成为正比例。年来国家多故，科学事业不能顺利发展，无庸讳言。可是科学救国的运动，已逐渐由理想而趋于实践，不能不说是一种好现象。”[10]

主持中央研究院，这是蔡元培继担任中华民国教育总长、北京大学校长之后，对中国文化学术事业所作的又一重大贡献。

第三节　保障民权

自 1928 年大学区制教育改革失败后，蔡元培与蒋介石及其南京国民政府之间的关系便开始逐渐疏离。1928 年 10 月，在辞去大学院长、代理司法部长等诸多职务之后，蔡元培致函蒋介石、胡汉民和谭延闿，称：“此后，愿以中央监察委员之资格，尽力于党务；以政治会议委员之资格，尽力于政务；以中央研究院院长之资格，尽力于教育、学术。”[11] 此话是他骤然辞职之后给蒋介石等人的一个解释，也是他为自己未来活动方向所确定的一个基本定位。蔡元培做事不太计较个人得失，能进则进，不能进就退，一切顺乎自然。当发现自己“教育独立”的理念终究不能在南京国民政府落实之际，蔡元培便主动采取了不合作的态度。

蔡元培从大学院长辞职之后，蒋介石便开始在文教界渗透自己的势力，教育部部长蒋梦麟因是蔡元培的门生，亦遭排挤。蒋梦麟辞去教育部部长之后，蒋介石以行政院院长名义兼任教育部部长，后又于 1931 年提升李书华为教育部部长。

除教育理念与蒋介石相抵牾外，蔡元培在政治态度上也与蒋介石越走越远。这在几次政治事件中有明显体现。

北伐战争结束之后，蒋介石以北伐已经结束为由提出裁军，但实际目的是要削弱别人的力量，壮大自己。他的裁军方案遭到反对。于是，蒋介石便采取逐个削弱的办法，首先挖李宗仁第 4 集团军的墙脚。1929 年初，蒋在湖南培植亲信，想夺取桂系控制的湖南地盘，桂系发觉后，立即向湖南增派军队，双方矛盾尖锐化。1929 年 3 月 26 日，蒋指责桂系威胁中央，下令讨伐，亲率 3 个军指向武汉，暗地收买桂系将领阵前倒戈，很快把桂系在两湖的 3 个主力军搞垮；同时也以收买离间手法，使桂系在冀东的 4 个军反水，几天工夫，桂系大败，第 4 集团军解体。在蒋桂战争之前，蔡元培虽是南京方面的代表，但他力主和平解决蒋桂之间的矛盾，反对蒋介石对李宗仁用兵。

为达到集权目的，蒋介石在 1930 年 11 月国民党三届四中全会上欲通过《训政时期约法》，设置总统，位居五院院长之上。此事遭到立法院院长胡汉民的坚决反对。会后，蒋介石和胡汉民围绕制定约法的问题继续争吵，蒋、胡矛盾白热化。于是，在 1931 年 2 月 28 日，蒋介石竟设“鸿门宴”，扣押、软禁了胡汉民。此事让蔡元培对蒋介石恶感陡增，他认为蒋介石的这种手段实在卑鄙。胡汉民遭软禁引起了两广派国民党将领的激烈反应，形成了宁粤对立的局面。为缓和局面，蒋介石又请张静江、蔡元培、吴稚晖等党国元老出面调和。作为南京方面代表，蔡元培一方面也向粤方监察委员解释此事，说蒋介石与胡汉民“彼此政见虽暂有异同，而朋友友谊，实更增深厚”，“切望诸公遍告同志，天下本无事，万勿听庸人自扰”[12]。可是私下里，蔡元培又与反对蒋介石的国民党左派领袖邓演达接触，参与邓演达、陈铭枢等人策划的倒蒋活动。他们商定，利用蒋介石调动陈铭枢十九路军进攻广东之际，急入潮州、梅县，占领东江和闽南一带，然后由蔡元培领衔发表宣言，呼吁停止内战，一致对外。陈铭枢后来回忆说：“我同邓计议好后，即同蔡元培联系，立得同意，他并派其秘书杨铨（杏佛）到吉安我军中密商。……其时，我认为蔡元培有政治威望，择生（邓演达）有群众基础，我有军事力量，我们三人合作计划实现，定可另开一新局面。这一密计的事件，大约在八月上旬，距我到江西时还不到一个月。”[13] 后来，由于“九一八”事变爆发，中国各方势力要一致对抗日本，蔡元培、陈铭枢等人放弃了此次倒蒋计划。

放弃了倒蒋计划，并不代表蔡元培与蒋介石之间的政治歧见也随之消失了。放弃倒蒋是出于维护统一，以对抗日本侵略的考虑。对于蒋介石南京政府践踏人权的专制统治，蔡元培反而越来越公开说“不”了。这方面最突出的表现便是他与宋庆龄、杨杏佛等人一起发起，成立了中国民权保障同盟。

中国民权保障同盟产生的大背景是：南京国民政府从 1927 年实现形式上的统一之后，以“训政”为由，一步步地走向专制独裁。蒋介石国民党一方面依靠官方新闻网络，垄断新闻的发布权和评论权，控制全国的舆论，“阐明党义，宣扬国策”，另一方面还制定了许多新闻法规，钳制人民的言论出版自由。在1929年至1934年间，国民党制定的与新闻有关的法规有《宣传品审查条例》、《出版法》、《出版法实施细则》、《宣传品审查标准》、《新闻检查标准》、《修正重要都市新闻检查办法》、《指导全国广播电台播送节目办法》、《图书杂志审查办法》、《危害民国紧急治罪法》等，以法令的形式将人民的言论、出版、集会、结社、信仰及人身自由等权利大肆剥夺。

立法之外，蒋介石还在1928年成立特务组织中央组织部党务调查科(即中统)，随后又于1932年成立特务组织“蓝衣社”。这些特务机构用盯梢、绑架、暗杀等手段迫害共产党员、爱国人士及一切异己分子，实行白色恐怖。蒋介石国民党政府这些做法自然激起了进步民主人士的反感。他们感觉有必要联合起来，共同推进保障人权的运动。

于是，在1932年12月17日，中国民权保障同盟成立了。这一天，宋庆龄、蔡元培、杨杏佛、林语堂等人联名发表《中国民权保障同盟宣言》，宣布本会以“保障人类生命与社会进化所必要之思想自由与社会自由”为宗旨，反对蒋介石国民党政府蹂躏人权、压制舆论、非法逮捕、暗杀等做法。中国民权保障同盟成立后，宋庆龄任主席，蔡元培任副主席，杨杏佛任总干事，林语堂任宣传主任。

《中国民权保障同盟宣言》提出了民权保障同盟会的任务和目的：为争取释放国内政治犯和废除非法囚禁、酷刑及杀戮而奋斗；给予政治犯以法律及其他方面的援助，并调查监狱情况，刊布压迫民权之事实，以引起社会注意；为争取结社、集会、言论及出版自由而努力奋斗。[14]

中国民权保障同盟的成立是一个标志性事件，其实，在此之前，宋庆龄、蔡元培、杨杏佛等人就开始了为改善人权状况而奔走呼吁。中国民权保障同盟的成立，其实是这些活动引发的一个结果。有研究者甚至认为，正是营救牛兰夫妇一事直接催生了中国民权保障同盟。

牛兰，真名雅可夫·马特耶维奇·鲁德尼克，1894年出生在乌克兰。他曾在“十月革命”中率军攻打冬宫，后被共产国际派往中国做特使。他的公开身份是泛太平洋产业同盟上海办事处秘书，实际上是共产国际在远东地区的负责人。1931年4月26日，中共中央特科负责人顾顺章在汉口被捕，随后叛变。顾顺章供出了牛兰。牛兰夫妇、儿子及保姆遂于1931年6

月在上海租借被捕，然后被引渡给南京国民党当局。

牛兰被捕之后，共产国际迅速展开营救活动。这年 8 月，宋庆龄为母奔丧，途经莫斯科回上海，共产国际希望宋庆龄帮忙营救牛兰夫妇，宋庆龄对蒋介石国民党政府践踏人权的做法早就不满，回国后即展开了营救牛兰的活动。她发起成立了“牛兰营救会”，亲任主席。杨杏佛曾是孙中山的秘书，在南京国民政府中有很广的人脉，宋庆龄很信任他，就请他做联络员。杨杏佛是中央研究院总干事，是蔡元培的左膀右臂，为完成“国母”托付，杨杏佛便请蔡元培出面相助。于是，宋庆龄、蔡元培、杨杏佛三人联名致电国民政府主席林森、行政院院长汪精卫、司法院院长王宠惠，申明此案为国际社会所关注，杜威、爱因斯坦、罗兰等人均替牛兰说话，中国要想向国际社会要求公道，自己当先以公道待人，中国想收回外国人在中国的治外法权，当先以法治精神示人。因此，请求革命政府要对牛兰夫妇进行公开审判，并允许其聘请律师，如证据不足，应立即予以释放。

宋庆龄是孙中山的夫人，是“国母”，其影响力自不待言；蔡元培是党国元老、教育界的泰斗，德高望重，其请求不可置之不理；杨杏佛曾是孙中山的秘书，活动能力亦不能忽视。这三个人联合提出请求，国民党上层很快就作出了回应，蒋介石、汪精卫等人研究之后，决定接受宋、蔡、杨三人的建议，一切按法律程序，公开审判。由于国民党方面起诉牛兰夫妇的证据并不充分，故迟迟不开庭，只是秘密关押。看守所的生活条件非常艰苦，牛兰夫妇于是绝食抗议。绝食抗议之后，宋庆龄、蔡元培、杨杏佛三人请求将牛兰夫妇保外就医。于是，牛兰夫妇被移至南京钟鼓楼医院保外就医，具保人便是宋庆龄、蔡元培、杨杏佛三人。最后，牛兰夫妇于 1937 年日军攻占南京之前被释放。

中国民权保障同盟执委与萧伯纳合影

在牛兰保外就医期间，蒋介石国民党政府又开始压制民众的抗日活动，一些主张抗日的知识分子和进步人士被拘捕。于是，宋庆龄、蔡元培、杨杏佛等人便以“牛兰营救会”为基础，筹建了中国民权保障同盟。

蔡元培参与创建中国民权保障同盟，主要是基于道义和人道的考虑。1932年12月30日，蔡元培代表同盟举行记者招待会，例行的书面发言之后，蔡元培又自行发言：“我等所愿意保障的是人权。我等的对象就是人。既同是人，就有一种共同应受保障的普遍人权。所以我等，第一，无党派的成见，因为各党各派所争持的，已超越普通人权以上，我等决无专为一党一派的人效力，而不顾其他的。第二，我等无国家的界限，因为无论甲国人或乙国人，既同为人，就不应因国籍的区别，而加以歧视。”[15]

中国民权保障同盟成立之后，宋庆龄因身份特殊，不便在公开场合过多露面，因此公开活动多由杨杏佛张罗，代表同盟发言之类的事则由蔡元培出面承担。1933年2月18日，蔡元培在上海八仙桥青年会作《保障民权》演讲，再次重申保障民权的意义，他说：要使“天下定于一”，只有“不嗜杀者能一之”，保障民权是“训政”向“宪政”过渡以及“国难时期”的特殊需要，越是“国难时期”，越要保障民权，如此才能凝聚人心。“现际空前国难，大家都说要全国总动员，始可渡过难关”，“若有为之才，偶因言论稍涉偏激，或辗转连带的嫌疑遭拘禁”，则“无术以救国”。[16]

中国民权保障同盟成立之后，又在上海和北平成立分会。1933年1月17日，上海分会在中央研究院上海办事处成立，选举宋庆龄、蔡元培、杨杏佛、林语堂、伊罗生、邹韬奋、陈彬和、胡愈之、鲁迅九人为执行委员。1933年1月30日，北平分会成立，选举胡适、成舍我、陈博生、徐旭生、许德珩、任叔永、蒋梦麟、李济之、马幼渔九人为执行委员。

中国民权保障同盟为保障民权开展了很多活动，营救过陈独秀、许德珩、马哲民、侯外庐、罗登贤、廖承志、陈赓、丁玲等许多人。在那个白色恐怖的日子里，中国民权保障同盟成了致力于提升中国人权状况的一支重要力量。

中国民权保障同盟的种种作为让蒋介石极为恼火。1932年11月，国民党南京市党部对蔡元培和杨杏佛保释牛兰、营救陈独秀等做法提出书面警告，说他们“为反动张目”；1933年2月10日，国民党南京市党部又要求国民党中央解散中国民权保障同盟，他们说：“蔡元培、宋庆龄等擅组民权保障同盟，发表宣言，保障反革命及共党要犯，实破坏本党威信，逾越中委职权。”[17] 国民党北平市党部也宣布中国民权保障同盟为非法组织。

面对国民党当局的打压，蔡元培发表谈话，称：“本同盟之组织，实为根据约法所予人民之权利。本同盟组织之目的，为保障人权，促进法治，宗旨纯正，态度光明，绝对不能谓之‘非法’。反之，凡一切反对本同盟之主张，则恰为非法。”[18] 回击针锋相对。

国民党特务多次威胁宋庆龄、蔡元培、杨杏佛等人，但他们不为所动。最后，国民党特务们选择了杨杏佛作为暗杀对象。1933年6月18日早晨，杨杏佛和儿子杨小佛乘车从中央研究院办事处出来，即遭到特务们的枪击暗杀。杨杏佛当场殒命，杨小佛腿部受轻伤，司机也被打死。

暗杀杨杏佛是蒋介石下命令、戴笠从南京到上海亲自布置的。刺杀杨杏佛，目的当然是警告宋庆龄和蔡元培。宋庆龄是孙中山的夫人，又是自己的大姨姐，蒋介石不能暗杀；蔡元培是中央研究院院长，又是党国元老，德高望重，亦不便暗杀。最后就选择了杨杏佛。

杨杏佛是蔡元培的得力助手，得知其被暗杀之后，蔡元培迅速赶往现场，随后在中央研究院开会，讨论善后事宜。

1933年6月20日，杨杏佛遗体入殓，蔡元培率中央研究院同人公祭，并致悼词：“今先生勇于任事、努力服务之人，而死于非命，同人等之哀悼为何如！人孰不死，所幸先生之事业，先生之精神，永留人间。元培老矣，焉知不追随先生以俱去！同人等当以先生之事业为事业，以先生之精神为精神，使后辈青年学生有所遵循，所以慰先生者如此而已。”致悼词之时，蔡元培泣不成声。

杨杏佛是一位优秀的组织者和实干家，中国民权保障同盟失去了他，活动无法有效正常进行，中国民权保障同盟的活动也于无形中停止了。表面看来，蒋介石通过暗杀杨杏佛似乎收到了预期的效果，可实际上，杨杏佛被暗杀一案对蒋介石和他的南京国民政府造成了极恶劣的影响。此案是一个分水岭，此案之前，蔡元培和他在文教界的追随者尚对蒋介石和南京国民政府抱有一丝希望，此案发生之后，这最后一丝希望破灭了。自由派知识分子与蒋介石及其独裁的国民政府之间出现了无法弥合的裂痕。杨杏佛曾是孙中山的秘书，其人活动横跨政治、学术两大领域，这些对杨杏佛遇害有深刻同情的人，后来演化成了“中国国民党中央革命委员会”（简称民革）和“中央民主政团同盟”（简称民盟）。随着时间的推移，“民革”和“民盟”两大民主党派都对蒋介石及其政权彻底失望。到 1946 — 1949 年国共两党兵戎相见之际，这两大民主党派在政治上均倾向共产党。受此影响，国民党军队中有近 200 人马被策反、起义。一句话，暗杀杨杏佛让蒋介石大失民心，而民心向背最终决定了国共两党在战场上的胜负。

第四节　晚年岁月

蔡元培的晚年是在国难当头和亲友不断去世的双重打击之下度过的。

国难便是日本侵略中国。自 1895 年甲午海战之后，日本就一直找借口侵略中国。1931 年，日本制造“九一八”事变，侵略中国东北。自那时起，蔡元培就力主抗战，反对向日本妥协。1932 年，“一·二八”事件中，中国驻上海的十九路军在蒋光鼐、蔡廷锴的指挥下，奋起抗击日军侵略。蔡元培与当时许多上海人民一样，积极支持十九路军的抗战。他出任国民政府行政院技术合作委员会委员之职，把上海各方面的科学家和技术力量召集到一起，组织大家以科学技术服务于抗战大局。除此之外，他代表中央研究院，联合中央大学、中山大学、北京大学、武汉大学、清华大学等著名高校，联合致电国际联盟，抗议日本飞机摧毁商务印书馆、东方图书馆、暨南大学等文化机关，呼吁国联“迅速采取有效办法，制止日军此类破坏文化事业及人类进步之残暴行为”[19]。同时，蔡元培还致电杜威、爱因斯坦、伍尔西、巴特勒等美国科学界、教育界人士，呼吁“全世界的知识界领袖人士仗义而起，公开谴责日本军方毁灭中国文化教育机构的野蛮行为”[20]。

1933 年，蔡元培为在淞沪抗战中阵亡的十九路军将士公墓撰写题词：“淞沪一役，顽寇逞凶，洸洸武士，来摧其锋。忠贯日月，气挟云龙。……千秋万古，英爽如逢。”[21] 高度赞誉了十九路军的抗日之举。

1933 年 5 月 7 日，蔡元培在上海八仙桥青年会发表演说《日本对华政策》，历数日本侵华事件，揭露日本妄图灭亡中国的野心。1934 年 10 月 10 日，蔡元培向青岛全市高初中学生发表国庆演讲，号召同学们勿忘国耻。1936 年，蔡元培在邹韬奋主编的《生活星期刊》上发表《墨子的非攻与善守》一文，借墨子反侵略的精神讽刺蒋介石国民党政府的不抵抗政策。他说："墨子是一个极端反对侵略的人，他作《非攻》篇，历举侵略非义的例证，又历举侵略者自身不利的例证。对于侵略者，不但词严义正地责他们，而且也苦口婆心地劝他们。但是，他并不是空言禁攻，而有一种抵抗侵略的准备。"[22] 这实际上是讽刺国民党政府不做抵抗日本侵略的准备。

国难当头之际，蔡元培还把自己主持的文化科学事业与抗战大局密切联系起来。1933 年 8 月，"泛太平洋国际学会"第五届年会在加拿大举行，中国派胡适等人参加。蔡元培鉴于"泛太平洋国际学会"实为日本等帝国主义国家政客操纵的一个机构，坚决反对中国派代表参加这样的国际学术会议。他说："在该会活动最力者，当首推日人，如第三届年会在日本京都开会，会长即松冈洋右。在该届会议中，日人公然宣称日本之于满洲，犹英国之于印度，此等论调，置我国于何地？当时我国代表居然缄默无言。去年第四届年会在杭州举行，会长为胡适之先生，我国代表有涉及东北及淞沪战事者，日本代表即以退席为要挟，亦竟默尔不息。故此种团体，对我国最少毫无意义，或尚超过无意义之点。"[23]

1936 年 4 月 16 日，蔡元培在中央研究院评议会上作《中央研究院进行工作大纲》的报告，要求研究院所属各研究所加强与原材料和生产问题有关的课题研究，以适应抗战需要。虽然当时全面抗战尚未爆发，但蔡元培已做好了应对抗战的思想准备。对于战争与科研之间的关系，他说："根据上次欧洲大战史之史实，吾人深知，凡科学发达之国家，皆可于应战时召集其国内作纯粹科学研究者，临时变作为国家军事技术服务之人，本院同人准备于如此机会之下，用其技术的能力，尽其国民的责任。在准备的过程中，本院之个人及集体，自当随时应政府之需求，贡献其技术的能力。"[24]

值得一说的是，蔡元培先生还曾力主汪精卫不要投靠日本人。据王世杰撰文回忆，1934 年，蔡元培有次去南京，时为行政院长兼外交部长的汪精卫请他吃饭。他和汪精卫是多年的老朋友，但他对汪精卫近几年的亲日行为早已不满，席间，他苦劝汪精卫改变态度，抵抗日本侵略行为，他说："我们应该坚定，应该以无畏的精神去抵抗，我们的后辈也抵抗。中国一定有出路。"一面说着，一面两行热泪已经落到杯中了。主人极为不安，举座不无感动。[25]

1937 年抗日战争全面爆发之后，教育和学术机构不得不西迁，蔡元培主持的中央研究院亦在其中。中央研究院在上海、南京、广州等地均有研究所。上海的研究机构在"八一三"淞沪会战打响之时就着手西迁。西迁工作非常困难，当时，众多的军队和军用物资需要运输，火车站里挤满了军人和难民，一片混乱之中，组织工作非常难做。此时，蔡元培的亲戚帮上了大忙，蔡元培的内弟周仁娶的是聂缉椝的女儿聂其璧，聂缉椝曾为上海道台，其母曾纪芬是曾国藩的女儿，聂缉椝之兄聂云台是上海商会会长。凭着这样的家庭背景和人脉关系，聂其璧于危难之际挺身而出，左打一个电话，右打一个电话，一番说项之后，果然为中央研究院调来几节车厢，把中央研究院的东西全运走了。研究院的同事对周夫人的帮忙很是感激。

上海之外，中央研究院在南京的机构也要西迁。1937 年 8 月中旬，日本飞机便开始轰炸南京，中央研究院南京总办事处及各所随之组织搬迁。地质研究所因人员多在外地从事野外考察工作，难以归来。李四光就亲自带着剩余人员突击装箱，并租用帆船，将四十多箱的书籍、标本、仪器运到鄱阳湖边的姑塘镇暂存。随后，被困南京的地质所人员才辗转赶到武汉。

武汉亦非久留之地。日军侵略的脚步步步推进，国民政府不得不从武汉再西迁重庆。国民政府迁往重庆之际，要求国府机关一并迁往重庆，若不迁往重庆就停发经费，搬迁事宜也概不负责。中央研究院各所所长多数不愿迁往重庆，原在上海的化学所、物理所、工程所本就刻意与南京政府保持一定距离，李四光领导的地质所虽在南京，但李四光本人也不愿去重庆。对此，蔡元培也不强求，只要求总办事处和气象所随国民政府迁往重庆，其他各所可自寻去处。这样，不少研究所最终落脚在了广西桂林和云南昆明。

中央研究院各研究所西迁之事牵扯甚大，身为院长的蔡元培当然要投入很大的精力。部署完西迁之事后，蔡元培本人也于1937年11月底离开上海，前往香港避难。

1940年在香港时的蔡元培

蔡元培到香港，本打算暂作停留，然后就回到内地，可是，战事不断恶化，蔡元培竟最终滞留香港，直至去世。

避乱香港期间，蔡元培为安全起见不得不隐姓埋名，深居简出。他化名“周子余”（取“周余黎民，靡有孑遗”之意），与外界通信联络，部署中央研究院在战乱中的各项事宜。为在战乱中统一中央研究院的思想，明确今后工作的方向，蔡元培决定在香港召开一次院务会议，时间定在1938年2月28日。通知发出后，总干事朱家骅和各所所长都辗转来到香港。这次会议对战时中央研究院各所的西迁工作进行了具体安排和部署，另外还商谈总干事的人选问题。

杨杏佛被暗杀后，蔡元培选中丁文江做中央研究院的总干事，丁文江很重视此事，生怕身体吃不消，辜负了蔡元培的信赖。为此，他特地进行了身体检查，确认身体健康之后才走马上任。可惜的是，健康没问题的丁文江于1936年1月5日死于煤气中毒，他在中央研究院总干事的任上也仅干了一年半。丁文江去世之后，蔡元培又找到时任教育部部长的朱家骅，请他出任中央研究院总干事一职。“八一三”淞沪会战打响之后，朱家骅被蒋介石调任为浙江省主席，随后又被委以蒋介石行营秘书长之职，蒋介石还要派他出任驻德国大使。于是，朱家骅请辞中央研究院总干事之职。无奈之下，蔡元培不得不重新考虑总干事人选，最后他选中了任鸿隽。

任鸿隽在美国留学期间就曾与胡适等人一起创办《科学》杂志。1920年，他应蔡元培之聘到北京大学任教，教授化学。从1925年起，任鸿隽在中华教育文化基金董事会（简称中基会）工作十年。“中基会”是以美国第二次退还的庚子赔款余额建立的科学基金组织，任务是用此基金发展中国的科学、教育和文化事业。在任鸿隽的推动下，中基会取得了显著的成绩，如兴办科学事业、资助科学机构、派遣有志于科学的青年出国深造及对科学研究有成绩者进行奖励等，这些措施为中国现代科学和教育事业的发展作出了极大的贡献。1935 年，任鸿隽被委任为四川大学校长。1938 年 11 月，蔡元培正式请任鸿隽出任中央研究院总干事一职。

任鸿隽没有辜负蔡元培的重托，在中央研究院最困难的西迁岁月里勇挑重担，最终使中央研究院成功西迁。中央研究院在抗战中成功西迁，对保持科研体制、保存科研队伍及推动中国科学事业的发展等均有重大意义。

在中国饱受日本侵略之际，蔡元培本人也进入了晚年岁月。从 1935 年下半年起，亲友和学生们就开始张罗给蔡元培过七十大寿。1936 年 1 月 11 日是蔡元培 69 岁生日，按照中国人“贺九不贺十”的文化传统，大家决定在这一年给蔡元培祝贺七十大寿。

蔡元培一生做过清朝翰林院编修、民国教育总长、北大校长、中央研究院院长等，地位比较显赫，但他一直两袖清风，直到晚年还没有一所属于自己的房子。他与周峻结婚后，又育有次女蔡睟盎、四子蔡怀新和五子蔡英多。子女增多之后，蔡家还得一次次搬家，每次搬家都是租房子。另外，蔡元培酷爱读书，可他的藏书也没有地方集中存放，只能分别寄存在北京、上海、南京各处。鉴于这种情况，蒋梦麟、胡适、罗家伦、赵太侔等人商量，提议大家集资，为蔡元培在上海建一座房子，作为其七十大寿的贺礼。这项倡议发出之后，有蔡元培的学生数百人响应。于是，这些人在 1935 年 9 月 7 日联名给蔡元培写献寿函，其中说：“我们都是平日最敬爱先生的人，知道明年 1 月 14 日（应为 11 日）是先生 70 岁的寿辰，我们都想准备一点贺礼，略表我们敬爱的微意。我们觉得我们要送一件礼物给一位师友，必须选他所最缺少的东西。我们知道先生为国家，为学术，劳瘁了一生，至今还没有一所房屋，所以不但全家租人家的房子住，就是书籍，也还分散在北平、南京、上海、杭州各地，没有一个归拢庋藏的地方。因此，我们商定这回献给先生的寿礼，是先生此时最缺少的一所可以住家藏书的房屋。……现在我们很恭敬地把这一点微薄的礼物献给先生，很诚恳地盼望先生接受我们这一点诚意！我们希望先生把这所大家献奉的房屋，用作颐养、著作的地方；同时，这也可看作社会的一座公共纪念坊，因为，这是几百个公民用来纪念他们最敬爱的一个公民的。我们还希望先生的子孙和我们的子孙，都知道社会对于一位终身尽忠于国家和文化而不及其私的公民，是不会忘记的。"[26]

对于学生们集资建房为自己祝寿之事，蔡元培起初坚决拒绝，后鉴于学生及友人的一番盛意，感到却之不恭，遂答应下来。蔡元培写了《答谢祝寿献屋函》，刊在1月28日的《申报》上，答复函中说："诸君子以元培年近七十，还没有一所可以住家藏书的房屋，特以合力新建房屋相赠。元培固没有送穷的能力，但诸君子也不是席丰履厚的一流；伯夷筑室，供陈仲子居住，仲子怎么敢当呢？诸君子的用意，在对于一个终身尽忠于国家和文化而不及其私的公民作一种纪念，抽象地讲起来，这种对公而忘私的奖励，在元培也是极端赞成的，但现在竟以这种奖励加之元培，在元培能居之不疑么？但使元培以未能自信的缘故，而决然谢绝，使诸君子善善从长的美意无所藉以表见，不但难逃矫情的责备，而且有违赞成奖励之本意，故似燕昭王时代的骏骨，谨拜领诸君子的厚赐，誓以余年，益尽力于对国家对文化的义务；并勉励子孙，永永铭感，且勉为公而忘私的人物，以报答诸君子的厚意。谨此申谢。"[27]

蔡元培是一位伟大的教育家，在他近70岁的时候，学生们也已功成名就，他们不忘师恩，以集资建房的方式为老师贺寿，这份用心弥足可贵。另一面，蔡元培先生为国操劳一生，到晚年却连一所自己的房子都没有，尤其彰显出蔡元培公而忘私、为官清廉的可贵操守。可惜的是，后来抗战爆发，蒋梦麟、胡适等人为蔡元培集资建屋之事未能实现。

有趣的是，蔡元培的七十寿宴办了两次。一次是1936年1月11日，由中央研究院的同人为蔡元培操办的，但这次只有四桌客人，有些冷清。参加寿宴的刘海粟觉得这样的寿宴与蔡元培的历史地位和贡献太不相称，就又于1月19日在万国总会为蔡元培张罗了一次场面宏大的寿宴。这次，孙科、何应钦、张学良、吴铁城、黄炎培、沈钧儒、柳亚子等众多名流前来为蔡元培祝寿。孙科致祝辞，称赞蔡元培为党国元老、学界泰斗，万人同仰。

蔡元培的答辞很别致，他说："从前蘧伯玉（春秋时期卫国的贤大夫）生50年，知道49年的非，鄙人活到70年，不能不知道69年的非了。回忆从前经过，可为而不为，与不可为而为的，不知多少；多一年，就增了一年的悔恨，较之蘧伯玉要增加20年的悔恨，不是罪孽沉重吗？若是年富力强，还可徐图补救；但70岁了，余年有限，还来得及补救么？所以，鄙人自己不敢高兴，反而觉得危惧了。”[28]

在这次祝寿会上，吴铁城等人还提议成立孑民美育研究院，发起人囊括了政界和学界最著名的大腕，如蒋介石、汪精卫、林森、宋子文、胡适、柳亚子、梅兰芳等。可惜，稍后全面抗战爆发，上海随即沦陷，建院之举也未能实现。

七十大寿的庆典虽然很盛大，但蔡元培的晚年岁月却经常处于身心俱疲的状态之中。除了为国事操劳外，蔡元培还要经常面对亲友去世的残酷现实。就在蔡元培七十大寿的这一年，先后有丁文江、王光祈、章太炎、鲁迅等蔡元培的好友去世。蔡元培一次次地前往哀悼和送葬，心情一次又一次地沉痛。

尤其是鲁迅先生的葬礼，着实让蔡元培操劳不少。1936年10月19日，鲁迅在上海去世。随即，蔡元培与宋庆龄等人组织了治丧委员会，蔡元培任主席。蔡元培撰写挽联悼念鲁迅：“著作最谨严，岂惟中国小说史；遗言太沉痛，莫作空头文学家。”

10月22日，蔡元培主持了鲁迅葬礼，他说：“鲁迅先生的文字完全以真实作为依托，所以为一般人所深信。鲁迅先生的著作是永远不会消灭的。他从‘人’与‘社会’最深刻的地方写出文字来。至于在修辞上，他的作品谁也不能添一个字或减一个字，因此，他的文字亦足以千古流传。”[29]

随后，蔡元培又与宋庆龄等人一起成立了“鲁迅先生纪念委员会筹委会”，对鲁迅后事尽心尽力予以安排。安排完鲁迅后事之后不久，蔡元培自己也病倒了，几度濒危。后经抢救治疗，出院静养，直到1937年2月才康复。但经过这次大病，蔡元培先生的身体愈发虚弱。

抗战全面爆发后，蔡元培不得不拖着虚弱的身体为中央研究院的西迁事宜操劳，自己也得远走香港，以避战乱。“屋漏偏逢连阴雨”，乱世衰年之际，蔡元培的长女蔡威廉又于1939年5月3日因难产去世。

蔡威廉是蔡元培与黄仲玉所育之女，她酷爱美术，曾跟随蔡元培一起赴欧洲，学习绘画。学成归国后在杭州美专当教授，与该校教务长林文铮相爱，结婚。蔡元培非常疼爱长女威廉，他自己没有购置房产，却在女儿与林文铮结婚之际出资在西湖边建了一座小别墅，送给爱女作嫁妆，并亲题“马岭山房”匾额。抗战爆发后，林文铮和蔡威廉西迁至昆明。因抗战之后工作不好找，林文铮只得靠译稿维持一家人的生计。怀有身孕的蔡威廉一路奔波、劳累，终于支撑不住，死于难产。

蔡威廉去世之后，亲人瞒着蔡元培，怕他虚弱的身体承受不了这么大的打击。一个多月之后，蔡元培从报纸上看到了“女画家蔡威廉追悼会”及“女画家蔡威廉遗作展览”的新闻，才知道爱女已不在人世。这对蔡元培打击甚大，他的身体愈加不适，常觉头晕，医生诊断为脑贫血。

1940 年 3 月 3 日，蔡元培到王云五家做客，不慎失足摔倒，初以为无碍，后口吐鲜血。送到医院诊治，医生亦以为无大碍，为其注射了止血剂和葡萄糖。但是，到了 3 月 4 日下午 2 时，蔡元培的病情急转直下，经数名医生会诊，认为是胃部出血，建议施行输血手术。蔡夫人担心夫君年事已高，害怕输血之后反应太大，不能抵抗。但到了晚上，蔡元培病情加重，不得不输血，输血之后，病情有所好转。但到次日，病情再次转危，再次输血，无效。蔡元培遂于 1940 年 3 月 5 日上午 9 时 45 分在香港养和医院溘然长逝。

蔡元培去世后，国共两党均对其做出高度评价。国民政府在 1940 年 3 月 16 日发布褒奖令：“国民政府委员蔡元培，道德文章，夙负时望。早岁志存匡复，远历重瀛，研贯中西学术。回国之后，锐意以作育人才，促进民治为己任。先后任教育总长、北京大学校长及大学院院长，推行主义，启导新规，士气昌明，万流景仰。近长中央研究院，提倡文化事业，绩效弥彰。”[30]

毛泽东发唁电，称：“孑民先生，学界泰斗，人世楷模，遽归道山，震悼曷极！谨电驰唁，尚祈节哀。”[31]

3 月 10 日，蔡元培的灵柩在香港出殡，与祭者逾万；3 月 24 日，重庆举行追悼大会；4 月 14 日，延安各界在中央大礼堂召开蔡元培追悼大会。这期间，各家报纸杂志纷纷发表社论或出纪念专号，缅怀蔡元培先生

1940年3月10日，香港各界公祭蔡元培

一生的丰功伟绩，赞誉他的道德文章。

蔡元培先生之所以能受到国共两党及朝野各界的广泛赞誉，除了他的“事功”，亦在于他的伟大人格。对此，梁漱溟先生有精准的论述，他说，蔡元培先生“从思想学术上为国人开导出一新潮流，冲破了社会旧习俗，推动了大局，为中国历史揭开新的一页。”[32] 他还说：“我所了解的蔡先生，其伟大在于一面有容，一面率真。他之有容，是率真的有容；他之率真，是有容的率真。更进一层说：坦率真诚，休休有容，亦或者是伟大人物之所以伟大吧。”[33] 蔡元培先生的一生，完全配得上梁漱溟的这种评论；梁漱溟先生的这种评论，也只有放在蔡元培先生身上才最适合。

/ 注释 /

[1] 1926年2月7日《国闻周报》第3卷第6期。

[2] 高平叔编：《蔡元培全集》第五卷，中华书局1984年版，第167~168页。

[3] 高平叔编：《蔡元培全集》第五卷，中华书局1984年版，第168页。

[4] 蔡元培：《蔡元培自述》，北方文艺出版社2012年版，第123页。

[5] 胡适：《胡适的日记》下册，中华书局1985年版，第358页。

[6] 蔡元培：《蔡元培自述》，北方文艺出版社2012年版，第131页。

[7] 陈翰笙：《追念蔡孑民先生》，陈平原、郑勇编，《追忆蔡元培》，生活·读书·新知三联书店2009年版，第267页。

[8] 胡适：《胡适的日记》下册，中华书局1985年版，第432页。

[9] 翁文灏：《追念蔡孑民先生》，陈平原、郑勇编，《追忆蔡元培》，生活·读书·新知三联书店2009年版，第241页。

[10] 高平叔编：《蔡元培全集》第六卷，中华书局1984年版，第611~612页。

[11] 蔡元培：《蔡元培政治论著》，河北人民出版社1985年版，第333页。

[12] 高平叔编：《蔡元培全集》第五卷，中华书局1984年版，第432页。

[13] 陈铭枢：《文史资料选辑》第9辑，《宁粤合作亲历记》，第55页。

[14] 高平叔编：《蔡元培全集》第六卷，中华书局1984年版，第230页。

[15] 高平叔编：《蔡元培全集》第七卷，中华书局1984年版，第232页。

[16] 高平叔编：《蔡元培全集》第七卷，中华书局1984年版，第400页。

[17] 中国社会科学院近代史研究所中华民国史研究室编：《中国民权保障同盟》，中国社会科学出版社1979年版，第184页。

[18] 1933年2月10日《申报》。

[19] 高平叔编：《蔡元培全集》第六卷，中华书局1984年版，第168页。

[20] 高平叔编：《蔡元培全集》第六卷，中华书局1984年版，第169页。

[21] 高平叔编：《蔡元培全集》第六卷，中华书局1984年版，第266页。

[22] 高平叔编：《蔡元培全集》第七卷，中华书局1984年版，第131页。

[23] 1933年6月16日《时事新报》。

[24] 高平叔编：《蔡元培全集》第七卷，中华书局1984年版，第59页。

[25] 王世杰：《追忆蔡先生》，陈平原、郑勇编，《追忆蔡元培》，生活·读书·新知三联书店2009年版，第65页。

[26] 高平叔编：《蔡元培全集》第七卷，中华书局1984年版，第50页。

[27] 1936年1月28日《申报》。

[28] 高平叔编：《蔡元培全集》第八卷，中华书局1984年版，第269页。

[29] 1936年10月24日上海《大公报》。

[30] 1940年3月24日重庆《中央日报》。

[31] 1940年3月8日重庆《新华日报》。

[32] 梁漱溟：《五四运动前后的北京大学》，陈平原、郑勇编，《追忆蔡元培》，生活·读书·新知三联书店2009年版，第126页。

[33] 梁漱溟：《纪念蔡元培先生》，陈平原、郑勇编，《追忆蔡元培》，生活·读书·新知三联书店2009年版，第118页。

后记

一

近几年，人们对民国历史一直抱有浓厚兴趣，出版界亦不断推出有关民国的书籍，“民国热”就此形成。“民国热”之形成，原因多多，概括地讲，大概不外乎正反（或曰积极与消极）两方面的作用力。反作用力是，历史教科书上的民国过于简单，甚至有意“屏蔽”了很多东西。如今人们重新审视民国，拓宽阅读范围，想尽可能多地了解那段短暂却复杂的历史风云，实在带有“补课”性质——为的是校正以前对民国的种种错误认知；正作用力是，许多写民国的书，笔下写的是民国历史，可作者目光所聚焦处则是我们不如人意的现实。由此，追述民国便有了借古讽今、针砭时弊的功能。民国是乱世，战乱不断，民不聊生，可是同时我们也不得不承认，那个乱世里的一些人却活得生龙活虎，极有风骨，他们俯仰一世，留下了许多可圈可点之处。有人将那代人所特有的气质概括为“民国范儿”，而“民国范儿”对今天的社会来说无疑是一种稀缺的精神资源。乱世并没有妨碍一些人活出真性情，反倒是在所谓的盛世里，一些人常常带着面具生活，不但没“范儿”，而且很假，很俗——这些人自己受苦受累也就罢了，他们还要殃及无辜，连累亲朋，真是罪孽。若从这个意义上讲，为民国前贤立传，为“民国范儿”招魂，实则有为今人进行“精神补钙”之效。

“精神补钙”是必须的。在一个精神信仰荒芜、消费主义盛行的时代，我们如果不经常仰望前贤，不从前贤的身上汲取宝贵的精神营养，那么，不要说高扬理想风帆了，就是坚守道德底线可能都做不到。

孔子讲“与古维新”，这话很对，越是对古人有“同情之理解”，越是对历史有足够的温情与敬意，我们越是能多一份坚信与坚守。而坚信与坚守就是我们在这个众声喧哗、光怪陆离的世界上不迷失、不堕落的保障。

基于上述理由，我也加入到了“民国热”之中，写了一些有关民国的文章和书籍。或许正因这个机缘，齐鲁书社才找到我，希望我来撰写关于蔡元培先生的这本书。我应承下来之后，就把书写成了这个样子。于我自己，自然是想把书写好的，但真正做到多少，那就期待您的评判了。

二

一座圣山会引来无数的朝拜者。

蔡元培就是一座圣山。

我是其中的一个朝拜者。

在我之前，已经有人写过蔡元培先生的传记。我看这些传记，受益良多。他们朝山的身影会给我以鼓励；他们朝山的足迹，有时甚至像路标一样指示我前行的方向。

但朝山之举是必须亲自完成的，别人无法替代。因为不同的拜山者在同一座山上看到的风景也是不同的。

蔡元培先生德高望重，历来受人敬仰。他去世之际，国共两党均沉痛哀悼，做出至高评价。此后，即便两党交恶、两岸对历史各有说辞，大家对蔡元培先生也依然深怀敬意。能于乱世之中得到各方的普遍认可，实属不易。

蔡元培先生生于晚清，受过完整的科举教育，27 岁就考中了清朝翰林。若他只想着为自己谋富贵，那他凭着翰林的头衔就能混成清廷的高官。但是，他是一个心怀天下的人。当看到清廷镇压戊戌变法、杀害了“戊戌六君子”之后，他毅然辞掉翰林院编修之职，转身成了革命党。放着高官厚禄不要，却偏偏要干这种有“掉脑袋”风险的事，这样的勇气谁能不佩服？民国成立之后，蔡元培是首任教育总长，还一度入唐绍仪内阁。可是，当袁世凯篡权之后，他毅然决然地辞去了教育总长的高官。这份决绝，又岂是贪恋权位者所能理解？此后，他出洋留学，回国做北大校长，再出国，再回国，一生奔走，为的都是办好教育，为中国作育人才。他一生身居高位，可直到晚年都没有一所属于自己的房子，一辈子都在当“租客”，这样的清廉自守，怎能不让人感动？很多回忆蔡元培的文字都说他有人格魅力，一个知进知退、清廉自守的人怎么能没有人格魅力？一个严于律己、宽以待人的人怎么能没有人格魅力？一个真正践行“思想自由，兼容并包”的文化长者怎么能没有人格魅力？

蔡元培是仁者，“仁者爱人”，他以儒家所倡导的君子之德为人处世，“修己以安人”，因此，与他接触的人都能有如沐春风之感。他受过完整的科举教育，但他能睁眼看世界，看到西方和西学的长处；他是新派人物，倡导西学，但他并不摒弃中国传统文化中的进德、修身之道。“君子和而不同”，在文化上，蔡元培能很好地调和中西，不偏不倚，大气从容，这气度，对今人颇具启迪意味。文化是全人类的精神营养，只要是好的，均可为我所用，但很多人不明白这个浅显的道理。他们喜欢“站队”甚于喜欢包容，他们喜欢谩骂甚于喜欢倾听，他们喜欢攻击甚于喜欢自省，他们喜欢冲突甚于喜欢调和。如此一来，戾气弥漫，君子风度丧失殆尽，正常的讨论氛围尚不可得，遑论其他？

蔡元培是“师者”，“师者，所以传道授业解惑也”，他当北大校长期间，贯彻“思想自由，兼容并包”的办学理念，写下了北大历史上最辉煌的一页。他之所以能让别人“思想自由”，端在于他自己无成见，不想把自己的思想强加给别人；他之所以能“兼容并包”，端在于他心胸广大，“一面有容，一面率真”（梁漱溟语），对手下的教师和学生都满怀爱心。因为有真爱，所以他执掌的北大才能容得下各色人物；因为肯包容，所以各色人等也都对蔡先生深怀感激与尊敬。这才是真正的“师道”，既要“有爱”，又要“有容”。没有真切的爱，办教育就不会成功，不肯包容，教育就可能变质为戕害。

今日之大学，“师道”衰微，“商道”大盛，大楼越盖越多，大师越来越少。造成这种情况的原因当然很多，但我看核心就两条，缺少真切的爱，缺少包容精神——学校对教师没有足够的包容精神，老师对学生不愿付出真切的爱。缺少了这两条，大学就一步步地变成了贩卖知识和文凭的场所。如此情形之下，我们再追忆蔡元培先生“思想自由，兼容并包”的教育思想，怎么能不唏嘘不已？

仁者之心，师者风范，这是蔡元培先生最值得我们怀念之处，亦是今日教育最需要找回的两枚勋章。

三

最后要说出的是我的感谢。

感谢妻子对我的支持。这么多年来，她一直没有逼我去升官发财，默默地支持我读书，写作。去年，她更是坚定地支持我辞职，以使我专心地读书，写作。没有她的这种支持，这本书的写作任务我敢不敢接下来都很难说。在很多女人都逼着老公去职场玩命打拼的情况下，我老婆却反其道而行之，鼓励我“退隐”，实属难得。有时想想，觉得用“深明大义”来形容她亦不为过。

感谢山东大学传统文化研究与体验基地、济南市园林局文联和山东工艺美术学院人文学院三家单位。我此前一直在媒体里工作，没有当老师的经历。在我写这本书期间，上述三家单位分别请我去做短暂的讲课或讲座，我由此得以体悟到当老师的艰辛与收获，这对我理解蔡元培这位伟大的教育家很有帮助。

感谢绍兴文理学院吴从祥老师，他不辞辛苦，特为本书拍摄了蔡元培故居的照片，丰富了本书的资料性，援手之情令人感动。

感谢齐鲁书社的信任，感谢许允龙先生的信任、鼓励和鞭策。他们既是催生婆又是接生婆，没有他们，这本书不会与读者见面。

郑连根

2013 年 6 月 30 日

图书在版编目（CIP）数据

兼容并蓄长者风——蔡元培 / 郑连根著. — 济南：齐鲁书社，2013.11

ISBN 978-7-5333-3025-5

Ⅰ.①兼… Ⅱ.①郑… Ⅲ.①蔡元培（1868~1940）—传记 Ⅳ.①K825.46

中国版本图书馆 CIP 数据核字(2013)第 244482 号

兼容并蓄长者风——蔡元培

郑连根 著

出版发行 齊魯書社

社 址 济南市英雄山路 189 号

邮 编 250002

网 址 http://www.qlss.com.cn

电子邮箱 qilupress@126.com

印 刷 山东人民印刷厂泰安厂

开 本 690mm × 970mm 1/16

印 张 13.25

字 数 198 千

版 次 2013 年 11 月第 1 版

印 次 2013 年 11 月第 1 次印刷

标准书号 ISBN 978-7-5333-3025-5

定 价 **35.00 元**